"数智赋能"
驱动下深中通道工程管理

陈伟乐　盛昭瀚　王啟铜　王康臣　著

南京大学出版社

图书在版编目(CIP)数据

"数智赋能"驱动下深中通道工程管理 / 陈伟乐等
著. -- 南京：南京大学出版社，2025. 3. -- ISBN 978-
7-305-28431-1

Ⅰ. U459.9

中国国家版本馆 CIP 数据核字第 2024TM4905 号

出版发行　南京大学出版社
社　　址　南京市汉口路 22 号　　邮　　编　210093
书　　名　**"数智赋能"驱动下深中通道工程管理**
　　　　　"SHUZHI FUNENG" QUDONG XIA SHENZHONG TONGDAO GONGCHENG GUANLI
著　　者　陈伟乐　盛昭瀚　王啟铜　王康臣
责任编辑　束　悦

照　　排　南京布克文化发展有限公司
印　　刷　徐州绪权印刷有限公司
开　　本　718 mm×1 000 mm　1/16　印张　17　字数　320 千
版　　次　2025 年 3 月第 1 版　印　次　2025 年 3 月第 1 次印刷
ISBN 978-7-305-28431-1
定　　价　128.00 元

网　　址　http://www.njupco.com
官方微博　http://weibo.com/njupco
官方微信　njupress
销售热线　025－83594756

总序

交通强国　数智赋能
培育打造深中通道品质工程新质生产力新动能

中国南海。悠悠珠江口,滔滔伶仃洋。

2016 年 12 月 28 日,粤港澳大湾区核心交通枢纽、跨越珠江东西两岸、集"桥、岛、隧、水下互通"于一体的深中通道集群工程开工建设,历经两千七百多个日日夜夜,凝聚了万余建设者的心血与奉献,于 2024 年 6 月 30 日建成通车。

深圳至中山跨江通道工程,简称深中通道,是中华人民共和国广东省境内连接深圳市和中山市以及广州市南沙区的跨海通道,东起深圳市机场互通立交,西至中山市翠亨东互通,全长约 24 千米,双向八车道,设计速度 100 千米/小时。海底隧道长约 6.8 千米,其中沉管段长约 5 千米,国内率先、国际首次大规模采用钢壳混凝土组合结构沉管隧道,是世界上最长最宽的海底钢壳混凝土沉管隧道;桥梁工程长约 17.031 千米,其关键控制性工程包括"580 米＋1 666 米＋580 米"三跨吊悬索桥—深中大桥与主跨 580 米斜拉桥—中山大桥。深中通道是粤港澳大湾区综合交通网络的重要组成部分,建成后将极大加速珠江东西两岸的协调发展与深圳和中山同城化进程,对于促进珠三角的区域一体化和产业转型升级以及加快广东省东西两翼经济发展都具有重要的战略意义。

巍巍深中通道,昭显民族之大任,国力之强盛;圆梦于人民,服务于人民。

深中通道修建历时七年,刷新了当今世界桥梁工程建设诸多令人称奇的世界之最:世界最高通航净空的海中大桥、世界跨径最大的全离岸海中钢箱梁悬索桥、世界最高抗风等级钢箱梁悬索桥、世界最大体量海中锚碇、世界首例双向八车道钢壳混凝土沉管隧道和世界上最长最宽的海底钢壳混凝土沉管隧道……

深中通道修建历时七年多，广大建设者不仅为大湾区、为中华民族、为世界托起了深中通道这一跨海巨龙，而且在工程建设管理领域中的哲学思维、文化逻辑、系统理论、治理范式、组织变革以及数智赋能、数智平台、智慧工地、智能制造、协同管理等诸方面，通过系统性的探索与创新，取得了序列性的创新成果。

在一定意义上，深中通道技术领域与管理领域的创新与成果表征了深中通道从物理与管理两个不同维度对当今世界重大工程建设与人类工程管理文明的重要贡献。因此，应该潜心研究。

关于深中通道建设管理的研究可以从不同层次展开，如工程现场操作层面的标准化、专业化、工厂化管理以及专门性层面的投融资、风险管理等，这些对深中通道建设都具有重要的现实意义与经验价值。但是，作为管理理论创新的源泉，深中通道管理实践最重大的意义是，它以其自身"国之重器"的规模、地位与复杂性，成为当今世界工程界复杂工程系统极其稀缺的样本，蕴含着丰富的全球罕见的复杂工程系统的属性内涵与工程管理复杂性问题场景。这些内涵与场景为我们提供了当今重大工程管理理论创新的土壤，如能深入研究，将其潜在的理论价值"外部化"，必将成为当今重大工程管理领域新的学术生长点。

应该看到，深中通道管理的这一独特性情景与语境的价值，是其他许许多多工程难以提供的，因此，开展深中通道管理理论研究，最有意义的价值定位是突破基于工程实体论与还原论相结合的项目管理工程思维与知识体系，提出包括工程哲学、思维范式、管理思想与理论创新的自主性"学术主张"与"知识变革"，体现深中通道管理理论研究的实践逻辑与创新范式。这是深中通道这一"国之重器"在当今全球重大工程管理现实世界中为理论研究提供的独特性资源与贡献，也是深中通道管理中心与南京大学等高校联合课题组开展深中通道管理理论研究的初心。

本研究还有一个非常现实性的考虑：当今，面对重大工程建设管理的复杂性挑战，在工程管理诸多资源中，人才资源已经成为最为宝贵的资源。其中，不仅需要能够在各种资源齐全的常态环境下，运用成熟技术、按照工程程序与管理规范完成工程建设管理各项任务的人才，更需要那些在工程环境严峻、技术复杂、资源短缺、能力不足的非常态情况下，具有解决战略性、全局性、综合性、统筹性、突破性、应急性等高层次、多维度与大尺度复杂工程建设管理问题的人才。一般，他们需要具备自主、强烈的创新意识与驾驭复杂性能力及现代化综合管理素养。

对这类高层次人才的培养，一方面，需要通过扎根重大复杂工程建设管理实践，在实际岗位上磨炼；另一方面，需要强化他们的复杂系统管理哲学思维，提高当代"大科学"与"大工程"时代工程管理理论水平。打个比方，对一般工程管理人员，主要希望他们能够按照既定程序，整合已有资源，按部就班地做出工程造物的"有米之炊"；但是，对于高层次工程管理领军人才，则需要培养他们在环境复杂、资源短缺的情况下，通过创新思维，逐一填补工程建设管理短板、缺板，破解"卡脖子"难点，做出工程造物的"无米之炊"能力。

显然，在这个意义上，本课题在复杂系统思维层次，确立开展深中复杂工程管理的理论研究定位和主题，更显示出其意义的深远性。

上文所述，正是我们开展深中通道建设工程管理研究的定位与主旨，即超越项目管理操作层面与一般现代工程管理思维层面、感知层面与经验总结层面，聚焦深中通道工程管理本质属性及其认识论与方法论层面，尊重深中通道管理实践，遵循管理理论研究一般范式，并以复杂系统思维对深中通道工程管理经验进行深度解读，对管理理论进行精准提炼，并且尽量运用普适性话语方式进行表述。所有这些，构成了本课题研究的主要任务和努力实现的目标。

我们所开展的深中通道工程管理研究应该属于具有重大实践背景的重大工程管理科学问题研究。对于这一类科学问题，管理理论的时代性与时代化将是该类科学问题的基本属性与特征，这意味着，深中通道工程管理理论研究是中国工程管理工程界与学术界联盟对当代重大工程管理问题的深度关切与回应，这就是深中通道管理研究的时代性；进一步，深中通道管理理论还有其时代化的内涵，即深中通道工程管理理论反映了随时代发展而与时俱进的特征。总体上，时代性是深中通道工程管理理论的生命力表征，而时代化则是该理论生命性的鲜活度；时代性与时代化的统一则构成了深中通道工程管理理论创新的基本品格。

从整体上讲，深中通道工程建设管理深刻体现出新时期中国式重大工程建设管理现代化的以下科学内涵：

（1）交通强国战略成为深中通道工程建设管理的强大引领；

（2）现代交通产业体系成为深中通道工程建设管理的深厚基础；

（3）数智科技赋能与管理变革成为深中通道工程建设管理的协同驱动力；

（4）新质生产力成为深中通道工程建设管理新动能；

（5）高品质成为深中通道工程建设管理新发展目标；

（6）复杂系统观念成为深中通道工程建设管理的科学思想方法。

具体的，深中通道工程管理沿着以下两个主题表征其时代性与时代化特征：

（1）交通强国指引主题。当今，我国各族人民正以中国式现代化全面推进中华民族伟大复兴，其中，推进交通强国战略是新时期建设我国现代化综合交通网路、高质量发展我国新时代交通事业的总抓手，也必然指引着深中通道建设管理的前进方向。

（2）数智赋能驱动主题。深中通道是当今"大科学"与"大工程"时代的"国之重器"，必然在工程建设管理中充分实施创新驱动发展战略。坚持科技是工程建设第一生产力理念，使当代先进的数字化、智能化技术深度融入深中通道工程建设管理活动中，实现原有工程建设生产力水平与生产率的提升，这一方针既是深中通道建设管理总体技术路线，也是当今我国重大工程管理数智赋能或者智改数转的具体写照。

今天，关于深中通道工程建设管理的研究课题基本告一段落，并形成了各有侧重点又融为一体的《"交通强国"指引下深中通道工程管理》与《"数智赋能"驱动下深中通道工程管理》两本著作，本文则是这两本著作的总序。

本节主要介绍《"交通强国"指引下深中通道工程管理》的研究学理逻辑。

本研究主题强调了交通强国战略如何指引着深中通道工程管理在整体上形成新的理念与格局，并且在新的理念与格局下，创新性地形成了怎样的管理着力点和战略性管理架构与体系。正是这些战略性管理着力点既构建了打造深中通道品质工程的方向，也保证了深中通道应有的工程品质，其基本学理如下：

深中通道建设管理的内涵已经远远超越传统项目管理范畴，也不能仅仅基于项目管理添加一些系统工程成分，而要以交通强国战略作为全部造物任务的指导思想与行为准则。例如，深中通道的战略规划、功能定位、建设目标以及实现路径都必须在交通强国这一我国新时代交通事业发展总抓手的引领下，才能够保证方向的正确性与战略的科学性；保证"以科学的态度对待科学、以真理的精神追求真理……不断拓展认识的广度和深度……以新的理论指导新的实践"以及"必须坚持系统观念……不断提高战略思维、历史思维、辩证思维、系统思维、创新思维、法治思维、底线思维能力，为前瞻性思考、全局性谋划、整体性推进"深中通道建设管理"提供科学思想方法"。因此，整个研究明晰确立了以中国著名系统科学家钱学森综合现代自然科学研究成果与中国天人合一、知行合一的哲学理念,深入探讨以深中通道工程建设管理为现象实体的复杂的系统存在的本质的思路,即凝练深中通道作为复杂的系统现实存在的本体属性,并确立以"还原论不可逆"为内核的"复杂性"为深中通道工程建设管理的本质属性。

这一自主独创性科学思维,不仅从学理上解决了运用复杂系统范式认识和应对深中通道管理复杂性问题的适用性与逻辑性,而且能够通过复杂系统思维范式转移,构建一类基于复杂系统思维范式的深中通道工程管理的理论体系。

在这一思维视角下,深中通道工程实体是一个复杂的系统。因此,要有效应对和驾驭深中通道复杂工程系统的管理复杂性,必须通过复杂系统管理思维范式转移,在打造深中通道品质工程过程中,夯实驾驭复杂性、本质管理与协同管理等重要理念,明确深中通道管理的"四个一流"着力点。

根据复杂系统管理思维,在整体上,深中通道建设管理不仅包括较低层面的管理体系,还包括更高层面的治理体系。深中通道工程治理的内涵主要是有效界定深通道工程管理"事权"(处理工程管理事务的权力)、事权的合理配置、科学制衡以及"事能"(完成工程管理事务的能力)体系的构建等,所有这些,主要表现于深中通道管理体系的较高层面的党建、决策、法规、制度与文化建设等。做好这类工作,交通强国战略指引与复杂系统管理思维才有基础性与综合性的保证。

从工程造物活动的本质是"制造"一类人造物系统产品这一基本观点出发,任何重大工程制造和建设活动都是创造与生产一类重大工程产品的行为,因此,必须在某种形式的生产力(制造力)作用下才能够实现,这是关于重大工程治理理论的一个重要的新理念和新思维。它不仅意味着,生产力这一经济学领域中的传统概念可以融入重大工程建设管理理论研究;而且,在当今,由于生产力的内涵比传统的定义要深刻和丰富得多,它除了涉及资源、劳动力和技术等传统经济要素的有效利用,还拓展成为一个社会学概念,与社会结构、制度和各种社会关系等因素相互交织。

特别是,由于当今科学技术的快速发展以及科学技术在创造价值和提升投入产出效率方面的重要作用,科学技术也成为工程造物生产力中的重要现实要素,普遍在各类工程创造生产过程中转化为实际生产能力;进一步,这一转化还会引起劳动资料、劳动对象和劳动者素质的社会性深刻变革,极大地改善生产要素之间的关系,成为工程造物生产发展的决定性因素。按此学理逻辑,深中通道建设生产力体系中,通过某种生产要素之间的变革与重构可以诱发或者催化其中的科技要素的积极作用,并且能够提高工程生产制造的投入产出效率,充分凸显具有这一属性特征的生产力并不是传统建筑意义上的生产力概念,而是一种重大工程创造与制造的新质生产力。同时,重大工程建设过程中的各类社会关系在一定意义上则可以理解为这类新质生产力相应的生产关系。

基于上述思想,本课题的这一部分研究首次在构建深中通道管理新格局,着力打造深中通道百年品质工程理念下,率先提出了基于深中通道的产业链供应链管理新的理论议题。主要理论要点有:

(1)根据复杂系统管理理论以及智改数转内涵,深中通道管理中的智改数转就是通过数智技术对深中通道建设管理系统新的重构与集成过程。这一过程之实质是以微观上规整性的"格"形成工程系统宏观品质性的涌现,这一涌现就是深中通道复杂系统管理由微观到宏观的复杂整体性的"局",整个过程就是深中通道工程管理"新格局"的形成过程。

(2)产业链供应链的深度融合成为深中通道建设管理新格局的重要支撑与关键抓手。只有抓住产业链供应链一体化这个新的着力点,才能使深中通道建设新质生产力的各类生产要素配置、整合、流通畅通有效,源头的创新如活水之源向工程技术提供必要的科技成果。其中,产业链能构建贯通式科技成果转化体系,优化创新体系整体效能,实现从产品研发到产品市场化各个环节的完整化;而供应链则在生产要素中实现合理流动、高效配置,总体上有效破解深中通道建设管理新格局形成过程中可能的堵点、卡点与断点,不仅提升了深中通道建设生产力的供给质量与能力,而且能够增强生产力应对复杂环境变化的适应性,这就是产业链供应链在深中通道管理新格局中的新内涵、新作用与新意义。

(3)深中通道建设管理全过程中相关的产业链与供应链是深中通道造物生产力体系的重要组成部分,因此,产业链供应链的形态,品质以及与其他如工程物资、技术与人力等生产要素的关联,结构及形成的功能决定了深中通道生产力的整体品质。在深中通道建设管理实践中,一个重要的实践原则是以产业链供应链管理为基础,形成基于产业链供应链融合的新质生产力构件,并以此为基础实现深中通道建设新动能,因此,深中通道产业链供应链管理,实质上是对建构深中通道新质生产力的推动和打造。

(4)无论从思维变革上,还是从实践操作上,深中通道产业链供应链管理能够为我们提供工程造物生产力新动能,实现以生产力结构重构来提升对工程造物复杂性的驾驭能力,并以生产力新的"质性"丰富深中通道品质内涵。具体地讲,在实践中,深中通道产业链供应链管理转化为一种形同"降维打击"思维的、基于"双链"融合的生产力新动能。

四

本节主要介绍《"数智赋能"驱动下深中通道工程管理》主题研究的学理逻辑。

"'数智赋能'驱动下深中通道工程管理"的研究强调了数智技术如何为深中通道建设管理主体增加和提升数字化、智能化能力,并且主体通过什么样的路径,形成高水平的驱动抓手将这类能力深度融入打造深中通道品质工程的实践之中,使原本潜在的数智能力转换成现实化、外部化的打造(驱动)活动与行为。其实践意义不仅是使工程建设管理效率得到提升,而且能够因为数智技术的应用在"新质"层面上,使原来工程建设管理中的堵点、难点、"卡脖子"点得以破解,因此,本主题之核心不仅是"数智赋能",更是数智赋能后的"驱动"(简称"数智驱动")。基本学理如下:

对于本研究主题,"数智赋能驱动"是一个核心关键词,也是一个基础性概念。"数智赋能驱动"可分解为"数智赋能"与"赋能驱动"两个阶段以及"赋能"与"驱动"两次转换。具体地说:

(1)因为深中通道建设管理遇到了大量的复杂性问题的挑战,管理主体即使充分发挥自身的传统知识与经验的作用,仍然会感到力不从心或能力有限,因此需要新的思维与范式,特别是运用新的技术来提升自己的能力与本领。在这方面,当今的数智技术具有很大的优势并能够胜任此责,此即深中通道管理数智赋能的由来。

(2)在深中通道建设管理实践中,管理主体接受了数智技术的赋能并因此提高了自身的能力并非最终的目的。其被赋能的意义完全在于以新的高水平能力与本领实施对工程的建设与管理,使各项建设与管理任务完成得更好、效率更高,这就是所谓的"数智赋能驱动",简称为"数智驱动"。

将以上两点综合起来,可见"数智赋能驱动"之重心与核心是基于数字赋能后新的建设管理驱动行为。举个通俗的例子:给猎人一把好弓和一打利箭,此为向猎人赋能,而其核心意义是猎人利用被给予的弓箭更加精准地捕获到更多的猎物,此即赋能后的驱动。如果有了好弓和利箭,猎人只将它们拿在手中,赞叹"好弓好箭",或者不能用其猎取到猎物,即赋能不能转化为有水平的驱动,赋能也就失去了它的实际意义。由此可见,相比于被数智技术赋能,更重要的是,深中通道建设管理者能够运用数智技术驱动并有效解决和驾驭工程建设管理各类复杂性难题。

概言之,本课题研究的"数智赋能驱动","赋能"是前序、是准备,而"驱动"才是打造深中通道百年品质工程和提高工程建设生产率的现实价值与意义,是实实在在的真功夫、真本领。

对于打造深中通道品质工程这样的复杂整体性活动,数智驱动不是赋予了某些单元性智能技术即可,而是要构建与形成相应的数智驱动体系,例如,主体要以数智赋能为抓手,设计并形成新的驱动路径,包括新的变革性的管理思维、组织模式、管理流程,还包括找准数智驱动的现实抓手,并且以此为导向,设计和建构数智平台。因此,对深中通道建设管理而言,数智赋能驱动自身就是一项复杂系统工程,是包括管理范式的一次深刻变革。

这表明,不宜把深中通道管理的数智赋能看作一项纯粹的技术创新问题,而要从本质属性上认识到数智赋能作为培育新质生产力新引擎的重要作用。这样,"数智赋能驱动"才可以以一种新质生产力形态融入打造(驱动)深中通道品质工程的实践中,也意味着"数智赋能驱动"本质上是工程主体设计和建构一类新质生产力的现实路径,并使该生产力潜能现实化与外部化。

也只有在这个认知高度,才能够形成以数智生产力为核心的深中通道建设管理新格局,并且涌现出"降维打击"新能量,逐一解决"打造"深中通道品质工程中的难点、堵点、断点、关键点,乃至"卡脖子"问题,或者深层次实现深中通道建设的防灾减灾(底线管理)、绿色低碳、生态文明(和谐管理)以及以人为本和为人民办交通的价值观。所有这些,都是因为通过数智驱动形成了新质生产力的新能量而成为现实。

为了使数智驱动以工程现场实践需求为导向,本研究依据复杂系统管理的物理复杂性—系统复杂性—管理复杂性有序范式,从战略规划开始,就做好数智驱动实践中的顶层设计、整体方案、技术路线、平台构建、数据治理、程序开发、场景应用等各项不可或缺且逻辑有序的安排,这就是深中通道数智驱动的实践原则。进一步,诠释了对一个事物或活动实现数智驱动,实际是构建一个新的系统或对原有系统进行重构。就"驱动深中通道建设管理"这一活动而言,数智驱动应属于对原有建设管理体系进行重构,即对原有的工程建设管理体系进行智能化改造与数字化转型,简称为"智改数转"。根据这一认知逻辑,数智驱动深中通道建设管理与深中通道建设管理智改数转在学理上是同一的,虽然表述方式不同,但内涵上是等价的。

从这一认知基点出发,深中通道数智赋能平台(推动和实现数智技术潜在能力"外部化"所提供的环境和条件)其核心功能不是数智技术的"传授"与"赋予",而是为实施数智技术融入的"打造"与"驱动"活动提供环境与条件。所以,在学理上,数智赋能平台更应该理解为一个数智驱动平台或者智改数转平台。从深中通道各类智能化现实任务与问题出发,这一平台不仅是一个数字化平台,而且是一个智能化平台,即数字化与智能化多层次综合平台。

深中通道数智驱动平台是工程现场各类驱动活动的环境与条件保障,驱动的"一线"主要汇聚于工程现场。而在互联网、物联网与智能化环境中,深中通道现场不宜再理解为狭义的工程工地。对于重大工程而言,实物型工程造物"现场"是指人造物实体最终成型的地理空间所在地,也是人们物化工程实体的最终场所。随着重大工程建造规模日趋变大,重大工程现场不仅包括最终工程实体成型地,还包括分布在不同地点的工程装备、构件及相关中间物的制造场所以及相应的供应链空间。

不难理解,深中通道的数智驱动需要工程整体成型的数智现场,这就需要对现场数智化进行顶层设计、平台构建、"点—线—面—体"数智驱动路径等完整的深中通道智能现场建构。

有了平台作为保障和现场作为现实空间,深中通道数智驱动就可以"有声有色"地开展。无论从工程建设的纵向有序性,还是从工程管理的横向协同性,主体都可以在平台的支撑下,在现场的空间中,分别聚焦深中通道造物中的物(物质型工程实体制造)、事(工程管理诸要素的协同管控)与人(工程多元性主体的价值观与行为协调)三类不同场景,进行基于数智技术的分解和综合驱动,并且构成了深中通道数智驱动的主要驱动着力点。

最终,深中工程"数智驱动"的全部活动与行为融合到一点,就是数智赋能打造深中通道百年品质工程。这不仅是数智赋能驱动深中通道全过程的终点,还是交通强国战略指引下集深中通道建设管理新格局、新理念、新质生产力新动能的综合之大成。必须强调的是,在复杂系统管理思维下,综合之大成不是工程建设各个局部、各个阶段工作的简单叠加和机械式"拼盘",即使我们将 7 年多来深中通道建设管理活动全部罗列在一起,也难以就认为把"数智赋能打造深中通道百年品质工程"的内涵描述清楚与总结深刻。个中原因,是"数智赋能打造深中通道百年品质工程"中的"打造"不仅仅是对工程的物质型资源的构造,更是深中通道工程品质的形成与涌现,而品质不完全是物质型的,它既有可结构性,又有半结构性,还有非结构性,即涌现性。这就不能完全从物质型构造中获得,而要依靠包括数智赋能在内的工程建设新质生产力新动能来推动,这一过程本质上是一种复杂系统新的属性形成与演化的过程,也是"打造"深中通道工程品质的深刻内涵。

在分析了打造深中通道百年品质工程面临的新挑战之后,本研究论证了复杂系统思维与新质生产力对于打造深中通道百年品质工程的必要性,以及数智赋能是打造深中通道百年品质工程的新引擎。特别是，根据数智驱动与智改数转的学理同一性，明确指出了智改数转是数智赋能驱动打造深中通道百年品质工程的实际抓手与着力点，必须落地和夯实；而数智集成则是打造深中通道百年品质工程行为的支承与转换的总成。

具体地说，根据本书前述，数智赋能驱动打造深中通道品质工程实践活动的本质是在打造过程中，充分、有序地运用数智技术，并在数智技术赋能的基础上，实现如下转换：

工程数智＋系统集成＝工程系统智能集成

这里的"工程智能"是指在工程造物活动中广泛运用的如互联网、大数据、物联网、人工智能等信息和计算机技术，特别是数字化技术与智能化技术；"系统集成"是指遵照一定的目的，将相关要素汇聚综合而成一个具有某种功能的新系统，例如，工程造物、工程管理的实现等都属于系统集成；"工程数智＋系统集成"可以理解为将工程领域的数字化与智能化技术深度运用和融入工程建设管理活动中；"＝"则表示了上述运用与融入在实践上形成了一种转换和涌现；"工程系统智能集成"则是指这一转换和涌现出现了以"智能"为新的生产力要素与动力学机理，并且驱动和集成了一类新的"工程系统"，本研究所谓的"工程系统"专指打造而成的深中通道品质工程。

由此可见，在打造深中通道品质工程过程中，"工程数智＋系统集成＝工程系统智能集成"这一转换关系不是系统要素的简单叠加，而意味着在转换中，一种新的工程系统连同它的品质整体性地被一种新质生产力机理所创造并形成，这一动力学机理就是智能集成。

为什么数智集成能够成为打造深中通道品质工程的动力学机理？这不仅仅是因为数字化技术与智能化技术的单元性、局部性赋能，更因为数智技术体系在融入打造深中通道品质工程过程中以其自身的能量集成了产业链供应链的新的生产力功能，促进了工程工厂化制造模式的形成，多维度、大幅度提升了深中通道品质工程建设管理需要的理念创新、技术创新、范式创新与全要素生产率的跃迁，全面提升了打造深中通道品质工程生产力的质量、能力与效率，成为合成、汇聚多种生产力新要素集成的"催化剂"与"融合剂"。

由上可知，在打造深中通道品质工程的全部活动与全过程中，作为"打造"行为支承与转换总成的就是基于全情景、全过程数智赋能的数智集成，它是打造深中通道品质工程持续稳定的动能与保证。

至于数智赋能打造深中通道品质工程实践示范，我们以一种新的思维架构，分别从全域新质生产力要素数智集成、产业链供应链全情景过程数智集成、现场物—事—人协同数智集成、业务—数智融合数智集成、建—管—养—运一体化数智集成以及破解"卡脖子"技术数智集成，多层次、多维度与多尺度地进行了描述和凝练，从整体上体验新质生产力数智集成的支承与转换的总成作用。

前面着重指出，深中通道工程建设管理的数智赋能驱动不仅仅是数字化技术范畴内的事情，而重在驱动，因此，必须进行工程管理理念、组织、现场、行为以及物—事—人协同等一系列先导性与适应性变革。没有相应的变革，相当于新的生产力中缺少新的相适应的生产关系，新的生产力的新动能也难以被释放和难以具有鲁棒性与韧性。正因为如此，本研究并未一味介绍深中通道工程采用的数字化技术，而是系统研究并首次提出了基于数智新动能驱动工程建设新的管理思维范式转移与管理模式变革。这对我国当今一类重大工程的数智化具有引导性和示范性意义。

旭日东升，大浪淘沙。从今后，百年深中通道似长虹贯日，落霞卧波；桥下千舸竞发，桥上万车奔流。这是我国交通行业又一次震撼世界桥梁工程历史的跨越，也是中华民族伟大力量的彰显！

随着深中通道胜利竣工通车的大剧落幕，关于深中通道工程管理理论创新的研究也基本告一段落，这两本书（《"交通强国"指引下深中通道工程管理》与《"数智赋能"驱动下深中通道工程管理》）承载着深中通道建设工程界与南京大学等高校工程管理学术界对新时代大背景下深中通道建设管理理论的共同探索与思考，其中的内容要点清晰地告诉我们：

当前，深刻精准地对我国重大工程管理理论的基本品格，特别是工程管理理论时代性与时代化的学术研究，要求我们努力扎根我国重大工程建设管理实践，回应重要的时代命题。在这一过程中，工程界需要持续学习，不断提升自身的理论学养；而学术界则要杜绝脱离工程实践的"纸上谈兵"与"坐而论道"，或者编造无根无源的"新名词"，在概念中炒来炒去。

大量事实表明，我国重大工程管理的学术研究，是一个理论与实践相互交融的科学议题。我国越来越多的重大工程管理问题、管理规律、管理理论都需要通过扎根我国重大工程实践来总结和提炼。这其中，需要我们按照管理理论时代化与中国化相结合的原则，注重我国工程管理实践和问题所蕴藏的理论内涵与对人类管理文明的贡献，努力按照普适性又秉持自主性，立足我国管理实践，形成具有自主性、原创性和中国特色的工程管理理论与话语体系。

无论重大工程建设总量，还是单体工程规模，当今我国都在全世界首屈一指。我国重大工程建设的伟大实践，给重大工程管理理论时代化提供了强大动力和广阔空间。因此，中国工程界与学术界应当努力结盟，联合起来，取长补短，相互学习，相互促进，开展重大工程管理实践与理论创新研究，在实践基础上提炼理论再到实践中去，并且努力建构富有感染力、说服力的中国式话语体系来表达好我们的理论创新与学术主张，在世界工程管理学术舞台上发出中国声音。

马克思在其早年论著《〈黑格尔法哲学批判〉导言》中提出一个重要的哲学思想。他写道："批判的武器当然不能代替武器的批判，物质力量只能用物质力量来摧毁；但是理论一经掌握群众，也会变成物质力量。理论只要说服人，就能掌握群众；而理论只要彻底，就能说服人。"马克思的这一思想深刻地揭示和阐明了理论转化为现实的必要性、可能性与现实性。在这一思想的引导下，我们应该永不停止地持续开展源于我国重大工程实践的工程管理理论研究，并且不断地将理论的力量转化为强大的尊重自然、创造世界的物质力量。

在具有时代性的重大工程管理理论研究面前，我们首先确信理论是从实践中产生的，重大工程管理理论创新根本上源于重大工程建设管理实践。在一定意义上，实践自身就是重大工程管理理论伟大的思想者。

当今，深中通道品质工程建设管理的实践表明，我国重大工程管理实践因其复杂性、前沿性、新颖性，在全世界已经不再是"跟跑者"，许多时候已经处于领先地位。因此，研究我国重大工程管理理论问题在许多时候就是在研究世界工程管理理论前沿性问题，解决了这些理论难题，在某种意义上就是在解决世界性的工程管理理论难题。所以，我们要充满信心地认识到，源于中国重大工程管理实践的重大工程管理理论创新，不仅是直接在为我国重大工程建设需求服务，也是在为全人类工程管理理论发展作出贡献。这是悠悠珠江口、滔滔伶仃洋上的一座桥——深中通道给予我们的理论自信与启示。

盛世建桥。桥，水之梁。巍峨挺拔于伶仃洋之上的深中通道，建设历程之艰辛、建设风采之豪迈、建设技术之先进、建设管理之深刻、建设成果之丰硕、建设文化之多彩，非神州不足以成其大，唯盛世方能够毕其功。

深中通道，中国人民的钢铁脊梁，中华民族在世界桥梁工程史上谱写的新篇章。

于 2024 年 6 月 30 日深中通道通车之日

Contents 目录

第1章

数智赋能深中通道
工程管理概论

从党的十九大报告提出建设交通强国,到下达《交通强国建设纲要》《国家综合立体交通网规划纲要》,再到党的二十大报告强调加快建设交通强国,进一步明确了党中央关于我国新时期交通运输行业发展在经济社会发展和国家现代化建设中的先行与基础性作用。

作为当前我国重大交通工程项目,深中通道工程在工程建设管理中全面、深刻和高质量地落实了交通强国战略的各项任务,其中一个重要的方面就是以当代先进的数智技术为新的生产力要素,以智能建造为工程建设供给侧结构性重要改革、提升工程建设中的协同管理与智慧工地水平,以数智赋能打造深中通道品质工程的实践创新,为当前我国落实交通强国战略提供示范与宝贵经验。

1.1　深中通道工程管理面临的新挑战

深中通道是集"桥—岛—隧—水下枢纽互通"于一体的世界级超大型跨海交通集群工程,在系统科学思维下,系统性是一切管理活动的属性,任何管理活动既是系统的实践,也是实践的系统。深中通道的工程管理与一般工程管理相比,出现和涌现了许多新的特征,即从工程管理到重大工程管理,在本质属性上形成了从系统性到复杂性的演化规律。深中通道工程是深刻反映从系统性到复杂性演变的典型重大工程。

图 1-1　深中通道工程概念设计图

深中通道工程建设与管理都鲜明地体现出以下复杂挑战:

(1)工程规模巨大,是一个"桥—岛—隧—水下互通立交"四位一体的世界级集群工程,涉及超宽海底沉管、离岸海中超大跨径悬索桥、海中人工岛、水下枢纽互通立交等重大挑战;

(2)工程自然环境复杂,涉及生态保护、防洪、防台和满足通航、水利、规划航道等复杂建设条件;

(3)专业覆盖面广,工程问题复杂,涉及公路工程、岩土工程、海洋工程、水工工程、气象工程、机电工程、通信工程、船机设备及自动控制等多学科的交叉和集成;

(4)工程生命周期长,设计寿命达一百年,对工程耐久性提出巨大挑战;

(5)对区域社会经济环境有着重要而深远的影响,通道的建设与周围社会经济环境有着广泛、紧密和深刻的关联,并可能因通道的建设而引发多方面的、原来没有出现过的对社会经济环境的正、负面影响,而在工程长达百年的使用要求下,这些影响难以考虑周全、预测准确;

(6)管理主体多样,深中通道涉及政府、业主、设计方、承包商、供应商、监理方、科研方与社会公众等多方面的干系人,同时面对工程复杂的管理问题,管理主体还会出现能力不足的现象,从而大大增加管理组织与行为的复杂性;

(7)管理问题复杂,深中通道的复杂性管理问题涉及多个学科和领域的知识,其边界往往是模糊和不完全清晰的,并且问题的影响机制与关联关系不完全确定,一般很难完全用一种比较明晰的结构化方法(模型)来描述;

(8)管理组织复杂,深中通道的环境复杂、问题类型多而且问题复杂,管理组织需要在管理过程中通过"柔性"和"适应性"的调整来提高其整体能力;

(9)管理目标复杂,深中通道工程对社会经济环境有着重大影响,在不同领域内有各自的目标,这些不同维度,或者同一维度但不同尺度的目标又形成了多层次、多维度、多尺度的目标体系;

(10)管理方案及形成路径复杂,深中通道工程存在一类复杂程度高的管理问题,其管理方案的产生表现为一个不断探索的"试错"过程,在这一过程中,管理方案通常都不是一次"优化"形成的,而是根据对问题认识的深度和准确度,通过对备选管理方案的多次比对、修正与完善来确定的。

我们不仅能从上述直观层面上感受到深中通道工程的"显性"复杂性,还能将其上升到理性思维层面上,即在系统科学范畴内梳理其系统复杂性,如工程环境高度开放性,工程主体多元异质性,工程要素之间的强关联、多约束,工程系统行为和功能具有演化、涌现等工程系统复杂性。由此可见,不论是国家层面"科技强国、质量强国、交通强国"等方面的战略指引,还是新一轮互联网、云计算、大数据、智能制造等科技革命和产业变革带来的行业挑战,都在深刻表明深中通道这一类典型重大工程的管理实践与本质属性在整体上均呈现出从系统性到复杂性的演变趋势,复杂整体性已是这类重大工程各种复杂管理形态的重要起因和深刻内涵,为开展中国特色复杂工程系统管理"知识变革"和"话语体系"的研究提供了丰富源泉。在中国式现代化的引领下,深中通道工程形成了以数智赋能为核心的管理新思考。

正是深中通道工程面临的复杂性挑战,需要我们对深中通道工程确立新的复杂系统认识论,通过复杂系统思维范式转移构建深中通道工程管理新的逻辑体系与技术路线,还要以数智赋能为总抓手,以智能建造为供给侧范式变革,全面实现打造深中通道品质工程的时代性目标。

1.2　数智赋能

1.2.1　数智与数智化

随着当代大数据与 AI 技术的发展及其在多领域的广泛性应用,科技界出现了许多新的概念,数智与数智化就是典型的代表。"数智赋能"恰恰是本书的一个核心内涵,所以有必要在这里对数智与数智化进行稍微详细一点的诠释。

首先要指出,不仅本节、本章,甚至本书讨论的问题都是人与技术之间共生进化的问题,因此,数智、数智化等也都是在人与技术之间共生的思维架构之下展开讨论的。

原本,形容某人聪明有才智,或者智力甚高,称其为智慧之人。一般地说,智慧是生命所具有的基于生理与心理意义上的一种高级创造性思维能力,包括对自然和人文的感知、记忆、理解、分析、判断、悟性、提炼等所有能力。在人的日常生活中,智慧体现为更好地解决问题的能力。

在当今社会,人类与技术之间越来越表现出一种共生进化的新关系,人与技术就像生物世界中的两种生物,相互依存、相互促进、相互共生、相互进化。技术在进化中越来越注入生命性,人类在技术发展中也越来越嵌入技术属性。人类与技术这一共生进化关系为我们描绘出这样一幅生动的图景:人越来越依靠技术、越来越体现出技术属性、越来越技术化,而技术越来越表现出人的生命性、越来越像人,人与技术彼此越来越互相渗透、融为一体。在这个意义上考虑人与计算机技术(硬件或软件)的关系,可以把智慧理解为让计算机技术能够理解人、听懂人的语言与想法,并通过不断的自我学习提高这方面的本领。

基于以上观点,所谓数智,就是赋予了计算机技术(硬件或软件)如同人一样思考的能力。进一步,如果计算机技术有了这样的能力,则意味着人更容易理解、使用和发挥出计算机技术的潜能,帮助提高自己的现实能力,这就是所谓的技术的智能(形态、属性)。因此,无论是数智还是智能,都是指某种事物(机器、技术)的像人具有的智慧那样的形态与属性。简言之,技术不仅仅具有基于人的设计所赋有的能力,而且自身还体现出像人那样的聪明(智慧)品质。

要进一步理解数智,必须解释一下数字与数据的概念。数字是一种符号,数字本身没有任何信息,但数字在其承载信息之后即可理解为数据,即作为人类活动具体内容的信息被数字化后就变成了数据。由此可见,数字是一种工具,而数据则是承载人类活动信息的载体。信息与数据密不可分,数据是客观对象的表示,而信息则是数据内涵的意义。数据对现实行为与活动产生实际影响时才有信息,不同知识、经验的人对同一数据的理解,可得到不同的信息。通常情况下,数字、文本、符号、图形、图像、视频等都是数据的形态。

在数字概念基础上,有一个重要的数字化概念。所谓数字化是将现实世界中的信息,如文本、声音、图像等转换为数字格式的过程。这样,信息就能够被计算机系统以及网络技术储存、处理和传输,数字化的特点是实现信息的电子化、网络化和可操作性。这样,就逐渐发展了一类在数字化基础上,利用人工智能技术对数据进行分析、控制和处理,既加快处理数据速度,又实现决策等活动的自动化、流程化技术,称此为智能化(技术)。数字化为智能化提供了基础数据与处理平台,而智能化则提升了数据的使用效率和完成任务的智能水平。

在数字化基础上,还有一个重要的数智化概念。所谓数智化是利用先进的技术与数据分析方法,对数字数据进行深度挖掘、分析和利用的过程。它强调对数字数据的智能处理和运用,目的是从数字数据中提取有价值的信息,用于决策、优化和创新。

由此可知,数智化可理解为数字智慧化与智慧数字化的综合。这里,数字智慧化的含义主要为把数据化的事实、行为转化为规律和预测,是一个"数据—信息—知识—智慧"的过程,而智慧数字化的含义主要为把已知的规律、经验和实践转化为计算机系统可理解、可操作的数字化语言和指令的过程。

综上所述,数字化与数智化虽然一字之差,但是两个完全不同的概念:"数字化"是一个技术概念,形象地说,万事万物都可以通过数字化技术纳入数字符号格式,即任何事物的具象都可以抽象为数字,而"数智化"则属于数字技术的深度应用。数字化为数智化提供了技术基础,而数智化则是数字化后的"更上一层楼",在不同领域、不同层次上推动数字化转型与智能化改造的发展。

1.2.2　数智赋能释义

"数智赋能"是本书的一个核心关键词,也是一个基础性概念,因此,需要对它进行较详细的说明。

赋能,在汉语中是一个动宾结构词语,由动词"赋"与名词"能"组成。这里的"赋"主要意思为"给予",因此就有"给予方"与"接受方"两个不同主体,通常情况下,"赋"的行为指向他人;这里的"能"主要意思是"能效"、"能量"与"能力"等。此外,任何"给予"一定有某种固化的方式、路径、工具与手段等实体形态,不可能凭空"给予"。因此,"赋能"的基本意思是一个主体方通过某些特定的路径、技术与工具,将某种实在的"能量"、"能力"传递给另一个主体方,并转化成该接受方自身解决问题实在的"能量"与"能力"。

"数智赋能"这个词组的基本意思是以数智技术为基本范式、手段、技术与工具，实现和完成某一主体方对另一主体方的给予。在深中通道建设与管理中，数智赋能自然有其特定的具体内容，主要基本点如下：

（1）深中通道建设管理之所以提出数智赋能，是因为深中通道建设管理遇到了大量的复杂性问题与挑战，管理主体即使充分发挥了自身的传统知识与经验的作用，仍然感到力不从心或能力有限，因此需要新的思维、范式与技术来提升自己的认知、能力与本领。在这方面，当今的数智技术具有很大的优势，此即深中通道建设管理数智赋能的由来。

（2）深中通道建设管理的数智赋能之根本目的是提高管理主体的认知、分析管理问题复杂性的水平以及解决和驾驭复杂问题的能力，但是，现实中，并没有现成的为深中通道精准定制的数智赋能产品，以便工程管理需要时拿来就用。因此，深中通道管理主体即最直接的"用户"与接受方，更是最重要的数智赋能组织者与供应商，在这个意义上，深中通道管理主体也就成为数智赋能的给予方。这说明，深中通道管理的数智赋能，是管理主体自己给予自己的"赋能"，包括工程建设中的数智赋能战略的选择、数智赋能的组织架构、重大工程流程与范式的变革以及赋能的着力点等。

（3）深中通道管理的数智赋能本质上是深中通道管理的数智化设计与实现，这既是一个完整的过程性活动，也是一个包含着丰富内涵的系统建构。直观地讲，它需要将传统的工程管理模式、方式与技术等转化为数字智慧化与智慧数字化的综合性范式。这其中，除了大量有效的数智技术的应用，还要有原来工程组织管理模式的适应性变革，而绝不是零散的互联网与人工智能单元技术的应用。没有覆盖关键管理场景与全过程的数智化，很难说深中通道实现了数智赋能。

（4）深中通道数智赋能即数智化关键技术、数智赋能平台等分析与设计将在本书第三章关于数智赋能平台的内容中讨论。

（5）不宜仅仅在技术层面理解数智赋能，例如，采用几种数字化检测技术、自动化技术等，而首先要认识到这里的"能"主要是一类综合性的能力涌现，是复杂系统整体功能与行为的提升。因此，要在比技术层面更高的思维哲理层面上做好数智赋能的引领与顶层设计工作，例如，要从人类与技术发展共生进化的角度看待人类工程管理与数智技术发展相互促进和推动的辩证关系。

科学技术是人类社会的一种建制。人类社会是进化的，技术当然也是进化的；社会越复杂、待解决的问题越复杂，人类对新技术的需求就越迫切，技术的进步与发展就越快，这是大趋势。但是，什么背景下、是什么问题触发了什么样的新技术的产生则是不确定的。用上述共生基本观点认识人类技术的进步以及人类与技术的共生进化关系,对我们理解复杂工程管理与数智赋能之间的辩证关系具有新的启发意义。

任何具有确定功能和属性、有着基本边界的技术,本质上可以视为一个系统。技术的软硬件相当于系统的要素或者构件。一个新技术出现了,这一定不是绝对的"无中生有",在某种意义上,新技术总可以看作原来某种技术"基因"的遗传变异或者新的组合样式,而这一切根本上是由环境变化与现实需求导向的,新技术就是对这类环境变化适应性的结果。在这一过程中,人类发明的新技术对人类自己与人类社会的发展起了重大作用,同时,新技术的功能以及功能衍生也具有影响人类生存发展的"反作用"。这意味着,人类发展的新需求会驱动技术的进化,而技术的发展也会影响人类的进化,在人类技术发展的总体趋势上,新技术越来越表现出人类的生命性、智能性;同时,技术也越来越提高人类的生命力与智能性水平。总之,人类在技术的进步中越来越嵌入了技术属性。

在人类的复杂需求导向下,技术的进步越来越快,进化的层次越来越高;同时,人类依靠技术进步的推动,自身能力越来越强大,认知和驾驭复杂世界的水平越来越高。现在,回到我们讨论的深中通道管理与数智赋能辩证关系问题上来。数智技术比传统的定性定量或者数学模型技术在整体性描述、分析和处理深中通道复杂情景方面要有长足的进步。特别是,现实中,管理主体面对如何描述重大工程管理复杂整体性时,经常出现认知困境,这时,数智技术通过"大数据+机器学习+人机协同"的模式,形成了一种数据智能模式,能够以自身的推理与演绎能力为主体提供化解主体认知困境和扩大主体认知范围的可能,并且提高"认知"层次,这实际上就写成了对管理主体的赋能。

1.3　数智赋能与新质生产力

无论是上述基本学理分析,还是深中通道建设管理的成功实践都告诉我们,数智赋能驱动对打造深圳通道百年品质工程具有重大的实践意义。在此基础上,我们以当前宏大的时代性变革以及以中国式现代化全面推进中华民族伟大复兴为思维高度,可以进一步清晰地看到数智赋能对于深中通道建设管理重要的时代意义。

1.3.1　新质生产力概述

马克思主义生产力理论认为,生产力是人类在生产实践中形成的改造和影响自然以使其适合社会需要的物质力量。马克思在《资本论》中指出：劳动生产力是随着科学与技术的不断进步而不断发展的。因此，生产力具有客观现实性和社会历史性。

传统的生产力构成要素主要包括劳动者、劳动资料与劳动对象等物质性要素，但随着人类社会和科学技术的发展，科技要素不断融入生产造物系统，一系列新技术作为重要的要素在生产力结构中的作用越来越大，特别是当今大数据、互联网与人工智能技术的深入应用，必然引发生产力核心要素的变革及生产力结构的重构，形成新的生产力的质性，即新质生产力。

新质生产力概念充分体现了我国新时期社会—经济—科技整体发展新的复杂系统属性，是在当今我国各项事业高质量发展导向下的与时俱进。

新质生产力是当今一种具有时代先进性的生产力，其"新"主要指创新，这是它的内在要求，创新包括技术、模式、管理体制等方面，其核心是以科技创新推动产业、行业、业态等方面的创新；"质"主要是指其本质属性的独特性，其核心是突破性科技创新产生的生产力要素的变革与新的配置方式、生产模式的转型升级；"新质"主要指由此形成的生产力"新的质性、新的形态"，表现出新的动能与效率，如应对复杂环境表现出的稳健性与韧性，应对复杂环境与形势的能力。

事实上，人类近现代历史发展多次证明了科学技术是第一生产力这一基本规律。特别是当代，随着计算机技术、数字与人工智能技术的快速发展及其向生产系统的直接渗透，数智技术中蕴藏着的生产力潜能通过各种渠道和方式被充分地释放出来，并且外部化为现实生产力形态，以上观点有助于我们深刻认识数智赋能对深中通道建设管理的重要意义。

1.3.2　数智技术赋能深中通道工程建设新质生产力

众所周知，"工程"概念从本质上讲是人类根据一定意图而创造人造物（系统）实体的实践活动，而深中通道这类重大工程其本质则是创造重大人造物（复杂系统）实体的实践活动。这里的"创造"，与通常使用的"建造""打造""建设"等内涵是一致的。

如此，深中通道建设管理活动本质上表现为一种以工程物理形态为产品的生产实践活动与完整的生产过程，而从工程规划、设计、施工到运维的有序活动链本质上是一种工程生产力的载体方式，或表现为一种工程生产力。

任何工程生产力都具有一定的品质属性，或称"质性"，而"质性"的内涵决定了生产工程的能量与能力，也因此形成了工程的物理属性，工程建设过程的进度、安全、质量、成本、风险等管理属性，以及与人的行为相关的社会属性。在这个意义上,数智赋能或数智化作为一种新质生产力的科技要素融入深中通道建设管理全过程中,不仅能够对深中通道工程建设生产力产生极大的提升与推动作用,而且直接对打造深中通道品质工程起到了巨大的保障与支撑作用。

具体地说,数智赋能深中通道建设管理的实践主要包括以下几个方面:

(1) 数据驱动决策:通过采集、整合和分析工程建设过程中的各类数据,形成数据驱动的决策模式。利用大数据分析和人工智能算法,对工程建设中的复杂问题进行智能预测和决策支持,帮助决策者作出更加科学、合理的决策。

(2) 智能化管理:运用人工智能、机器学习等技术,实现工程建设管理的自动化、智能化。例如,通过智能监控系统对施工现场进行实时监控,通过智能调度系统优化资源配置,提高工程建设的效率和质量。

(3) 数字化协同:利用云计算、物联网等技术,构建数字化协同平台,实现工程建设各方之间的信息共享、实时沟通和协同工作。数字化协同可以提高工程建设的协同效率,减少沟通成本,提高整体效益。

(4) 风险管理智能化:通过智能化技术手段,对工程建设中的风险进行智能识别、预警和应对。利用大数据分析和机器学习算法,对风险进行精准预测和评估,帮助决策者及时采取措施进行风险控制和防范。

(5) 可持续发展支持:数智赋能还可以支持工程建设的可持续发展。通过数字化和智能化手段,对工程建设过程中的资源消耗、环境影响等进行实时监测和分析,为可持续发展提供数据支持和决策依据。

概言之,深中通道工程建设管理是复杂人造物系统的建造(生产)活动,需要相应的生产力形态,在这一活动中,科技创新是深中通道工程建造生产力的新的关键要素,并且由于它的深度融入而形成新质生产力,即数智赋能是深中通道工程新质生产力的重要形成路径。

1.4　数智赋能是深中通道管理的时代性选择

我国是当代世界上最大的发展中国家,人口众多,地域辽阔。为了推动社会经济发展和城市化等战略,我国必然要在一段相当长的时间内,大力修建公路、铁路、机场等基础设施,同时还要通过修筑水利、环保工程以改善自然环境和人民群众生活条件,这一现实使我国成为当前全球基础设施工程的建设大国。

当今,各类重大基础设施工程建设已经成为世界各国发展的强大推动力与国际竞争的利器。无论是重大工程建设总数,还是单体工程规模,我国在全世界都首屈一指,实践成就世界一流。近十几年来,就交通工程建设各项主要指标来说,如工程总量、重大工程建设水平、科技创新、工程社会责任等方面,都正在从交通工程建设大国迈向建设强国。这其中,就工程建设(生产力)水平与先进性而言,也体现出以数智赋能为路径的新质生产力形成的演进发展的大趋势,这不仅是我国交通行业落实交通强国战略的具体体现,也是我国交通工程建设生产力发展与时代进步同频共振的表征,更是深中通道工程建设管理的时代性选择。

1.4.1　深中通道数智赋能的整体性思考

2015年,国家印发《中国制造2025》,提出以提质增效为中心,以加快新一代信息技术与制造业深度融合为主线,以推进智能制造为主攻方向,促进产业转型升级。同时,新一轮科技革命和产业变革蓄势待发,互联网、云计算、大数据、智能制造等新技术方兴未艾。

互联网、物联网、云计算、智能终端等数智化装备与技术以“工程场景”为纽带,形成重大工程组织管理中的新要素,从而改变了原有重大工程组织模式,进而以“场景赋能”为核心涌现出新的组织功能与行为。深中通道建设管理组织中的序主体、承包商、供应商、制造商以及其他参与主体更多地呈现出扁平化、柔性化、去中心化等特征的网络协同模式,管理组织的功能也从传统的流程管控拓展到对数智场景的全方位与全过程服务。深中通道建设管理数智赋能不单单是指数智技术、数智装备等现代技术在工程建造与管理中的应用,更多地是从产业链供应链的层面将互联网技术、大数据技术、智能化装备等融入重大工程的建造与管理中,这种融入是现代数智技术与重大工程建设管理在“数智”层面的深度融合与变革,是一种跨产业、跨部门、跨区域的重大工程全产业链的整体性升级。具体而言:①围绕深中通道建设目标,形成以政府、项目公司、供应链、承包商等众多主体为核心,以物联网、互联网等数智技术为基础的重大工程产业生产体系;②形成数据嵌入材料、装备、构件等关键资源的供应体系,实现全过程、可溯源的有效治理;③围绕产业链供应链各个环节的技术需求、人才需求、场景需求,实现重大工程全过程的持续进行与质量稳定;④围绕工程场景,实现场景内装备、技术等复杂子系统的安全可控,并对关键重要装备能够进行远程观测诊断,利用工业大数据、BIM等新一代信息技术有针对性地提供运营维护服务。

深中通道建设管理以数字化和智能化技术为基础,包括大数据、云计算、人工智能、物联网等技术,这些新技术深度嵌入深中通道的建设管理过程,使得工程管理中的信息获取、处理、分析和决策更加高效、准确和智能化。深中通道建设过程中,智慧梁场协同管理平台对场地动态、质量安全、人员设备等进行管理,实现了平台统一和数据互通;基于BIM模型和可依靠多约束条件下的排产算法,实现箱梁的智能排产;通过多功能的统筹管理,有效提升了梁场的综合管理能力且效果显著。数字化平台实现系统一体化、业务协同化、办公移动化、档案电子化和工地可视化,运用数字化技术在沉管钢壳制造、沉管钢壳混凝土制造、智慧梁场和BIM协同管理方面对本工程进行轻装升级。在深中通道建设管理系统中,各个工程管理子系统之间互联互通,形成一个集成化的管理协同平台,实现对工程项目全过程的管理,包括项目规划、设计、施工、运营等各个阶段的信息共享和协同工作。以智慧梁场BIM协同管理平台为例,以BIM技术为基础、数字化管理为核心,支持多端协同管理,实现数据信息同源共享,可随时动态掌控现场安全、质量和进度,对项目的总体情况进行宏观把控,辅助对物料采购计划、混凝土生产计划、箱梁预制计划等做出决策,逐步实现工程全寿命周期关键信息的数据共享以及建设期参建各方工作协同,提升了管理效率和水平。

在深中通道建设管理全过程中,注重生态环境保护的理念贯穿始终。通过数智技术的支持,项目团队可以评估和监测工程项目对生态环境的影响,从而采取相应的措施进行生态保护和修复。深中通道项目践行新时代生态文明建设理念,把绿色作为生态共同体建设的强大动能要素。从绿色选线、智能建造、工程耐久、生态保护、节能减排等多方面,建设全寿命绿色公路示范工程,守护"碧水珠江",引领跨海集群工程的高质量建设,实现生态环保和工程建设的共融共生、互促共进。一是创新绿色管理平台。如通过数据接口开发基于BIM管理平台集成的搅拌站生产系统,实现从材料的管理到混凝土生产的智能化,智慧梁场混凝土输送中心在噪声控制、生产机械能耗、粉尘控制、污水排放和罐车余料处理等几个方面做得更加节能、绿色、环保。二是保护原有生态资源。采用水下隧道方式跨越江河和海湾(峡),相比于桥梁,水下隧道可实现全天候通行,对航运、航空干扰少,同时也可较好地保护原有生态与自然环境。如沉管运输安装一体船的应用显著减小浮运航道疏浚量及对现有航运的影响,降低施工风险,提升沉管隧道可实施性,有利于环境保护,社会效益和经济效益显著。

深中通道通过数智技术的支持,实现对资源的优化配置。这包括对人力、物力、财力等资源的合理分配和调度,以提高资源利用效率,降低工程成本。深中通道工程分别在技术、装备、工程和管理四个方面对整个工程进行全面把控,实现项目建设全过程、全方位管控,科学配置资源,推行标准化设计、大标段划分,开展集约化、工厂化生产,全力打造"智慧工地",提升项目管理信息化水平,推动现代工程管理水平及工程品质的提升,助力交通强国"四个一流"建设。

1.4.2　数智赋能是深中通道工程的时代性回应

当前,我国跨海通道建设技术虽已取得较大进步,建成了以"大型化、标准化、工厂化、装配化"为主要特征的港珠澳大桥跨海集群工程,但也面临交通行业与工业化、信息技术如何深度融合,集群工程智能建造技术与装备制造等问题。因此,迫切需要依托国家重大跨海通道工程,在工业化、智能化等现代工程技术领域实现精准突破,从而提升我国跨海集群工程的智能建造水平。因此,深中通道作为"十三五"期间国家重大工程,需要践行国家战略要求,促进交通行业高质量发展,应对新的时代性挑战,例如:

(1)沉管隧道为世界最长、最宽的钢壳混凝土沉管隧道,传统钢结构制造技术难以适应项目钢壳沉管规模大、构造复杂、厚板焊接难度大、制造精度要求高、工效要求高等特点,迫切要求产业升级。

(2)全线钢箱梁主梁长度超过10千米,桥面面积超过40万平方米,桥梁用钢总量达到27万吨。为保障项目服务质量及结构安全,迫切需要对钢结构制造设备和工艺进行创新,逐步根除钢桥面板特殊构造带来的焊接接头初始缺陷,破解正交异性钢桥面板疲劳耐久性这一世界性难题。

(3)单个钢壳管节自密实混凝土体积达2.9万立方米,对自密实混凝土工作性能、体积稳定性、浇筑工艺及速度控制要求极高,脱空控制严格(≤5毫米),环境温度敏感性高,对传统混凝土的浇筑工艺和浇筑装备提出了升级要求。

(4)受建设条件制约,传统的管节浮运安装方法难以解决本项目沉管施工面临的长距离超大体量管节浮运、大横流条件下沿基槽长距离横拖、复杂水文泥沙条件下管节深水沉放对接精度控制等系列技术难题,本项目对管节浮运安装装备及工艺提出了更高的要求。

项目团队通过数智技术的运用,构建了一个高效、协同、可持续的生态共同体,涵盖工程项目管理的全过程,包括规划、设计、施工、运营等各个阶段,并涉及项目管理的各个方面,如进度、质量、成本、安全等。在这个生态共同体中,数智技术发挥着关键作用,通过运用大数据、云计算、物联网、人工智能等先进技术,实现工程项目管理的全面数字化和智能化,帮助项目管理者实时获取项目数据,进行精准分析和预测,提高决策效率和准确性;同时,也可以促进项目各参与方之间的信息共享和协同合作,形成紧密的合作关系和互动机制。此外,重大工程组织生态共同体还注重可持续发展和生态平衡,通过优化资源配置、降低能耗、减少污染等措施,实现工程项目的绿色和长期可持续性发展。这不仅有助于提升工程项目的社会和环境效益,也可以为重大工程各参与方的长期发展奠定坚实基础。因此,重大工程组织生态共同体是一个以数智技术为驱动,注重协同合作、可持续发展和生态平衡的复杂系统,有助于提高工程管理的效率和性能,推动工程管理领域的可持续发展。

基于复杂系统视角,深中通道围绕数智赋能目标构建了一个综合性的组织生态共同体系统,它涵盖了工程管理领域中的多个复杂子系统,并且这些系统通过数智技术的运用,形成了一个生态化的共同体。在这个共同体中,各个系统之间相互关联、相互作用,通过数智技术的支持,实现信息的共享、资源的优化配置和协同工作,从而提升整个工程管理复杂系统的效率和性能。

综上,为适应项目建设面临的技术挑战,贯彻国家"科技强国、质量强国、交通强国"战略,实现深中通道高质量建设,迫切需要结合当前信息技术、互联网技术的发展,进行跨海集群工程建设技术的产业升级。

1.5　本章小结

本章首先基于复杂系统视角探讨深中通道面临的新挑战,例如规模巨大、专业覆盖面广、技术需求高、管理复杂等,并确立以数智赋能为总抓手、以智能建造为供给侧范式变革,打造深中通道品质工程的时代目标。其次,从数智、数智化与数智赋能内涵辨析的角度,探讨深中通道数智赋能的必要性与整体性,在此基础上,提出数智赋能作为一种新质生产力要素融入深中通道建设管理全过程中,不仅能推动深中通道建设生产力的提升,而且直接对打造深中通道品质工程提供保障和支撑。最后,本章提出以数智赋能为路径的新质生产力的演进趋势,不仅是我国交通行业落实交通强国战略的具体体现,也表明我国交通工程建设生产力发展与时代同频共振,更是深中通道实现高质量建设、贯彻"科技强国、质量强国、交通强国"战略的时代选择。

参考文献

［1］王歌,覃柳淼,曾赛星,等.新型举国体制下重大工程创新生态系统的资源配置模式:来自港珠澳大桥技术创新的证据[J].管理世界,2024,40(05):192-216.

［2］胡海波,毛纯兵,周洁.中国工业数字化转型的演变逻辑与未来展望[J].管理学刊,2023,36(04):112-126.

［3］乐云,龚云皓,姜凯文.项目治理方式对重大工程双元性实践的影响机制:以北京大兴国际机场为例[J].项目管理技术,2023,21(07):1-5.

［4］薛小龙,张鸣功,王亮,等.重大工程由建设转向运维的过渡机制:港珠澳大桥的实践创新 ［J］.管理世界,2023,39(07):158-180.

［5］王超发,韦晓荣,谢永平,等.重大工程复杂信息系统的关键核心技术创新模式:以中国空间站为例[J/OL].南开管理评论,1-18[2024-07-12].

［6］陈云腾,陈卓.基于中台架构的国有交通投资集团数字化转型研究[J].科学决策,2023 (01):78-103.

［7］杨善林,王建民,侍乐媛,等.新一代信息技术环境下高端装备智能制造工程管理理论与方法[J].管理世界,2023,39(01):177-190.

［8］唐伟,孙泽洲,刘思峰,等.举国体制下中国航天复杂系统管理实践与启示[J].管理世界,2022,38(09):221-236.

［9］宋立丰,区钰贤,王静,等.基于重大科技工程的"卡脖子"技术突破机制研究[J].科学学研究,2022,40(11):1991-2000.

［10］杜运周,孙宁.构建中国特色的管理学理论体系:必要性、可行性与思路[J].管理学报,2022,19(06):811-820,872.

［11］金治州,陈宏权,曾赛星.重大工程创新生态系统共生逻辑及治理[J].管理科学学报,2022,25(05):29-45.

［12］盛昭瀚,梁茹.基于复杂系统管理的重大工程核心决策范式研究:以我国典型长大桥梁工程决策为例[J].管理世界,2022,38(03):200-212.

［13］乐云,胡毅,陈建国,等.从复杂项目管理到复杂系统管理:北京大兴国际机场工程进度管理实践[J].管理世界,2022,38(03):212-228.

［14］王永贵,汪寿阳,吴照云,等.深入贯彻落实习近平总书记在哲学社会科学工作座谈会上的重要讲话精神,加快构建中国特色管理学体系[J].管理世界,2021,37(06):1-35.

［15］麦强,陈学钏,安实,等.重大航天工程系统融合原理、模型及管理方法[J].管理世界,2021,37(02):214-224,15.

［16］陈宏权,曾赛星,苏权科.重大工程全景式创新管理:以港珠澳大桥工程为例[J].管理世界,2020,36(12):212-227.

［17］徐宪平,鞠雪楠.互联网时代的危机管理:演变趋势、模型构建与基本规则[J].管理世界,2019,35(12):181-189.

［18］祁超,卢辉,王红卫,等.重大工程工厂化建造管理创新:集成化管理和供应商培育[J].管理世界,2019,35(04):39-51.

［19］麦强,安实,林翰,等.重大工程复杂性与适应性组织:港珠澳大桥的案例[J].管理科学,2018,31(03):86-99.

［20］时茜茜,盛昭瀚,朱建波,等.重大工程工厂化预制的动态协调激励[J].系统工程,2015,33(11):94-100.

第2章

数智赋能驱动深中通道工程管理要点

本章在数智赋能转换的基础上,探讨基于数智技术融入深中通道建设管理各类活动的数智驱动阶段,形成从数智赋能到数智赋能驱动的重要转换。在此基础上,提出数智赋能驱动的基本要点,包括构建数智驱动平台、打造数智驱动现场、以场景为导向的数智驱动、"点—线—面—体"一体化驱动以及数智集成驱动。进一步地,探讨深中通道数智赋能驱动的实践原则,明确实践过程中具体"做什么"和"怎么做"的活动与行为。最后,从学理层面探讨数智赋能驱动与智改数转的同一性,提出深中通道工程建设管理智改数转的基本任务。

由此我们可以领会到,以数智赋能为路径,深中通道建设管理新质生产力的形成是一个内涵丰富、结构复杂的系统工程,除数智技术范畴内的许多任务外,还涉及工程建设管理数智驱动平台、现场数智化、场景驱动、点—线—面—体驱动、数智集成驱动,以及新的管理活动与行为等。

2.1　数智赋能驱动基本内涵

在上一章诠释数智赋能的内涵之后,本节进一步往前进入一个新的更加重要的转换阶段,即在数智赋能转换的基础上,实现基于数智技术融入(即驱动)深中通道建设管理各类活动的阶段,称为数智驱动阶段,从而形成深中通道建设管理数智赋能驱动这一完整的概念。

前面说明过,数智赋能其意是由某一主体方给予另一接受方以数智技术为核心的能力。但是,这还没有交代接受方赋能之后的目的与行为。事实上,在工程建设管理实践中,如果 A 通过数智技术给予了 B 能力的提升,而 B 运用数智技术于深中通道建设管理某一任务,或者取得更好的效果,或者提高了管理效率,或者解决了原来无法解决的问题,根据新技术对人类活动的一般意义,这应当是数智赋能的本意,也是接受方赋能后的根本目的,如图 2-1 所示。这就是本书所谓的数智赋能驱动深中通道建设管理的完整内涵。

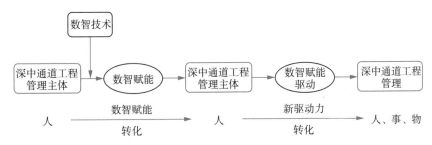

图 2-1　数智赋能驱动的深中通道工程管理

非常明显,上述全过程中有一个主体(深中通道管理业主为序主体的工程建设管理主体群)、一个客体(深中通道)和两个转化。第一个转化是主体群自身对自身的数智赋能,实现了基于数智技术的自身建设管理能力与本领的提升;第二个转化是主体群基于新的更高水平的能力与本领,成功实现了打造深中通道品质工程的造物实践。

从整体性与全过程角度思考这两次转换的复杂过程,不难发现数智赋能驱动深中通道管理实践活动有以下几个特点:

(1)以数智赋能为抓手,以形成新的驱动力为路径,以提高打造深中通道品质工程能力为目的。

(2)第一次转化的实质就是深中通道管理数智化过程,第二次转化不仅仅是新技术的一般应用,而且包括管理思维、组织模式、管理流程的一系列变革。

因此,对深中通道建设管理的数智赋能驱动同时是一次工程建设管理范式的深刻变革。

(3)在整个过程中,除上述需求导向、目标导向、路径规划以及关键技术选择外,一个基础性的要点是数智赋能平台的设计,没有这一平台,数智赋能会因为不能体系化与缺乏整体性而难以形成驾驭工程管理复杂整体性的能力。这一部分内容我们将在第3章中专门论述。

2.2 数智赋能驱动要点

2.2.1 构建数智驱动平台

数智赋能驱动下的深中通道建设管理,其核心在于如何"驱动",即如何推动和实现数智技术潜在能力"外部化",为深中通道工程建设管理者实现新的数字化、智能化工程建设管理新的功能,这类功能的支撑载体就是数智赋能驱动平台。后面我们将详细说明。在学理上,数智赋能平台也是数智驱动平台、智改数转平台或数智化平台,它的本质属性并不主要是直接解决深中通道工程数智化建设管理问题,而是提供解决这类问题的环境与条件。

"数智赋能驱动"的重心与核心是基于数智赋能后,如何做管理驱动与怎样做得更好,即如何运用数智技术赋能解决和驾驭工程建设管理各类复杂性难题,提升工程建设生产率。对于打造深中通道品质工程这样的复杂整体性活动,数智驱动不是简单赋予某些工程单元智能化技术,而是要构建相应的驱动体系,形成新的驱动路径,包括新的管理思维、组织模式、管理流程的一系列变革。换句话说,深中通道建设管理者要找准数智驱动的导向与抓手,设计和建构数智驱动平台作为环境与条件。

深中通道建设管理的数智赋能驱动不是一项纯粹的技术创新问题,要从本质属性上认识到数智赋能作为培育新质生产力新引擎的重要作用。在新质生产力提升视角下,"数智赋能驱动"以一种新质生产力形态融入打造(驱动)深中通道品质工程的实践中,形成现实化和外部化的数智生产力。

从这一基本认知出发,数智驱动平台为实现数智技术潜在能力"外部化"提供了环境和条件,平台的核心功能是为了"驱动",而不主要是直接"参战"。由于深中通道建设管理客观上必须面对和完成各类具有智能化属性的任务与问题,那相应的平台就不仅仅是数字化平台,而是基于数智驱动导向的赋能平台。

2.2.2　打造数智驱动现场

重大工程本质上是在工程"现场"进行的造物活动。随着重大工程建造规模日趋变大,重大工程现场不仅包括最终的工程成型所在地,而且还涵盖分布在各地的生产、制造中间阶段重要装备、构件的场所,以及相应的供应链的空间布局。以深中通道沉管隧道为例,从 2018 年 4 月进行钢壳足尺模型试验,到 2020 年 6 月首节管节 E1 沉放安装,再到 2023 年 6 月沉管隧道合龙,其"现场"已经不仅仅是空间上的工地,还包括管节制造、智能浇筑、智能浮运等环节和活动各类空间。

由此可见,在数智驱动环境中,深中通道现场不再是狭义的工程工地的概念,而是涵盖深中通道制造模式所有空间网路,还有与该科技网路紧密关联的工艺监测、安全预警、隐蔽工程数据采集、远程视频监控、总体指挥平台等空间,这充分表现出深中通道突破了传统工程工地意义上的工程现场新内涵。

数智现场,本质上是为数智驱动活动提供的数智赋能空间。从工程建设的纵向有序性与工程管理的横向协同性出发,数智现场蕴含着基于数智造物活动中的人(工程多元性主体的价值观与行为协调)、事(工程管理诸要素的协同管控)与物(物质型工程实体制造),并且所有的驱动活动都必须以现场的现实场景为导向,不能被虚化、简化或者概念化。

2.2.3　数智驱动的场景导向

深中通道建设管理的数智驱动是一个实实在在的造物活动,必须对一个个现实问题给出"落地"的解决方案,而不是在理论层面上的科学问题研究。科学问题原本是在工程活动中并与工程情景交织在一起,后被人们从情景中抽象和提炼出来。这样,既然数智驱动要面对和解决的是一个个现实问题,那问题必然要保持和工程情景交织在一起,而不能把它们完全从工程情景中"剥离"出来。这意味着,深中通道数智驱动不遵循"以问题为导向",更要往前走一步,要"以情景为导向"。如果这类"情景"主要指工程现场的情景,那也可以表述为数智驱动需要遵循"以场景为导向"。

"场景",即现场之情景。何谓工程现场之情景? 比较直观地说,任何具体的现实的活动与过程,如同一个有人、有物、有事、有关联、有因果、有变化并依时空顺序展开的相对独立而又有整体性与连贯性的故事。凡故事都有背景、情节与情节的发展,此即现实活动的整体性情景。因为情景有着整体性与连贯性的故事特征,因此,与场景"血脉"关联在一起的现实问题,不可能像科学问题那样抽象与概念化。例如,现场场景中的一个安全问题,绝不能概念化和用抽象的数学模型描述,而要从工程结构、材料的物理性、工艺的科学性、工法的合理性、管理的规范性以及人的行为的规范性与心理健康方面来解释,还会涉及天气状况、工程现场某一偶然事件的发生等。只有在由上述背景、情节与情节的发展构成现场的场景中才能够找出"这一个"工程安全问题形成与演化的机理、独特性和复杂性源头。

当今,重大工程现实问题的复杂性越来越强,与环境之间的关联性越来越紧密,导致工程场景中包含大量拟解决问题的重要信息,特别是现实问题的那些独特性、关键性信息只有在场景中才能够比较完整地"捕捉"到,因此,深中通道数智驱动的"两极",一个是先进的数智技术,另一个则是对场景中这类信息的深度挖掘。而要将这"两极"连贯起来,其基本原理是依据工程场景中现实问题的特征(复杂整体性、关联要素"无穷多"、涌现、非结构化)和复杂系统思维与数智技术(复杂性思维、异构数据融合、深度学习、数据挖掘、跨界跨学科建模)之间的紧密的关联,通过如三度(维度、尺度、粒度)缩放、跨界关联、全息情景、场景导向等技术实现。

还有一点,由于任何重大工程建设管理场景不仅是复杂的,还是该工程造物活动所独有的,整体上是"稀缺"的,因此,一般不能指望从大量已知的工程管理场景样本中提取其统计规律,而只能在少量宝贵的具体工程管理情景样本或线索基础上,以计算机系统为"实验室",把少量宝贵的管理场景现实与线索当作"种子"进行播种、培育,让其生长,最终得到各种不同的场景"果实",再从这些"果实"形成的动态演化过程以及这些"果实"的类型、特点中分析、预测和重构关于工程管理场景的知识与规律。这样的解决工程现实问题的思想与模式更适合数智驱动的技术路线。

数智驱动的场景导向要点对重大工程管理理论创新具有积极的意义。在一般工程决策管理理论中,经常有最优方案的概念,即基于一定的目标,决策主体通过一定方法,如建立一个结构化的数学模型,选择一个优于所有备选方案的最优方案。但是,对于复杂的重大工程管理活动,要我们准确、全面地提出工程目标并寻找到这样的最优方案往往是困难的,我们只能在尽量顾及各种复杂因素的前提下,选择那些对情景变动可能造成的损害不敏感的方案作为整体上可接受的"质量高"的方案,这一认知被我们抽象为评价和度量重大工程决策(方案)质量的基本出发点,称为决策(方案)情景鲁棒性。由此可见,这一思想与传统的最优方案有着很大不同,它总体上更体现了对重大工程全生命期内工程情景(场景)变动复杂性的考虑,于是,情景鲁棒性在一定意义上就是重大工程决策方案的"最优性"。

这样,通过情景(场景)这一概念的拓展,在其与决策质量、决策方案之间建立起密切的、具有明晰学理性的关联,从而推动我们以"场景"理念为桥梁,思考深中通道数智驱动的实践原则与理论意义。

2.2.4　"点—线—面—体"驱动路径

深中通道数智驱动的目的是以新的工程建设生产力打造深中通道品质工程。在现实中,重大工程造物的情景、现象及问题多由多种物质型要素构成,并在一定的自然规律、社会关系与行为准则支配下组合成一个复杂整体,这一整体的物质型硬结构、物理性功能及动力学机理构成了工程功能及品质的主要物理形态。因此,要充分尊重工程建设情景、现象与问题的现实性、现象性与实在性,自然也就要尊重品质的现实性、现象性与实在性,这也构成了深中通道数智驱动实践要点的原理之一。

在工程造物实践层面上,"打造"是一个从 0 到 1 的完整过程。其中,由于工程实体的物理性、物质性特征,工程系统自身显现出从零部件、小构件、中构件、大构件再一步步向整体拼装的特点,或者由若干相对独立的子工程体关联整合而成,如钢结构小节段车间智能化制造、中节段场地数字化搭载、大节段坞内自动化总组。显然,这一过程充分显示出深中通道工程自身以及打造过程中的规范性、物理性与机理性,它们主要是自然、技术与工程规律的表征,在感知上可观、可测、可控、可分解与标准化。与此同步,数智技术融入点或者数智驱动嵌入点必然同步呈现为三维空间中的点—线—面—体的几何形态,这种"点—线—面—体"数智赋能路径,通过劳动密集向自动化"少人"和智能化"无人"的转型,确保了深中通道建造的数智化进程。这表明,数智驱动广泛采取的"点—线—面—体"核心路径,充分体现了工程造物的物理规范性,也体现了数智驱动活动尊重工程建设规律的基本准则。

另外,现场是打造深中通道品质工程的"主战场",其内涵远远超过了传统的"工地"的范畴。现实中,数智驱动的"打造"活动,包括目标集成、主体集成、资源集成、装备集成、技术集成和人员集成,都汇聚于品质工程的造物活动的现场,相应的工程品质管理,包括安全控制、质量管理、进度调度与投资控制等各个方面也都需要通过现场的协同集成起来,而工程数智现场"点—线—面—体"空间结构自然也成为数智驱动"点—线—面—体"路径的遵循原则。

具体而言:

(1)点:"点"是深中通道工程建设管理数智赋能驱动的系统最小单元,是数智技术或方案嵌入深中通道工程的接入点,例如:深中通道工程智慧梁场中数控坡口等离子切割机与数控等离子切割机,沉管运安一体船中的动力定位系统、航迹追踪系统、管节沉放姿态控制系统与船管快速连接系统等,以及 BIM 技术数字化设计中涉及的几何信息、材料性能、构件属性等基础要素。

(2)线:"线"本质上是最小系统单元在一定目标或需求下结合形成的具有某种单一功能的子系统,例如:深中通道工程的智能化下料加工生产线、智能化板单元生产线、智能总装生产线、智能喷涂生产线及桥梁钢结构智能制造信息管理平台等。

(3)面:"面"实际上是"点"与"线"、"线"与"线"的耦合,在重大工程管理中能够实现多种功能或能够完成相对独立工程目标的子系统,例如:深中通道工程智慧工地、智慧梁场、智能制造生产以及钢壳制造等。以智能制造生产为例,包括板材/型材智能切割生产线、片体智能焊接生产线、块体智能焊接生产线、智能涂装生产线、车间制造执行过程的信息化管控系统等不同的"线"。

(4)体:"体"是复杂系统视角下的整体性概念,是"面"、"线"、"点"的综合集成,包含深中通道工程的方方面面,例如:业主单位、施工单位、设计单位等众多主体,数据、技术、管理、组织等全部要素,以及设计、施工、运维等全过程。在数智赋能驱动内涵下,"体"表现为深中通道工程整体目标的实现,如图 2-2 所示。在一定意义下,"体"也表现为深中通道百年品质工程的全部实践内容。

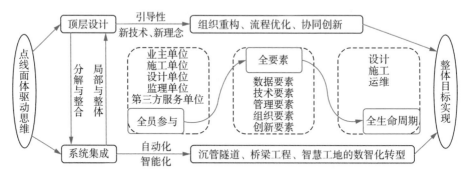

图 2-2　深中通道"点—线—面—体"一体化驱动要点

2.2.5　赋能驱动的数智集成

数智赋能打造深中通道百年品质工程不仅是数智赋能驱动全过程的终点,也是交通强国指引下深中通道工程新格局、新理念、新质生产力、新动能的综合之大成。综合之大成不是简单地将数智技术应用到工程建设各个局部、各个阶段的建设管理全部活动中,也不仅仅是对工程的物质型资源的"构造",而是深中通道品质的形成与涌现,依靠工程建设新质生产力的新动能来推动实现。

数智赋能打造深中通道品质工程实践活动的本质是在打造过程中,充分、有序地运用数智技术,并在数智技术赋能的基础上,实现如下转换:工程数智＋系统集成＝工程系统智能集成。这里的"工程数智"是指在工程造物活动中广泛运用的如互联网、大数据、物联网、人工智能等信息和计算机技术,特别是数字化技术与智能化技术;"系统集成"是指遵照一定的目的,将相关要素汇聚综合而成一个具有某种功能的系统,例如,工程造物、工程管理等都属于系统集成;"工程数智＋系统集成"可以理解为将工程领域的数字化与智能化技术深度运用和融入工程建设管理活动,"＝"则表示上述运用与融入在实践上形成了一种转换和涌现;"工程系统智能集成"则是指这一转换和涌现出现了以"智能"为新的生产力要素与动力学机理,并且驱动和集成了一类新的"工程系统",这里的"工程系统"就专指打造而成的深中通道品质工程。

在打造深中通道品质工程过程中,"工程数智＋系统集成＝工程系统智能集成"这一转换关系不是简单的叠加,而意味着在转换中,被一种新质生产力或者新动能所激活并形成一种新的工程系统的动力学机理。这一变革性的机理就是数智集成,它能够催生和促进结构型、半结构型以及涌现型工程品质的实现。

数智集成驱动不仅仅是数字化技术与智能化技术的单元性、局部性赋能作用,而且是数智技术体系在打造深中通道品质工程过程中以其自身的能量与功能集成了融合产业链供应链的支撑力量;促进了相关产业变革与企业战略调整;多维度、大幅度提升了深中通道品质工程建设管理需要的理念创新、技术创新、范式创新与全要素生产率的跃迁;推动了打造深中通道品质工程生产力的质量、能力与效率变革;成为合成多生产力要素与管理格局新变革的"黏合剂"。

2.3　数智赋能驱动实践原则

我们在前面比较深刻地诠释了深中通道工程管理"数智赋能驱动"的基本内涵,特别是"数智赋能驱动"这一整体性概念由数智(技术)→赋能→工程建设管理主体驱动→深中通道工程建设管理实践的逻辑性,这让我们认识到"数智赋能驱动"是一类有着完整有序结构的总体技术路线,其目标是通过数智技术潜在功能与价值在深中通道工程建设管理中的不断"外部化"而成为深中通道工程建设管理新的生产力与新的动能。

众所周知,这里的总体技术路线表达了在深中通道工程建设管理中拟采用的整体技术方案或特定的技术工具,以及关键性的技术思维。但是,在具体的深中通道工程建设管理中,技术路线主要是提供了一个实现目标的技术架构与步骤逻辑,真正要实现目标,还需要我们在技术路线架构的指导下,明确实践过程中具体"做什么"和"怎么做",即明确具体的活动与行为,这就是平常所谓的"实践原则"。

对于深中通道这样复杂的重大工程,数智驱动建设管理不是一项简单的技术改造,而是极其复杂的整体性系统工程。即使我们将数智驱动现实化为智改数转并明确了工程建设管理中的"做什么"与"怎么做",也不能仅仅将其看作数智技术的选择与应用,而是应该按照复杂系统思维,依据复杂系统管理物理复杂性—系统复杂性—管理复杂性范式的有序递进,从战略规划开始,做好顶层设计、整体方案、技术路线、平台构建、数据治理、程序开发、场景应用等各项不可或缺且逻辑有序的工作。在一定意义上,这就是深中通道数智驱动的实践原则,基本要点如下:

(1)设计数智驱动的战略愿景

通过推动深中通道工程建设管理的数智驱动(智能化改造和数字化转型,智改数转),形成创新驱动发展的动力引擎与工程建设的新质生产力,以尽可能覆盖全过程的新一代数智技术的应用,进一步加强工程产业链供应链资源整合,提升产业链与工程内部责能的协同能力,构建柔性化工程组织、网络化共享、智慧化协作的数智赋能平台,实现产业—行业—工程多层次互通互联,以产业链、供应链、价值链、创新链的新动能打造深中通道百年品质工程。

(2)明确数智驱动的基本原则

深中通道工程数智驱动(智能化改造和数字化转型)不是简单的数智技术孤立或者破碎化应用,也不是添加几台智能装备,或者对某几个工程制造环节进行改造,必须是各环节、全过程的改造升级。智能化改造和数字化转型是牵一发而动全身的新质生产力的形成过程,涉及深中通道工程生产力的各类生产要素以及要素之间的关联,还将有新的生产关系的创新,因此,需要整体统筹规划、分步实施、持续投入。互联网、大数据、人工智能是深中通道工程开展数智驱动的重要路径。

(3)确立数智驱动的三个阶段

深中通道工程数智驱动(智能化改造和数字化转型)一般可分为三个阶段,每个阶段都有其自身的特定任务,阶段之间又具有前后有序性与关联性。第一阶段为数字化阶段,即工程建设管理万物皆数字。将工程设计、基础、施工、管理、供应链、相关产业链等不同领域、环节都数字化,只有这样才能实现数据的储存、传输，从而进入在线化，这是数智赋能的基础性、底盘性阶段。第二阶段为在线化阶段，该阶段是将每一个工作环节网络化，所有活动进行在线管理和运营。第三阶段为智能化阶段，即在数字化平台上，通过底层数智技术＋专项功能的模式，再通过 AI 技术打通数据，提供决策支持，实现决策智能化。

（4）提出数智驱动的实施机制

深中通道是国之重器，深中通道工程数智驱动关系到交通强国战略，涉及产业链供应链管理，必须形成政府主导、企业主责、金融保障、机构支撑的良性互动机制。其中，政府要统筹相关行业、部门单位承担服务和保障责任，主体是企业，要牢固树立智改数转的责任感与紧迫感；工程主要负责人要牵头推动，居中协调，打通企业内部业务环节，保证赋能各分解项目顺利实施；深中通道工程数智驱动离不开服务机构的技术支撑和智力保障，特别在战略规划、提供解决方案、数智技术选择、基础性平台设计等系统集成等环节，服务机构要根据驱动规划提供技术和智力保障，拿出切实可靠的解决方案与系统集成方案，做好典型场景应用示范与后续运维服务。

（5）打造数智驱动的组织模式

深中通道工程数智驱动表现出系统重构与演化的属性，自然会面对动态性与不确定性，因此，数智驱动组织的构成与模式应当具有一定的韧性与适应性，例如，政府与市场协同推动、多层次、分布式资源整合形成"降维打击"能力等组织功能等。一般地，与数智驱动相适应的组织呈现为市场化生态模式，在整体结构上，包含三个环节：第一个环节是前端的业务团队，业务团队有关键的职能，不需要跨部门协作，有明确、清晰的具体承担的目标与指标，相应的事权和决策权，以及与之配套的利益。第二个环节是平台。平台是基地，拥有支持所有业务团队所需共同的资源，能为前方业务团队提供专业化技术与实力以及通过与外界机理关联而获取或者拓展资源与能力。平台的功能是赋能，不是管控。第三个环节是管理方式。对深中通道工程数智赋能研发团队的组成人员，要尽可能体现生态化、市场化、激励创新、尊重贡献的管理运作机制，减少层级思维。

2.4　数智赋能驱动与智改数转

2.4.1　数智赋能驱动与智改数转的学理同一性

由上可见，现实中，数智赋能驱动（以下简称为"数智驱动"）深中通道工程管理还需要在实践原则层面上，进一步把数智驱动具体化、实践化，落地成为可操作的相关活动与行为，对什么时候、什么情况下做什么和怎么做心中有数。

显然，数智驱动要做的事情很多，有前有后，前后有序。其中，有些工作是比较重要和不可或缺的。例如，明确数智驱动的整体目标、选择与研发关键的数智技术、构建数智赋能平台、确定数智驱动重要场景、评估和优化数智驱动功效等。其中，根据信息化技术与软件工程的一般规程，构建数智赋能平台是数智驱动众多环节与任务中最基础、最重要的工作之一，也是本章主要讨论的内容。

从系统观点看，对一个事物或活动实现数智驱动，实际是构建一个新的系统或对原有系统进行重构。就"数智驱动深中通道工程管理"这一活动而言，数智驱动应属于对原有建设管理体系进行重构，即对原有工程建设管理体系进行智能化改造与数字化转型，简称为"智改数转"。

以上所述表明，数智驱动深中通道工程建设管理在学理上与深中通道工程建设管理的智改数转具有同一性，也就是在原先的深中通道建设管理体系上，以"机器换人，数智换脑"等标志性转型为逻辑起点，进而提升工程设计、施工、运维等各个环节的智能化（即智改数转）水平。

我国社会与科学技术的发展历程告诉我们，我国重大工程建设管理的发展与技术的进化是共生和相互融入的。就以当代信息技术来说，这一现象的本质是人们发明、发展信息与计算机技术，通过技术改变人们的生产、造物、生活与思维方式。在此基础上，人类生产造物越来越技术化，技术也越来越生命化，技术与人一直在相互推动、共生进化。

今天，工程建设管理智改数转中的"机器换人"、"数字换脑"又一次佐证了这一点。机器换人，是以信息化、自动化装备改造工程生产制造过程，提升生产力品质与生产效率，促进工程建设模式的优化与产业结构的调整。数字换脑，是以数字化平台的各项基本功能以及功能的提升和拓展，担负起工程建设管理的"大脑"功能，指挥协调各类业务系统运行。与传统"大脑"（人的经验与知识）相比，这种"大脑"能够更柔性（适应性）地支持工程建设管理的不同模式与流程变更，提供决策支持服务。总体上，智改数转的基本要点就是数字化与智能化，结合起来就是数智赋能驱动。

对于深中通道工程建设管理，数智驱动不完全是从 0 到 1 地构建新系统，而是在原有管理模式及其技术系统基础上的改善与重构。具体而言，是在智能技术、自动化技术基础上对工程建设管理及技术系统形态、结构与功能的一次智改数转，自然也是对原有工程建设生产力要素配置的调整。这一过程表现为数智技术与工程系统深度融合，并重构为工程建设管理技术数智系统。显然，这同时也是深中通道工程建设管理新质生产力的形成过程。根据这一认知逻辑，数智驱动工程建设管理、工程建设管理智能化,以及工程建设管理智改数转在学理上是同一的,在表述上也是等价的。

2.4.2　深中通道工程建设管理智改数转的基本任务

由上可知,在学理同一性上,数智赋能驱动深中通道工程建设管理也可以表述为深中通道工程建设管理智改数转,由于后者是一种更接近实践原则的表述方式,因而更容易被人们理解。所以,我们在这里对深中通道工程建设管理智改数转主要内容做如下梳理:

(1) 数字化转型

即利用数字化技术,重新设计和改造深中通道工程建设管理体系的结构、流程与功能形态,以提高建设管理效率和对环境变动的适应性,由传统或原有的建设管理模式向智能化方向转化,从而创造新的价值。

1) 整体上提高深中通道工程建设的管理效率、品质与优势,增加新的建设管理价值。

2) 数据驱动决策。主体通过收集、存储和分析大量数据,获得丰富的信息,并在此基础上做好决策。

3) 利用数字化与自动化技术实现管理标准化,改善工程供应链管理状况,提升效率、降低成本。

(2) 智能化改造

通过在传统工程制造过程的各个环节中引入人工智能技术,实现数字化、网络化和智能化的升级与改造。

1) 自动化工程装备更新改造。在工程建设制造过程中,引入智能化、自动化先进装备系统,例如工业机器人、智能传感器、自动控制系统,形成新的智能化装备,实现对工程建设管理参数的监测与监控,及时调整装备运行状况,保证建设质量,防范现场风险。

2) 数据采集与分析。通过安装传感器和自动化数据采集系统,获得工程建造过程中的各种数据,并对其进行分析与处理,提炼有价值的信息。在这个过程中还可以运用大数据分析、机器学习等技术,帮助主体精准掌握工程建造过程的实施状况与工程质量,为优化工程建设管理综合效益提供决策支持。

3) 智能控制。通过构建智能化控制系统,实现对工程建造过程的全面控制与优化,这类系统还可以根据采集到的数据进行自动调整、预警与故障排查。

4) 工厂数字(智能)化。通过数字化手段的连接和协调,工程建造过程中各个环节形成整体性的智能化生产系统(如深中通道的钢梁、沉管生产系统),这一过程包括工程部件、构件生产制造流程的数字化,生产计划的自动化,物料管理的智能化等。

5)人机协同。在工程制造智能化改造过程中,需要人与机器的协作、监管、推动与管理,可用智能手段对人员进行培训以适应新的工作环境与模式。

总而言之,深中通道工程建设管理智改数转(即数智驱动)的核心是通过数字化与智能化技术,让机器和数据(字)代替人力进行工程生产,成为工程生产力中新的要素,并由此降低工程建造成本、提高工程质量、提升综合竞争力。

在这一过程中,智改数转的基本任务就是实现工程建设管理关键工艺、装备的升级换代,优化改进工艺流程和组织管理方式,提高工程品质与管理效率。

由上可见,深中通道工程推进数智驱动(智改数转)的要点包括构建、创新发展现代工程建设质量安全管理体系,以精细化管理保障高水平建造,以人民为中心的发展思想推动高水平安全,形成一流管理;推行建筑与结构融合理念,采用较高服务标准,强化建管养一体化及智慧交通,实现一流服务;以需求引领产学研用一体化,聚焦沉管隧道钢壳—混凝土组合结构、离岸海中超大跨径悬索桥、跨海集群工程耐久性及超宽特长海底隧道与水下枢纽互通隧道组合运营安全等领域科技攻关,解决行业"卡脖子"技术难题,构建一流技术研究精益建造、智慧赋能,全力推行"工业化建造、智能建造",打造一流设施。

2.5 本章小结

本章首先分析数智赋能驱动的基本内涵,认为深中通道工程数智赋能驱动全过程包含一个主体、一个客体和两个转化:主体是指深中通道工程管理业主为序主体的工程建设管理主体群,客体是指深中通道工程,第一个转化是主体群自身对自身的数智赋能,实现基于数智技术的自身建设管理能力与本领的提升,第二个转化是主体群基于新的更高水平的能力与本领成功打造深中通道品质工程的实践。其次,提出深中通道数智赋能驱动的基本要点:"数智赋能驱动"以一种新质生产力形态融入打造(驱动)深中通道品质工程的实践中,通过构建数智驱动平台形成现实化和外部化的数智生产力;数智平台是驱动的环境与条件保障,工程建设管理现场是驱动的"第一线",即在数智驱动环境中,深中通道工程现场不再是狭义的工程工地的概念,而是在工程建设已经基本实现"大型化、标准化、工厂化、装配化"的基础上,将互联网、大数据、人工智能与工程建设管理活动深度融合的现实化载体,是数智驱动的现场;工程场景作为数智化技术、产品、平台、模式的空间载体,通过硬件、软件和服务数据的连接,促进重大工程物理实体与管理主体的深度融合,实现数智化建设管理的复合空间,即以场景为导向的数智驱动;"点—线—面—体"强调的是管理的主动性和引导性,既从顶层设计层面明确数智赋能的战略方向和目标,对现有的组织结构、业务流程、信息系统等进行全面梳理和优化,打破工程不同环节之间的阻碍壁垒和信息孤岛,又遵循由局部到整体的系统思维,将复杂的工程项目分解为若干个相对简单的局部模块,从而使项目的管理和实施更为高效和可控;数智赋能打造深中通道品质工程实践活动的本质是在打造过程中,充分、有序地运用数智技术,并在数智技术赋能的基础上,实现如下转换:工程数智+系统集成=工程系统智能集成,即数智集成驱动。在此基础上,本章提出了深中通道工程数智赋能实践原则,就是指将数智驱动现实化为智改数转,按照复杂系统思维,依据复杂系统管理物理复杂性—系统复杂性—管理复杂性范式的有序递进,明确工程建设管理中的"做什么"与"怎么做"。最后,本章在学理层面上提出数智驱动与智改数转具有同一性,以"机器换人,数智换脑"等标志性转型为逻辑起点,梳理深中通道工程数字化转型与智能化改造的基本任务。

参考文献

［1］于宝君,宫婷婷,朱慧敏,等. 数智技术应用与制造企业服务化转型:创新资源配置及双元创新能力的链式中介作用[J/OL]. 科技进步与对策,1-12[2024-07-12].

［2］林梓,顾海. 数智赋能视域下医共体医防融合的创新机制与实现路径[J]. 南京社会科学,2024(06):47-54.

［3］李佳轩,储节旺. 数智化知识生态系统的稳态演化与知识生成能力分析:基于耗散结构理论[J/OL]. 情报资料工作,1-16[2024-07-12].

［4］方正. 数智化场域主流意识形态的空间建构逻辑[J]. 深圳大学学报(人文社会科学版),2024,41(03):132-141.

［5］张秀娥,王卫,于泳波. 数智化转型对企业新质生产力的影响研究[J/OL]. 科学学研究,1-19[2024-07-12].

［6］李佳轩,储节旺,罗怡帆,等. 数智赋能区域性知识生态系统的知识创新要素与协同关系研究[J/OL]. 情报杂志,1-10[2024-07-12].

［7］金珺,陈泰伦. 从企业数智化到全产业链转型升级:以艾乐博机器人为例[J]. 清华管理评论,2024(04):86-96.

［8］张志菲,罗瑾琏,李树文,等. 企业数智化变革悖论应对的能力基础:悖论协同能力探索[J]. 西安交通大学学报(社会科学版),2024,44(01):100-110.

［9］王康臣,宋神友,许晴爽. 深中通道工程助力交通强国战略的实践路径[J]. 运输经理世

界,2024(01):71-73.

[10] 金文良,李宏钧,彭英俊,等.深中通道岛隧工程绿色建造技术探索[J].公路,2023,68(10):256-263.

[11] 宋神友,陈伟乐.深中通道桥梁工程方案及主要创新技术[J].桥梁建设,2021,51(05):1-7.

[12] 刘健,邓斌,黄清飞.深中通道沉管隧道钢壳设计及制造关键技术[J].隧道建设(中英文),2021,41(08):1367-1374.

[13] 陈越,陈伟乐,宋神友,等.深中通道沉管隧道主要建造技术[J].隧道建设(中英文),2020,40(04):603-610.

[14] 宋神友,陈伟乐,金文良,等.深中通道工程关键技术及挑战[J].隧道建设(中英文),2020,40(01):143-152.

[15] 陈伟乐.深中通道智能建造[J].中国公路,2019,(17):52-54.

[16] 林述涛.跨海集群工程BIM协同管理平台架构研究[J].公路交通科技,2018,35(08):80-88.

第3章

深中通道工程数智赋能平台

　　深中通道工程数智赋能平台是指集成了数字化和智能化技术,以提升深中通道工程建设管理水平和运营效率为目的所构建的环境与条件,数智赋能平台为深中通道工程建设提供了全生命周期的协同支持、全流程的应用支撑和全链路的数据治理。本章分析了深中通道工程数智赋能平台的基本概念、基本逻辑和基本特征,探索了深中通道工程数智赋能平台的开发组织和开发流程,研究了深中通道工程数智赋能平台的功能设计以及技术支持。深中通道工程成功建设的实践表明,基于数智赋能平台的管理数字化转型与建造智能化改造升级为深中通道品质工程提供了良好的技术环境和管理生态,深中通道工程已成为我国重大工程数字化管理的典范。

3.1 深中通道工程数智赋能平台概述

3.1.1 数智赋能平台的基本概念

在开始正式论述之前,我们不妨先用一个直观的例子给"平台"概念做一个形象性的解释。每年除夕晚上,家庭成员希望既能阖家团聚又能够欣赏到精彩的文艺节目,为此,虽然中央电视台的工作人员不能唱歌、跳舞、说相声、耍杂技等等,但中央电视台搭起了一个大舞台,这个大舞台就叫作春节联欢晚会,晚会不仅有足够大的空间,还能为各式各样文艺表演提供需要的灯光、布景、音响设备等等,这就构建了一个供人们施展文艺才华的舞台。把这一舞台功能抽象化,可以理解为建构了一个提供支撑完成某项任务的基本环境与条件,人们抽象地称之为"平台"。还可以举一个"平台"例子。现代军事战争中的航空母舰也可以看作一种平台,它本身并不像驱逐舰、潜水艇直接参加战斗,但它装载着支持一线战斗部队在关键时刻需要的战斗资源,提供所需的飞机战斗能力,在这个意义上,它也是为前方部队赋能的平台。

在计算机科学领域,"平台"是一个常用的概念,如软件开发平台、运行平台等,主要指计算机硬件或软件的操作环境和条件。有了"平台"便可以支撑、扩展和实现新的系统功能。

数智赋能平台,就狭义的语义而言,是指为向接受方赋予或者传授数智技术构建的环境。但如我们在前面所述,在数智赋能驱动深中通道建设管理领域内,深中通道工程数智赋能平台的核心功能不是为了数智技术的"传授"与"赋予",而是为设计和实施数智技术融入的"打造"与"驱动"活动提供环境与条件。所以,在学理上,将数智赋能平台理解为数智驱动平台或者智改数转平台更加贴近平台功能与属性本质(因用语习惯,本章仍然使用数智赋能平台,但希望读者更能够理解它的驱动功能本质)。从深中通道工程各类智能化现实任务与问题出发,这一平台不仅是一个数字化平台,而且是一个智能化平台,即数字化与智能化多层次综合平台。

另外,既然是"平台",它的本质属性自然不主要是直接、具体解决深中通道工程建设管理数智技术问题,而是提供解决这类问题的数智环境与条件。我们现在就沿着这一逻辑往前走,对平台的内涵逐层剥茧。

在管理领域当中,"赋能"主要指的是通过提供资源、知识、技能和支持等帮助,使他人或团队具备更大的能力和事权,从而能够更好地完成工作任务。赋能的过程一方面为外部提供资源和支持,即可以为他人或团队提供必要的资源,例如经费、设备、技术等支持;另外一方面也可以给自己"赋能",提升自己的思维格局与方法论认知,并进一步为解决难题提供新的手段与工具。因此,"赋能",可以是人对事,也可以是人对人;人对人可以是人对他人,也可以是人对自己。深中通道工程建设管理中的数智赋能主要是建设管理主体自己对自己,同时包括人对建设管理赋能。另外,赋能不是自发的、无形的,需要通过组织、一定的机制与流程才能实现,数智技术的潜在功能与平台的机制在赋能过程中都是不可或缺的。说到这里,一个非常深刻的问题自然会提了出来:为什么数智赋能驱动深中通道工程建设管理是构建数智化平台,而不是数字化平台?

事实上,数字化和数智化任务都需要使用技术工具的赋能和平台,即在不同的场合与任务前面,的确有着不同的数智化平台,这主要是因为数字赋能和数智赋能有着内涵与层次上的重要区别。

数字赋能主要通过数字技术和工具,将数字、数据用电脑进行统一处理、分析。追根溯源,"数字化"源于 20 世纪 40 年代香农证明的采样定理,即用离散的序列可以代表连续的函数。形象地说,万事万物都可以纳入 0 和 1 的算筹,任何具象都可以抽象为数字,都可以进行"数字化"。这样,数字化就是将数字、数据,用电脑进行统一处理、分析。

数智赋能一般指通过数字技术和工具提升个体、组织或社会的能力和机会。数智赋能侧重于数据的价值和智能化应用,使个体或组织能够从数据中获得洞察、做出更明智的决策和创造更大的价值,即更加专注于数据的智能化应用,通过数据的收集、分析和应用,提升决策和创新能力。数智化是一个综合了数字化和智能化元素的过程,它涉及将数据转化为可操作的见解和知识,以做出更好的决策。

因此,"数字化"是个技术概念,而"数智化"属于数字技术与其他智能技术的综合应用,特别是,当今智能化技术已经涉及计算机网络、大数据、物联网和人工智能等,能够满足人的各种需求的能力越来越强。但同时,数字化与数智化之间也有着密切的联系,主要有以下三个方面:

1. 数智化包括数字化和智能化

数字化是数智化的基础,它涉及将信息转换为数字格式以便于存储、处理和传输。智能化则是在数字化的基础上,利用智能技术对数据进行分析、挖掘和处理,以实现业务自动化、流程优化和智能决策。

2. 智能化的基础是数字化

智能化技术的发展依赖于数字化技术的进步。随着数字化技术的提升,智能化技术能够处理的数据量增加,处理速度加快,从而提高了智能化应用的准确性和效率。

3. 数字化与智能化相互促进

数字化与智能化的结合推动了科技领域的突破和创新,例如深中通道工程智能化现场、产业链供应链管理等复杂场景以及工程新质生产力形成过程中都大量出现了数字化与智能化的融为一体。

3.1.2　深中通道工程数智赋能平台的基本逻辑

总的来说,数字化与智能化的关系是相辅相成的:数字化为智能化提供了基础数据和数据治理平台,而智能化则提升了数据的使用效率和业务的智能化水平。以下,我们列举分析一下深中通道工程建设管理过程中存在的大量数智化场景与问题,例如:

(1) 建设过程的协同管理。建立 BIM 基础数据库,实现 BIM 模型构件级质量、安全、进度、质检、投资、图纸、设计等协同管理,即通过工序报验,实现进度、质量和计量的数据协同。

(2) 施工现场的管理。如施工现场的特种设备安全监控预警,包括 GPS 定位、运行轨迹、关机时间、操作人员受力状态以及防碰撞预警;"一机一码,一船一码",实行设备船舶实名制登记,实时定位轨迹,追踪管理;通过建立共享信息中心,统一发布工程进度、质量与安全管理信息。

(3) 智能制造的管理。如车间智能制造、小节段车间智能化制造、钢结构智能制造、智能车间仿真、钢箱梁智能制造、节段智能化生产和智能涂装、混凝土输送中心与智能中控楼等。

既然任何平台都是为了提供支撑完成某项任务的基本环境与条件,而深中通道工程建设管理客观上必须面对和完成上述各类具有智能化属性的问题与任务,那自然需要具有相应功能的平台,因此,这一平台不仅仅是数字化平台,更是基于数智驱动的支撑平台,即数字化与智能化的多层次综合平台。该平台构建的基本逻辑是:

(1) 在平台建构一般范式基础上,以深中通道工程建设管理智改数转的基本任务为导向,充分体现数字化与智能化多层次综合平台,这是深中通道工程数智赋能平台的一个基本逻辑。

(2) 任何平台都需要成熟技术为基本盘,该技术应为一种技术体系,并且要具有广泛的开放性、可拓展性和与其他技术的"黏合性"。在这一点上,虽然起初BIM 技术是以建筑工程信息为基础建立的建筑模型技术,但因其能够通过数字信息仿真技术模拟建筑物的真实信息，因而 BIM 可以作为一种数字化信息，参与和组织从设计、施工到运营的协调工作，并且以工程信息为基础构建整个集成流程。基于此特点，深中通道工程数智赋能平台采取了 BIM 技术应用贯穿全寿命周期，建立 BIM 基础数据库，实现 BIM 模型构件级质量、安全、进度、质检、投资、图纸、设计等协同管理的技术路线，即从工程建造拓展到工程制造领域。

深中通道工程数智赋能平台总体上分为 BIM 模型技术应用与 BIM 集成应用两个层次。前一个层次，主要是提供设计、施工与运维的数字化技术；后一个层次，主要是实现智能制造、项目协同管理、智慧工地三大智能化场景。由此可见，总体技术路径方面，以 BIM 为底盘性支持技术是深中通道工程数智赋能平台的另外一个基本逻辑。

综上所述，深中通道工程数智赋能平台本质上是以数字技术为基础的核心架构，它通过整合硬件、软件和网络设施，为深中通道工程管理各种数字化转型与智能化改造升级创造必要的环境与功能性支持。深中通道工程数智赋能平台运用互联网、大数据、BIM 和人工智能等技术，为分析、解决深中通道工程不同类型的工程管理复杂性问题提供支持服务，平台是数字化转型、智能化改造的中心与基础。因此，深中通道工程数智赋能平台还是一种新型的资源配置方式，它为供需及相关主体提供连接、交互、匹配与价值创造的功能。

在深中通道工程建设管理过程中，数智赋能平台的应用主要体现在以下几个方面：

（1）集成新兴信息技术：通过整合大数据、人工智能、云计算等技术，平台能够实现施工要素的整合、数据量化管理以及自动化预警，从而加强工程项目的施工管理、提升效率与辅助决策。

（2）全过程管控：深中通道工程在国内首次大规模将 BIM 技术融合应用于预制超宽超重混凝土箱梁全过程生产管理。钢箱梁生产区布置有 4 条生产流水线，运用 BIM 技术对梁场各功能分区进行合理布置，同时建立 BIM 协同管理平台，建立信息数据库，将预制生产相关的资源、计划、工序集成管理，提高了预制超宽超重混凝土箱梁的生产效率。

（3）安全与质量管理：利用大数据分析及应用，在安全预警、质量跟踪、进度比对等方面发挥作用，实现深中通道工程的智能化管理。例如，深中通道工程采用了钢结构智能制造、钢壳沉管智能浇筑、钢壳混凝土脱空智能检测等智能建造技术，提升了施工效率、安全性以及质量；通过实名制安全培训准入系统，严把安全培训关，提升施工现场作业人员的安全准入管理效能，确保安全生产。

（4）风险控制：智能建造技术能够提升深中通道工程风险态势感知能力，为进行长期战略规划等提供支持，同时还有助于降低作业风险。例如，数智赋能平台通过对风险数据的挖掘，提升了风险态势感知能力，这在风险控制中体现了数智赋能的预警和监测作用；同时深中通道工程采用智能建造技术，提高了施工效率，减少了作业工人数量，并降低了高空作业风险，展现了数智赋能在风险控制中的技术创新。

（5）决策支持：数智赋能平台能够提供实时数据和分析工具，帮助深中通道工程管理者做出更加精准和高效的决策。例如，深中通道工程通过微柏软件系统，成功实现了对数据、电子文件和电子档案的标准化、规范化管理，取得了显著的无纸化、协同化效益，为决策支持提供了翔实的文档和数据支持；在沉管隧道的建设中，运用北斗系统实现了精准建设施工，通过动态监测安装全过程，确保了施工的精确性，体现了数智赋能在提升施工精度和安全性方面的效果。

（6）数据驱动建造：数智化技术从单点应用向整个工程建造链条的赋能渗透，构建了由数据驱动的、高度自动化的建造模式，降低了对人员经验和知识的依赖性，将需求迅速、准确地转化为生产力。

重大工程管理行为及其模式本质上是管理主体构建的一种具有特定功能属性的人造系统，是人的智能性行为的表征与外延。根据人与技术相互适应、相互促进、协同演进的原则，数智化技术会越来越生命化，而人的管理行为与模式将越来越技术化。这在重大工程管理模式演进中，必然出现在数智化技术的驱动下，通过原有的工程管理模式变革，逐渐实现工程数智管理新模式，并形成基于数智化技术与数字化管理协同效能的涌现。

数智化技术在完善和提升重大工程管理功能的同时，也从全情景与全过程角度对重大工程管理模式提出新的变革需求。深中通道工程作为一类创新造物活动，建设面临环境开放、参与主体诉求多元、供应链网络化等复杂性问题，使得深中通道工程的创新活动面临着情境独特、需求刚性、约束多重、技术集成等复杂性挑战，增加了深中通道管理的系统复杂性。深中通道建设管理过程中需要综合考虑工程、环境、主体、技术、信息、资源等的动态关系以及与组织要素间的协调与适应性。深中通道工程作为新的技术和管理的应用场景和实施平台，对建设管理能力和管理模式提出了新的挑战。

因此，数智赋能平台是基础与载体，是服务于深中通道工程包括业主、施工承包商、设计机构、监理单位等所有参与单位在内的信息系统和应用程序的集合体，为参与单位提供各类信息和服务的虚拟空间，赋能深中通道工程包括进度、质量、设计、创新、计量支付等在内的建设管理全过程。

深中通道工程数智赋能管理平台是以 BIM 技术等为基础,通过集成云计算、大数据、物联网等数智化技术手段建构的一个多功能的、高可扩展的平台,是连接深中通道业主与参建单位项目管理业务系统的关键性、统一性的数智化基础设施,平台实现信息的传递、数据的处理和服务的交付,从而帮助深中通道工程建设组织提高效率、优化决策,并推动管理模式的创新,满足了深中通道工程全生命周期复杂性管理的需求,也推动了深中通道工程管理模式的变革。

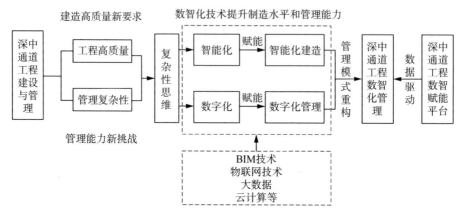

图 3-1   深中通道工程数智赋能平台基本逻辑

3.1.3   深中通道工程数智赋能平台的基本特征

深中通道工程数智赋能平台是以数字技术为核心构建的开放式、可拓展的基础架构,用于支撑深中通道工程在技术创新、信息化管理、全过程控制、智能应用等方面的数字化转型与智能化改造,具有以下基本特征:

1. 开放性

深中通道工程数智赋能平台的开放性可以从以下几个方面来理解:

(1) 技术创新与融合:深中通道工程采用了多项创新技术,包括 BIM 技术、智能制造、智能浇筑装备及系统等。这些技术的融合与应用,体现了平台在技术创新方面的开放性,不断吸纳和整合新技术以提升建设效率和质量。例如,深中通道工程在建设过程中,融合了大型钢结构智能制造、混凝土智能浇筑装备及系统、管节智慧运输安装一体船等跨领域技术,展现了技术创新与融合的应用。

(2) 信息共享与协同:通过建立信息数据库和协同管理平台,深中通道工程实现了资源、计划、工序的集成管理,这表明平台在信息共享和协同工作方面具有开放性。例如,深中通道工程运用信息化手段,实现了电子档案与业务系统的双向赋能,通过构建电子档案全域管理体系与应用成套关键技术,解决了多业务系统应用、海量数据交互处理等难题,优化了质量管理系统、OA 系统等多个系统的归档功能及电子档案管理系统功能,实现了 56 家参建单位项目电子文件的全过程管理。

(3) 智能化与自动化:通过智能化和自动化的施工设备,如智能筑塔机、管节浮运安装一体船等,深中通道提高了施工的精确性和安全性,这展现了深中通道工程数智赋能平台在智能制造方面的开放性。

深中通道工程数智赋能平台的开放性体现了其在技术创新、信息共享和智能化施工等多个层面的综合能力和发展潜力。通过这种开放性,深中通道能够集合多方力量,共同推动超级工程建设的进程,实现技术和管理的跨越式发展。

2. 可拓展性

深中通道工程数智赋能平台的可拓展性可以从以下几个方面来理解:

(1) 功能模块化:平台采用模块化设计,各个功能模块相对独立,可以根据不同的需求增加、减少或替换模块,从而实现功能的拓展。例如,隧道和桥梁的监控系统采用模块化设计,可以轻松地根据新的技术或需求增加新的传感器或监控设备,或替换旧的设备,以提高监控效率和精确度。

(2) 数据处理能力:随着深中通道工程的推进和数据的积累,深中通道工程数智赋能平台需要处理的数据量不断增加,深中通道工程数智赋能平台设计时考虑了数据处理和存储的可扩展性,能够应对大量数据的挑战。例如,桥梁和隧道的结构健康监测系统会收集大量的传感器数据,用于评估结构的安全性和耐久性,这些系统设计时考虑了数据的长期存储和高效处理。

(3) 用户需求适应:深中通道工程数智赋能平台能够根据不同用户的需求进行功能上的拓展。平台通过用户权限的逻辑划分和唯一身份识别认证机制,允许根据用户角色分配不同的权限和功能,这样,不同层次的用户都能访问到适合自己职责的信息和工具。平台还支持多种设备接入,如电脑、移动设备等,用户可以通过不同的终端与平台进行交互,提高了使用的灵活性和便捷性。例如,为桥梁和隧道工程师提供定制化的结构健康监测界面,能够根据需要展示特定的传感器数据、分析结果和预警信息;同时,平台提供直观、易用的用户界面,使得不同层次的用户都能方便地与系统进行交互,获取所需信息或进行操作。

(4) 系统兼容性:深中通道工程数智赋能平台设计时考虑到了与现有和未来可能接入的多种系统的兼容性,确保新系统集成的便捷性。数智赋能平台采用成熟的主流技术,确保代码可持续维护,并保证系统在未来 10 年及以上时间范围内与市场主流技术同步迭代。此外,数智赋能平台建立明确的接口标准,确保对第三方系统接入的兼容性,避免数据孤岛的问题。

3.可交互性

深中通道工程数智赋能平台的可交互性主要体现在以下几个方面:

(1)实时反馈:在用户进行操作或请求时,数智赋能平台能够提供实时的反馈信息,确保用户能够及时了解操作结果或系统状态。例如,在进度管理模块中,当用户更新施工进度或提交进度报告时,系统会实时反馈进度状态,确保团队所有成员都能看到最新的进度信息。

(2)交互式数据分析:深中通道工程数智赋能平台包含交互式的数据分析工具,用户可以通过这些工具对数据进行探索和分析,实现个性化的数据交互体验。例如,用户可以根据自己的需求和偏好,创建自定义的数据仪表板,以集中展示最关心的数据和分析结果。

(3)智能化交互:利用人工智能技术,数智赋能平台能够提供智能化的交互体验,如通过语音识别、自然语言处理等技术,获得更加自然和高效的交互方式。例如,深中通道工程数智赋能平台集成了语音识别技术,允许用户通过语音命令进行操作,如"查询今天的施工进度"或"显示最近的安全检查报告"。深中通道工程数智赋能平台集成了模拟和虚拟现实技术,用户可以通过这些技术在虚拟环境中与工程项目进行交互,提高理解和操作的直观性。

(4)协作支持:深中通道工程数智赋能平台支持团队协作,多个用户可以在同一项目或数据上进行协作,实现信息共享和协同工作。例如,团队成员可以访问同一个数据视图,查看实时更新的项目信息,包括施工进度、安全记录、质量检查结果等。对于设计文档和施工图纸,平台提供版本控制功能,确保团队成员始终基于最新版本进行工作。

(5)定制化服务:深中通道工程数智赋能平台可以根据用户的具体需求提供定制化的交互服务,满足不同用户的特定交互需求。例如,针对不同的工程管理场景,如成本控制、风险管理、资源调度等,提供专门的数据分析和预测工具;提供特定类型项目的预设模板,如桥梁建设、隧道施工等,用户可以在这些模板的基础上进行定制。深中通道工程数智赋能平台还设有用户反馈机制,用户可以通过该机制向开发者提出建议或报告问题,实现平台与用户之间的有效沟通。

(6)教育培训:对于复杂的工程管理系统,数智赋能平台可提供交互式的教育培训模块,帮助用户更好地理解和使用系统。例如,创建模拟的项目管理场景,允许用户在无风险的环境中练习使用系统,加深对系统功能的理解;对于已经熟悉基础操作的用户,提供更高级的课程,如数据分析、系统定制和集成等;随着系统功能的更新和改进,定期更新培训材料,确保用户能够掌握最新的操作技能。

因此,深中通道工程数智赋能平台的可交互性是提升用户体验、提高用户满意度的关键因素,它使得平台不仅是一个工程项目管理工具,更是一个高效的沟通、协作和学习平台。

3.2　深中通道工程数智赋能平台的开发

3.2.1　数智赋能平台的开发组织

深中通道工程数智赋能平台采用"业主统筹、全员参与、共建共享、互利共赢"的组织机制,以深中通道管理中心为管理主体,以 BIM 咨询单位、硬件建设单位等为咨询主体,以设计单位、施工单位、制造单位和监理单位等为应用主体,共同构成数智赋能平台的组织架构(图 3-2)。

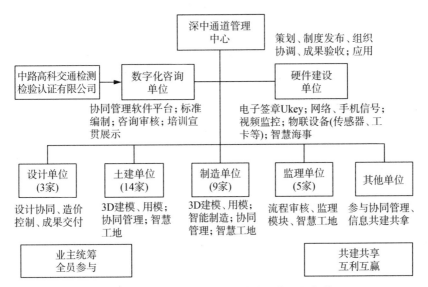

图 3-2　深中通道工程数智赋能平台组织架构

深中通道工程数智赋能平台实施分层架构,后台服务器采用云端弹性部署,通过分层构架实现数智赋能平台与基于功能的业务系统的逻辑分开,降低耦合性,提高系统部署的灵活性。深中通道工程数智赋能平台在系统层面主要包括基础层、数据层、应用基础层、业务层和用户角色层,其工作机制如图 3-3所示。

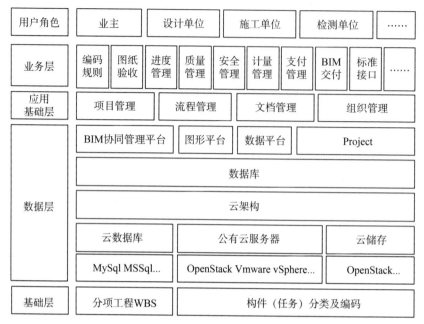

图 3-3　深中通道工程数智赋能平台组织机制图

（1）基础层：深中通道工程数智赋能平台组织的基础为工作任务单元 WBS（分部分项工程）和工程结构单元 EBS 编码，以及这两部分的映射关系。基础层通过深中通道分项工程 WBS 分解以及构件（任务）分类编码，为平台提供工程信息。在标段实质开工前把此部分工作提前做好，用户可以在此基础上并借助批量编辑工具快捷地完成这部分工作。

（2）数据层：数据层采用云架构，考虑到公有云在数据处理方面以及人工智能方面的先进性和安全性，深中通道工程数智赋能平台数据存储于公有云，各个子系统通过数据交互实现对不同角色在不同阶段的业务管理工作。

（3）应用基础层：结合广东公路建设管理公司管理要求，深中通道工程数智赋能平台定制开发层包括项目管理、流程管理、组织管理和文档管理等模块。

（4）业务层：提供数智赋能平台的子系统，包括编码规则、图纸验收、安全管理、质量管理、计量管理、进度管理等工程项目管理业务。

（5）用户层：包括业主、施工单位、监理单位、咨询单位等，各类用户通过手机端、web 端和 PC 端登录 BIM 协同管理平台，根据各自权限获取和输入信息，开展深中通道工程的建设和管理工作。

3.2.2 数智赋能平台的开发流程

从纵向建设过程看,深中通道工程建设阶段划分为设计、建设和运维三个阶段,不同阶段实施业务规划不同。设计阶段实施基于 BIM 的数字化协同设计,设计阶段为施工阶段交付 BIM 模型和图纸的编码;建设阶段实施基于 BIM 的协同管理,实现施工期的数据协同、业务协同和角色协同,完成工程数据归档及运维交付;运维阶段实施基于 BIM 的可视化养护。深中通道工程数智赋能平台的开发流程涉及多个方面,包括但不限于技术研究、设计规划、系统集成、创新应用以及运营管理等。数智赋能平台开发流程如下:

第 1 步:需求分析与规划。这一步进行深中通道工程项目的需求分析,明确数智赋能平台的目标、功能和服务范围,包括对深中通道的技术需求、管理需求和未来发展的预测。

第 2 步:技术研究与创新。针对深中通道工程的特点,开展关键技术的研究与创新,包括 BIM 技术、智能制造、智能浇筑技术、沉管浮运安装技术等。

第 3 步:设计开发。依据需求分析和技术研究成果,设计数智赋能平台的架构、用户界面和功能模块。开发过程中集成了多学科团队,包括工程师、设计师、IT 专家等。

第 4 步:系统集成。将不同的技术模块和系统进行集成,确保数智赋能平台各部分能够协同工作,包括硬件设备的安装、软件系统的开发和网络架构的搭建。

第 5 步:创新应用。例如在智慧梁场等关键施工环节,应用 BIM 技术、物联网、智能传感等,实现施工过程的数字化管理。

第 6 步:测试与优化。对数智赋能平台进行全面的测试,包括功能测试、性能测试和安全测试,根据测试结果对数智赋能平台进行优化和调整。

第 7 步:培训与交付。对工程管理人员进行平台操作培训,确保他们能够有效使用平台。随后进行平台的交付和部署。

第 8 步:运营管理。数智赋能平台投入运营后,进行持续的监测、维护和升级,确保平台的稳定运行,并根据用户反馈和技术发展进行功能迭代。

第 9 步:绩效评估。定期对数智赋能平台的使用效果进行评估,包括施工效率的提升、质量控制的改进、成本节约等,以指导后续的平台升级和优化。

第 10 步:知识管理与分享。将数智赋能平台开发和运营中的经验、技术创新点等进行总结,并形成知识库,供行业内其他项目参考和借鉴。

深中通道工程数智赋能平台的开发流程体现了大型工程在智能化、信息化管理方面的先进理念和实践,通过技术创新和管理创新,提升了深中通道工程建设的质量和效率。

3.3 数智赋能平台总体设计思路

按一般范式,深中通道工程数智赋能平台总体设计思路主要研究和明确平台的背景、需求与目标,数智赋能平台的整体架构与模块划分及其相互关联,每个模块的功能和职责、业务流程、工具选择和实现方法等。

由于本节并非主要讲解数智赋能平台设计技术,况且在此之前,上述一些内容已经在论述其他问题时已经有所介绍,因此,这里不准备用较多篇幅对上述内容一一详细说明,而是对若干基本的和有独特性的内容给予解读。

面对深中通道"桥—岛—隧—水下互通"跨海集群工程建设管理的复杂整体性,数智赋能对工程"提质、增效、降本、溯源"总体愿景具有全情景、全过程的推动与支持作用,数智赋能驱动深中通道工程建设管理范式,以及数智赋能平台的必要性与需求背景应运而生。

数智赋能平台以 BIM 技术为基础,结合各项先进技术获取、提供大量数字化信息数据,依照信息管理系统构建原则,基于数据中台技术,组织、管理大量复杂数据,打造统一标准化数字底座,依托项目管理技术向深中通道工程建设全业务流程提供所需特定有效数据,并结合物联网、人工智能技术构建智慧工地、智能建造集成子系统,发挥、创造数据的智能化利用价值,在数据治理的基础上,通过一系列数字化技术和智能化技术,形成了一个"数字综合体",实现深中通道工程项目总目标。

深中通道工程数智赋能平台总体设计思路如图 3-4 所示,业务模块的数据通过分部分项编码与 BIM 模型关联深中通道 BIM 协同管理平台,平台采用统一门户和实名制账户,建立统一的分部分项工程编码与分项工程量清单编码,把施工 BIM 模型单体化,模型与 WBS 编码关联,以现场工序报验为最小管理单元,相关人员从手机移动端发起工序报验,监理验收合格后上传云端,可实时反馈实际工程进度,与计划进行对比分析,实现工程进度管理。现场的质量检验与工序报验同步进行,基于统一的分部分项工程编码填报工程质检数据,生成工程质保文件支持计量支付,使各业务系统形成的电子文件可自动归档到档案管理系统中。深中通道 BIM 协同管理平台首次实现了"BIM—现场工序—进度反馈—质量检验—计量支付—电子档案"的全业务流程协同管理,辅助深中通道业主、施工承包单位、设计单位、监理单位等和相关人员根据各自权限方便、安全、准确、及时地查阅工程信息,掌握工程进度、质量、支付以及安全处理等信息,供相关人员做出决策。

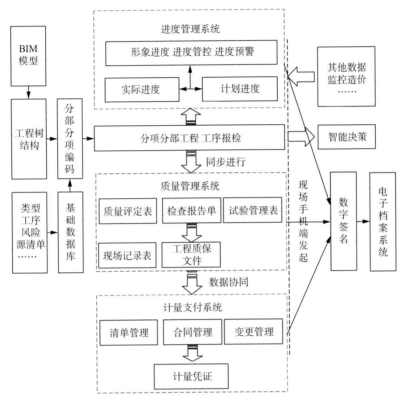

图 3-4 深中通道工程数智赋能平台总体设计思路图

由此可见,深中通道工程数智赋能平台实质上搭建了一个"平台＋模型＋数据库"的系统架构,平台将 BIM 模型赋予全寿命周期唯一性识别码,将唯一性识别码与属性数据一一映射,将"设计、施工和运维"的数据编码进行关联,实现BIM 数据在全寿命周期的无损传递和可视化溯源。

3.4 深中通道工程数智赋能平台功能设计

3.4.1 数智赋能平台功能顶层设计

深中通道工程数智赋能平台以"提质、增效、降本、溯源"为目标进行功能的顶层设计,实现深中通道工程设计、施工与运维的"纵向打通与横向协同"。

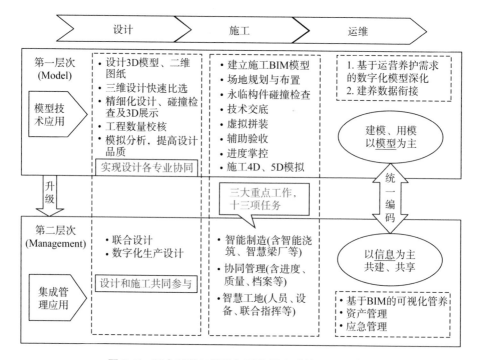

图 3-5　深中通道工程数智赋能平台功能顶层设计图

深中通道工程数智赋能平台包含两个层次的内涵：

（1）第一个层次以模型技术应用为主，在设计阶段通过"设计 BIM 模型、三维设计比选、工程数量校核、模拟分析"等流程提升设计品质；施工阶段通过"建立施工 BIM 模型—场地规划与布置—永临构件碰撞检查—技术交底—虚拟拼装—辅助验收—进度掌控—施工 4D、5D 模拟"来实现数智赋能平台在施工阶段的赋能效果；在运维阶段，通过前期建设数据与后期运维数据的衔接，实现基于运营养护需求的模型深化，实现运维的提质增效。

（2）第二个层次以集成管理应用为主，在设计阶段通过设计主体与施工主体的共同参与，结合数字化生产技术，实现设计施工联合设计，提高设计质量；在施工阶段，充分融合数智技术，实现智能制造、协同管理与智慧工地的数智亮点；在运维阶段以数据为主，实现可视化的管养效果。

在深中通道工程数智赋能平台功能的顶层设计中，信息数据是平台功能实现的基础，数据的交互是平台运行的基础，赋能的前提是数据协同，数据协同的前提是数据源的确认。深中通道工程数智赋能平台组织通过手机、iPad 等移动端实现数据的录入,通过面向服务的框架(SOA),形成跨业务、跨系统的唯一数据源,奠定了平台组织实现赋能的重要基础。

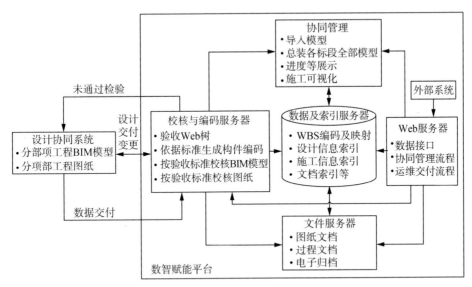

图3-6　深中通道工程数智赋能平台的数据基础

深中通道工程数智赋能平台面向工程全生命周期,能够同时支撑设计、施工和运维三个阶段,将工程建设进行过程中的数据、图纸、文件等信息统一管理,其基本功能如图3-7所示。

这里着重指出,深中通道工程数智赋能平台注重通过划分一系列子系统为各方参建人员提供面对工程建设全过程中多种实际应用场景的服务。

在工程初期设计阶段,主要由设计单位负责设计协同、造价控制、成果交付等一系列任务,其中包括设计建模可视化程度、建设实施可行性、后续管理协调性等问题。面对具体场景,设计单位拟通过移动终端接入平台的 BIM＋GIS 一体化子系统,该子系统可以为设计单位提供参数化设计、自动算量与自动出图等服务,同时可以优化工程、检索与发布数字化的建模细节信息,以及大规模的建筑设计建模群体的空间信息定位,为深中通道工程建设管理数智赋能平台的底层数据中台提供海量、标准化的数据信息。

施工阶段是工程建设全流程中最为复杂的一个环节,该环节需要多方参与协同工作,涉及生产、运输、工地多地点的质量、进度、安全等多目标协同管理。在这一阶段,平台主要提供智能建造集成子系统、项目协同子系统以及智慧工地子系统。其中,智能建造集成子系统负责从规划、设计到实施建造全过程辅助参

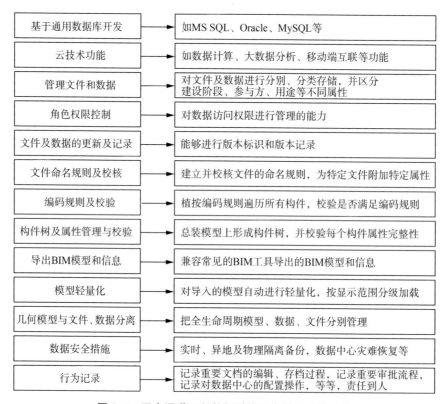

图3-7 深中通道工程数智赋能平台基本功能设计

建人员,依托数据中台及智能建造技术集成数据为决策提供数据分析,实现全过程自动化"减人"甚至智能化"无人"的智能建造,真正实现"数智施工",达到降本增效的目标;多目标协同管理子系统含进度、质量、档案、风险、监理等多项管理模块,依托项目管理技术、平台创新的电子签名结合电子档案单套制管理环境,推动整个项目实现高效线上协同管理,保障溯源路径;施工现场连接智慧工地子系统,结合 BIM+GIS、物联网、人工智能、商业智能多项数智赋能技术,构建对人实名制管理、对设备信息化管理、对现场提供智能监控和控制管控安全风险的完整体系,实现全方位的实时监管,变被动"监督"为主动"监控",有效弥补传统方法和技术在监管中的缺陷。

运维阶段在工程建设全程中持续时间最久,在深中通道工程建设管理中主要包括资产管理、养护管理与应急管理。深中通道工程数智赋能平台为智能运维提供作战指挥子系统,该系统集成 BIM+GIS 一体化子系统,为运维提供应急指挥与联合调度大屏,统一发布项目进度、质量、安全及投资等信息,集成视频监控、门禁系统、工地试验室等系统数据,能够实时查看征拆大数据统计分析,通过人、特种设备等动态分布,实现一张监控大屏统一管理全部现场的愿景。

数智赋能平台通过为深中通道工程建设提供以上全过程数智化管理环境,有效辅助"提质、增效、降本、溯源"总目标的实现,推动打造深中通道百年品质标杆示范工程。

3.4.2 数智赋能平台功能第一层次设计

深中通道工程数智赋能平台功能第一层次的专项设计以"数字化交付"为核心目标,深中通道工程设计阶段全线所有专业均采用三维数字化设计,提前发现设计图纸"错、漏、碰、撞",优化方案、自动核量;采用 Bentley、Autodesk、Tekla 作为建模平台;桥梁与隧道模型采用参数化设计、优化构造,最终交付数字化成果。在数字化交付的全过程中,按照《深中通道 BIM 建模及交付标准》进行设计。

例如,在设计环节,东西人工岛、沉管隧道以及桥梁等环节都深度融入了 BIM 技术。在桥梁设计环节,开展 BIM 协同设计建模,实现各专业 BIM 设计模型的建立,并在此基础上进一步开展深化应用,深入挖掘 BIM 技术的应用价值。基于 BIM 技术的深中通道工程数智赋能平台第一个层次专项设计是指利用 BIM 技术,在桥梁设计、人工岛设计、隧道设计、钢壳智能制造、钢箱梁智能制造、钢壳管节混凝土智能浇注、智慧梁场、智慧安装以及智慧工地等实施环节的物理层面进行数字化,其核心在于"纵向打通、横向协同",基本理念如图 3-8 所示。

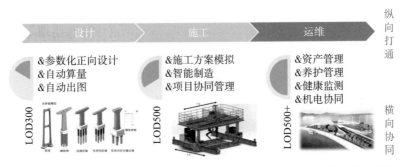

图 3-8 基于 BIM 技术的深中通道工程数智赋能平台第一个层次专项设计图

BIM 建模内容主要包括岛桥结合部非通航孔桥、东西非通航孔桥、深中大桥、浅滩区非通航孔桥等设计等。深中通道桥梁设计过程中,基于建立的 LOD300 的 BIM 模型,对各个桥梁方案的景观、构造方案进行了深入比选,并详细筛查了图纸中的"错、漏、碰、撞"等问题,有效提升了设计质量。

深中通道桥梁 BIM 的应用直观形象地展示了工程全貌,并为施工与运维阶段 BIM 应用提供基础模型及属性信息,通过这种全新方式实现了项目团队的高效协作以及信息和成果的高度集成共享,克服传统设计工作技术手段落后,沟通不及时、不通畅带来的弊端,提前发现潜在设计缺陷,提高和优化设计成果。

图 3-9　深中通道桥梁数字化交付图

通过 BIM 技术手段实现了深中通道工程的可视化协同、设计优化复核、输出图纸及属性信息、工程量快速统计以及基于 BIM 模型的施工工序模拟和移动端应用等成果,为实现深中通道工程全专业集成应用、各参与方协同应用、跨阶段综合应用奠定了数据基础和标准基础,解决了工程实际的建设管理难题,对行业同类工程 BIM 实施具有较高的参考价值。

3.4.3　数智赋能平台功能第二层次设计

深中通道工程数智赋能平台功能第二层次的专项设计以"提质增效、协同高效和精细管控"为目标,共包含十一项任务、三大亮点,最终实现工程数字化、管理无纸化与工地可视化,具体如图 3-10 所示。

1. 以智能制造实现深中建造数字化

深中通道工程数智赋能平台第二层次专项设计的重要内容之一是通过智能制造提质增效,主要内容包括钢壳智能制造、钢箱梁智能制造、钢壳混凝土智能浇筑、钢筋数控加工、混凝土智能生产与管理以及预制梁场智能生产等,具体如图 3-11 所示。

深中通道工程以"互联网＋BIM 技术＋智能机器人"为抓手,深度推动造船行业与交通行业深度融合,在造船行业领域首次研制成功了包含钢壳小节段车间智能化制造、中节段数字化搭载、大节段自动化总拼生产线的钢结构智能制造

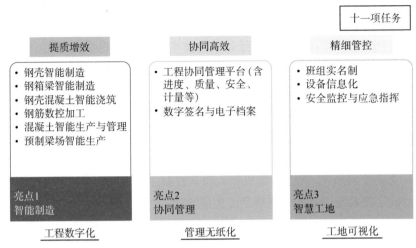

图 3-10　深中通道工程数智赋能平台第二层次专项设计图

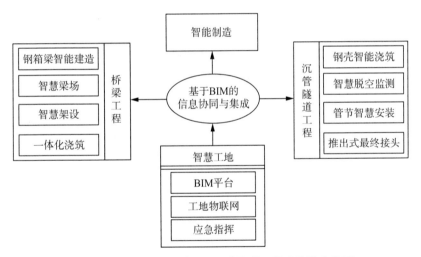

图 3-11　基于智能制造实现深中通道工程建造数字化图

生产线,实现了智能制造零突破。智能制造生产线的建设和投入,实现了钢壳智能制造,提升了钢壳结构制造品质及工效,促进了我国交通行业与造船业技术水平的提升。

以沉管钢壳柔性制造和智能涂装技术为例,沉管钢壳柔性制造和智能涂装技术主要由"板/型材、片体(小组立)、块体(中组立)和智能涂装"的生产线数字化技术四个子系统集成形成(如图 3-12 所示)。例如:板/型材切割智能生产线数字化技术为主要由下料工艺流程数字化改造、下料切割数据采集技术、切割生产线互联互通技术、切割生产线智能标识技术、切割生产线联网管控技术，以及切割生产线状态检测技术等技术单元在沉管管节制造这一层面形成的集成形态。片体(小组立)智能焊接生产线数字化技术是由片体焊接机器人、片体焊接数字化系统、机器人焊接装备自适应编程系统、焊接工艺数据库系统，以及生产线控制系统等技术单元形成的集成形态。块体(中组立)智能焊接生产线数字化技术是由块体(中组立)智能焊接机器人及数字化系统、离线编程系统、路劲轨迹规划系统，以及焊接流程与做作业顺序规划系统等子系统单元在块体(中组立)智能焊接这一层面形成的集成形态。智能涂装生产线数字化则由智能喷砂机器人及其控制系统、智能喷涂机器人及其控制系统、分控制室集成控制系统、总控室数字化系统以及监控网络系统集成构建。

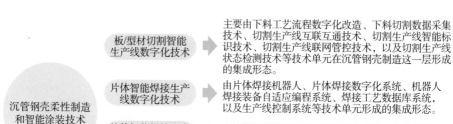

图 3-12　深中通道工程沉管钢壳智能制造示意图

为高标准控制深中通道工程的设计、制造和施工质量，在钢箱梁制造全过程应用 BIM 技术、物联网、云计算、大数据等新一代技术，按照工程管理全过程信息化管理、智能制造和智慧工地建设的要求，通过与自动化、智能化生产设备及信息化的集成，构建钢结构的智能管控平台，实现施工设计、工艺、制造、管理、物流等环节的集成优化；基于 BIM 实施深化设计、工艺仿真和制造管理过程的数据集成；运用互联网＋业务，通过移动办公和统一的 BIM 协同平台，实现与业主方的协同工程管理与办公；运用物联网技术，设置现场作业区的人员、特种设备电子看板，建立多地视频监控系统，打造智慧工地；通过大数据技术实施质量统计分析、关键工艺知识库、施工过程管理，搭建可视化的工程管控中心，实现智能管理与决策，全面提升工程建造质量和综合管理水平。

围绕克服钢箱梁正交异性钢桥面板焊接接头初始缺陷、提升疲劳性能的主要目标，构建钢箱梁智能制造"四线一系统"生产线，包括智能切割下料生产线、智能焊接生产线、智能总拼焊接生产线、智能涂装生产线和智能制造 MES 管控系统,同时推进 BIM 技术、移动互联网、智能焊接机器人等技术在制造生产线中的实施应用。为解决正交异性钢桥面板疲劳开裂通病顽疾,提出新型 U 肋和顶板焊接接头细节构造,开发 U 肋和顶板的全熔透焊接技术,实现焊缝全熔透、无缺陷、可检测,消除初始缺陷;采用高精度激光切割技术,以确保横隔板弧形缺口切割面光滑,减少应力集中现象;研发横隔板与 U 肋双机器人热熔包脚焊技术,以消除该部位的焊接初始缺陷。

深中通道工程还研发了"二线五系统":二线包括混凝土智能搅拌生产线和钢筋自动化数控加工生产线;五系统包括液压模板自动控制系统,智能布料、浇筑及振捣系统,预应力智能张拉及压浆系统,智能化喷淋养护系统以及集成控制系统。通过生产线设备智能化、工序卡控智能化和施工管理精细化,提升预制梁的品质及工效,实现桥梁建造向工业化、智能化生产转型。在混凝土梁预制全过程中,运用 BIM 技术实现钢筋深化设计与钢筋数控加工设备协同,结合预制梁钢筋绑扎流程在软件中进行绑扎过程模拟,检查施工过程中存在的问题,进行钢筋优化。同时,可通过这种可视化施工模拟技术,对施工人员进行技术交底。在钢筋自动化加工过程中,工人使用移动端扫描二维码加工单,对加工单内钢筋的规格、形状、数量等参数进行核对,核对无误后开启设备进行钢筋自动加工,并可一次扫码多项任务,一项完成后自动跳转到下一个任务,如图 3-13 所示。

图 3-13　深中通道钢筋流水线作业

2. 以协同管理实现深中通道工程管理无纸化

深中通道工程协同管理平台,能够实现项目从设计、施工到运营的全寿命周期包括设计管理、合同管理、计量支付管理、变更管理、进度管理、质量管理、电子档案管理等的综合集成管理。

在工程建设领域,协同管理指的是在工程建设过程中,将工程项目各种资源进行关联和整合,使资源(人、财、物、信息、流程等)之间的壁垒和界限被打破,为实现共同的任务或目标进行协调和运作,协同管理的主要目的是解决各种资源之间的协同问题。理论上,BIM技术能够打通工程项目建设的规划、设计、施工和运维等所有环节的多专业的沟通渠道,其价值在于多渠道的信息和数据管理,即通过BIM技术构建工程项目的协同管理体系,从而为工程项目不同的参建主体和多种专业功能软件提供信息和数据共享支持,达到整个工程项目参与方协同工作的目的。

深中通道工程数智赋能平台第二层次设计中的另一个方面是以BIM为核心构建协同管理平台,融合"云计算"和BIM技术,侧重于为工程各参与方提供基于BIM的问题解决方案。基于BIM技术构建的具备工程物理特性与功能特性的数字化模型,为工程全生命提供覆盖"规划—设计—施工—运维"全过程的协同管理工具和平台,依靠协同管理平台,通过BIM技术形成深中全专业的集成应用、各参与方(包括业主、设计方、施工方、监理方等)协同应用以及跨阶段综合应用,实现深中通道构件级甚至数据级的精细化和数字化管理,从而使得深中通道协同管理工作落到实处。如图3-14所示,深中通道通过BIM模型将施工现场各个元素进行数字化表达,并将工程设计、施工、运维等各个阶段的信息整合至BIM协同管理平台,通过BIM协同管理平台,深中通道参建单位团队便于获取、查询和共享信息,提高沟通效率和协作水平。其主要思路是:以施工BIM模型为基础与载体,将模型单体化与实例化,与单位分部分项工程编码关联;从"手机移动端"发起工序报验,实时反馈实际进度,与计划进行对比分析;现场质量检验同步进行,在质量管理系统中填写工程质保文件;质检资料填报完,会通

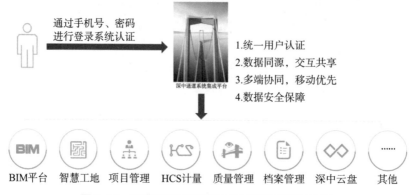

图3-14　深中通道工程BIM协同管理交互示意图

过 WBS 关联,同步至计量支付系统,支持计量工作;最后,各大业务模块的数据文件经过数字签名之后自动流转、归档至电子档案管理系统。

深中通道工程建设管理是全过程、全工段的数智交互,例如,对钢筋加工中心原材料存放区进行分区,钢筋原材入场后将原材料规格、数量、检验状态及存放区域信息录入管理系统,管理系统打印钢筋二维码加工单,单上除该加工批次钢筋的规格、形状及数量信息外,还包括钢筋使用原材的区号,工人通过扫描二维码拾取加工信息时,该批次钢筋的原材从指定区域中选择。钢筋加工成半成品后堆放到专用货架上,将二维码贴在货架显眼位置。绑扎工人领用料时扫描二维码,利用手机端 APP 填写领用记录及钢筋使用的预制梁编号。整个过程信息均记录于管理系统,以实时控制钢筋的存储、检验、加工、领用及最终使用部位,实现钢筋在项目中的全过程管控,管理系统采集数据,根据需要自动形成各类材料报表,以供查阅。

3. 以智慧工地实现深中工地可视化

智慧工地的实质是基于"物联网＋"的物联智能,通过智能终端实时采集、汇总、分析、预判等各项信息数据,从而解决施工管理单位远程监管难、监督不落地等困境。智慧工地是系统平台和智能终端的深度融合,其核心管理内容可以分为智慧工地主体、智慧工地交互以及智慧工地风险管控三个层面。

（1）智慧工地主体层面

深中通道工程智慧工地的主体包括人员、装备与施工工艺等,对主体层面的管理核心在于"看得见、喊得到、管得着",即通过配备的智能工卡和智慧深中 APP 实施对劳务人员的位置信息管理,使管理人员可实时掌握标段内的施工人员分布状态;劳务人员发生意外危险时,可通过智能工卡和智慧深中 APP 的一键求救功能进行报警求救。在施工机械设备上安装 GPS 定位芯片,施工船舶接入船讯网。智慧工地系统将机械设备和船舶的位置信息展现在 GIS 平台上,使管理人员可实时掌握项目内机械设备和船舶的分布状态。对于选定的重要设备和船舶,智慧工地系统可进行设备的运行轨迹跟踪和分析。

在特种作业设备（塔吊、架桥台车等）上布置各种传感器,实时采集特种作业设备的运行监控信息。常用的设备传感器包括风速传感器、位移传感器、倾角传感器、压力传感器、千斤顶行程传感器、应变传感器等。通过数据采集设备采集特种作业设备的监控数据,并将数据通过无线网络接入智慧工地系统,实现对特种作业设备的安全监控和管理。

（2）智慧工地交互层面

深中通道工程智慧工地交互层面主要是指以应急指挥信息中心为核心,集成智慧海事、智慧深中、共享信息中心、视频监控等,通过智能工卡、远程视频、工地物联网等,实现对人、机、船等的安全监控、应急指挥调度、实时管控。

在各标段试验室推广试验设备自动化和信息化技术,实现对压力机、试验仪等试验仪器的数据自动采集、自动传输、自动计算、自动出图功能,保证试验数据的真实有效和实时反馈。在建设混凝土智能搅拌站之初,就确立安装传感器和车辆 GPS 的规划,以期实现对混凝土配合比、混凝土湿度和温度、车辆调度信息等数据的实时监控,通过智慧工地系统与各施工单位实现管理联动。联合广东省海事局建立海事监控系统,实现对深中通道施工期运输航道的安全监控。海事监控系统由布置在运输航道上的监控摄像头和信号传输系统组成。海事视频监控系统除了具备普通视频监控系统的记录和存储功能以外,还具有以下特点:借助红外摄像功能实现 24 小时无间断监控;摄像头载体为高精度重载云台,不仅可提升抗震和抗风性能,还可水平和竖向旋转,扩大监控范围;采用太阳能电池板和风力发电装置进行供电;海事监控摄像头的视频信号通过深中通道海上网络主干线连接到深中通道共享信息中心。

(3)智慧工地风险管控层面

深中通道工程智慧工地系统以风险管控为核心,强化安全风险管理体系建设,建立基于安全生产管理及风险管控信息平台的安全风险分级管控体系和隐患排查治理双重预防体系,推动深中通道工程安全风险管控和重大事故隐患治理清单化、信息化、闭环化和动态可追溯管理。具体而言,施工单位应在施工图设计阶段的风险评估结果基础上,结合实施性施工组织设计,对隧道工程、桥梁工程、人工岛工程、水下互通立交工程等进行评估。对于施工过程中动态变化的风险源,应进行动态风险评估和风险跟踪管理,并对中度等级以上的风险源予以监测。

3.5 深中通道工程数智赋能平台支持技术及作用

任何平台都有其支持技术,深中通道工程数智赋能平台安排了 6 个支持技术,作为示例,以下介绍 BIM 与 BIM+GIS 及数据中台技术等 2 个技术。

3.5.1 BIM 与 BIM+GIS

3.1 节曾经指出,以 BIM 为底盘性支持技术是深中通道工程智能平台的另外一个基本逻辑。实际上,BIM+的样式在平台中往往会发挥重要的作用,例如,BIM+GIS 甚至成为平台的支持技术。

BIM 技术具有可视化、协调性、模拟性、优化性和可出图性 5 大特点。具体来说，首先，BIM 可视化的三维立体实图是通过构件的信息自动生成的，因此该项技术能很好地体现同构件之间的互动性和反馈性，有助于对深中通道复杂工程进行设计建模。其次，BIM 建筑信息模型可在建筑物建造前期，对各专业、各区域的潜在碰撞问题进行协调，生成并提供协调数据，有利于参建各方的工作协同。同时，BIM 的模拟性还可以模拟难以在真实世界中进行操作的事件，有利于在施工前确保工程建设的实施可行性。基于 BIM 的优化，可以实时计算出设计变化对投资回报的影响，完成对项目方案的优化，也可以对具有美观性、独特功能性等的特殊项目设计施工方案进行优化，满足完善工期和造价等需求。使用 BIM 绘制的图纸，不同于建筑设计院所设计的图纸或者一些构件加工的图纸，而是通过对建筑物进行可视化展示、协调、模拟和优化以后，绘制出的综合管线图（这类图已经经过碰撞检查和设计修改，消除了相应错误）、综合结构留洞图以及碰撞检查侦错报告和建议改进方案。

另外，GIS 是地理信息系统的简称。一个典型的 GIS 设置是一个计算机化的地图，它索引大量的位置数据并对用户正在寻找的内容做出响应。借助 GIS 可以探索在建筑环境和自然环境表面下流动的复杂交错信息流。更具体地，GIS 是指软件和数字工具的集合，允许用户直观看到和分析与给定地点相关的复杂信息集。使用 GIS 可以构建交互式数字地图，主要思想是用数据丰富地图。任何可以固定到物理位置的信息都可以合并和编目到 GIS 地图中，并可以像搜索引擎一样使用它来揭示可能被忽视的模式。GIS 弥补了 BIM 缺少空间宏观信息、无法进行大规模的建筑群体空间信息定位的技术欠缺，而 BIM 能为 GIS 补充建筑物内部的详细信息，使 GIS 从宏观场景走进微观世界，实现微观信息和宏观信息的交换与融合。构建 BIM＋GIS 一体化子系统有助于为工程建设管理过程提供海量、标准化数字化信息。例如，深中通道工程沉管隧道、中山大桥、东西人工岛设计过程中大量使用了 BIM 技术，而在"整体钢箱梁＋水平导流板＋上下稳定板＋高透风率栏杆"组合的新型气动控制技术研发、超大沉管长距离浮运及集成智能化高角度沉放对接施工中则须采用 BIM＋GIS 一体化技术。

深中通道工程通过构建"BIM＋GIS 一体化平台"，加载全线超大体量 BIM 模型，完成了矢量三维模型和 GIS 数据的同步自动加载，实现了基于 BIM 的构造基本信息、工程进度、隐患数据、质检表单、设计图纸等数据检索与发布。而基于 BIM＋GIS 一体化平台，同时还实现了应急指挥与联合调度，统一发布项目进度、质量、安全及投资等信息，集成视频监控、门禁系统、工地试验室等系统数据，实时查看征拆大数据统计分析，实现人、特种设备等动态分布。具体以深中通道智慧工地 BIM 技术＋GIS 的运用为例：

（1）智能工卡与 GPS 技术相结合，实现人员定位和一键报警。工地出入口集中管理，通过集成智能工卡和中央门禁系统，实时掌握劳务人员的工作动态、轨迹和安全状况。

（2）设备及施工船舶入场后进行实名制登记，安装 GPS 定位器，打印张贴设备二维码，一机一码，一船一码，依靠信息化术实现施工设备及船舶的安全生产溯源管理。

（3）在特种作业设备上安装安全监控系统，实时采集设备的位移、倾角、应变、千斤顶行程等状态信息，实现特种作业设备的安全监控和预警。

因此，BIM＋GIS 复合技术是深中通道工程数智赋能平台的一项基础性支持技术，BIM 与 GIS 的结合，能够提升空间分析的广度和深度，同时还可以通过真实性模拟和建筑可视化来更好地沟通工程基本信息。

3.5.2 数据中台技术

中台理念的核心价值在于共性能力的抽象和复用。在传统的流程架构中，前台应用往往直接调用后台服务，导致业务逻辑紧密耦合，难以快速响应市场的变化。而中台则作为一个独立的层次，将前台应用与后台服务解耦，通过沉淀和共享业务逻辑，为前台提供标准化的服务接口，从而实现业务的快速响应和创新。在多应用场景下，工程建设面临着不同平台间的业务逻辑差异、数据一致性问题、用户体验统一性等挑战。基于中台理念的解决方案是构建一个统一的多应用平台，该平台能够支持多种应用场景的业务需求，实现业务流程的标准化、服务的组件化和资源的共享化。

深中通道工程数智赋能平台灵活运用数据中台技术，以更好地面对、管理和利用工程中的复杂数据。数据中台包括数据采集、数据集成、数据治理、数据应用和数据资产管理等。除统计分析和决策支持功能外，数据中台更多聚焦于为前台业务提供智能化的数据服务，支持流程智能化，实现"业务数据化和数据业务化"。深中通道工程数智赋能平台的数据中台的大部分数据来自 BIM＋GIS一体化系统给出的工程建模数据，这些数据将在数据中台经过统一的数据标准化编码、分析与一系列加工处理，然后由数据中台连接并输送至业务流程的各个环节处。综上所述，数据中台在深中通道工程数智赋能平台内部起到穿针引线的作用，是业务流程和功能模块间的必备结构。

中台技术是深中通道工程数智赋能平台基础性技术组成部分，具备数据采集、清洗、整合、存储和服务的能力，确保数据的准确性和一致性，通过集成各个领域的数据、资源、流程、工具和方法,提供统一和高效的服务,确保工程数据的质量、安全、合规性和高效利用,以支持工程项目的设计、施工、运维等各个阶段的管理和决策。

1. 中台构架

深中通道工程数智赋能平台的中台是指服务于深中通道工程建设全过程,高度集成和共享的管理业务及技术的平台,用于整合、处理和管理各类数据。深中通道工程数智赋能平台的中台分为业务中台和数据中台,其中,业务中台主要负责产生数据,数据中台则负责进行数据的二次加工,即实施数据治理,将计算结果服务于业务管理,进行管理赋能(见图3-15所示)。

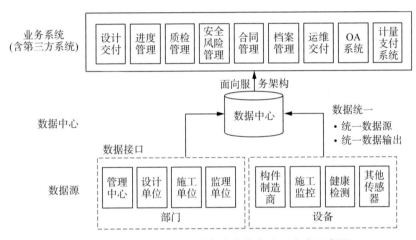

图3-15 深中通道工程数智中台信息交互方式示意图

由图3-15所示,深中通道工程数智赋能平台的中台是在统一的数字底座,集成了BIM数据、试验检测数据、工序数据、质量检测数据、隧道数字建造系统和桥梁建造系统(钢壳智能制造数、钢箱梁智能制造数、隔仓混凝土智能浇筑数、预制梁数字化生产数、钢筋数控加工)等业务数据,打造"数·智"建造管理体系。

2. 中台功能

具体来说,深中通道工程数智赋能平台的中台包括以下功能:

(1)数据集成和管理

深中通道工程数智赋能平台的中台主要功能是将前台一些通用的功能进行沉淀和复用,中台负责集成工程建设领域中的各种数据,包括项目基础数据、设计数据、施工数据、质量数据、安全数据等,并提供统一的数据接口和数据服务,实现深中通道工程参建单位的数据共享和复用。

（2）流程管理和优化

中台提供流程管理和优化的功能，帮助深中通道参建单位实现流程标准化、流程自动化和流程监控，提高工作效率和流程质量。

（3）资源和人员管理

中台可以管理工程建设所需的各种资源和人员，包括人力资源、物资资源、设备资源等，实现资源的合理配置和优化利用。

（4）监控和预警

中台可以对深中通道工程进展进行实时监控和预警，及时发现和解决施工过程的问题和风险，确保建造能够按计划顺利进行。

（5）智能分析和决策支持

中台利用人工智能技术，对集成的数据进行深入分析和挖掘，提供智能化的决策支持和预测，帮助深中通道参建单位做出更加科学、合理的决策，如图3-16所示。总之，中台是一个高度集成和共享的服务平台，帮助深中通道实现高效、协同、可控的项目协同管理，提高深中通道工程建设的水平和质量。

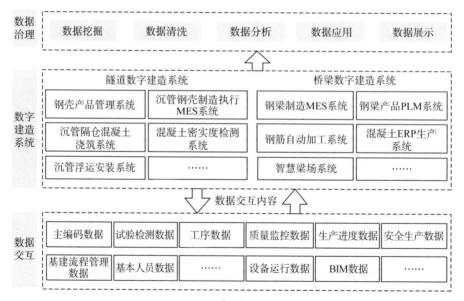

图3-16　深中通道工程数智中台示意图

深中通道工程数智赋能平台还有以下几项支持技术，由于篇幅关系，简述如下：

1. 低代码开发

低代码（Low-Code）是指一项可用于提升软件交付速度的开发技术和工具，

以可视化为典型特征,能起到降低编码开发工作量和开发成本的作用。低代码开发平台提供了一系列组件和模块,系统开发人员可以通过拖拽和配置来快速构建应用程序,而不需要编写大量的代码。这种方法可以帮助深中通道工程信息化系统组织快速开发和部署应用程序,提高开发效率,降低开发成本。低代码开发为专业开发者提供了一种全新的高生产力软件开发方法,它使用可视化的用户界面和简化的工具来创建应用程序和业务流程,而不需要编写大量的代码,低代码的出现符合工具人性化演变的整体趋势。

在工程管理领域,低代码搭建数字化解决方案展现了影响力,其高效、智能的特性为工程管理带来了全新的可能性。深中通道工程数智赋能平台是基于低代码开发平台进行开发的协同管理系统,并采用了私有化部署的方式,系统部署在用户本地服务器上,实现了功能的自主把控和数据的安全,同时也赋予了系统的扩展性。

2. 电子签名

深中通道工程作为国家档案局单套制 5 个首批试点工程之一,首次实现电子签名合法化与电子档案单套制管理。开展电子档案单套制管理不仅与国际通行做法保持同步,也是档案行业数字转型的要求。深中通道数智赋能平台依托电子签名与电子档案单套制管理,显现出"合法合规、无纸化、快捷高效"三大特点,推进众多需要实名制登记的任务高效完成,兼顾安全和进度管理,解决了资料签字多、归档任务重的项目难题。

3. 物联网、商业智能与人工智能

物联网(Internet of Things,缩写 IoT)是基于互联网、电信网等信息承载体,让所有能够被独立寻址的普通物理对象实现互联互通的网络。物联网能够通过信息传感设备,按约定的协议将任何物体与网络相连接,通过信息传播媒介为物体赋能,使其可以进行信息交换,以实现智能化的识别、定位、跟踪、监管等功能。物联网具有普通对象设备化、自治终端互联化和普适服务智能化 3 个重要特征。深中通道工程数智赋能平台利用物联网技术将智能工卡、监控摄像头与工地相连接,实现对人、机的实时管控。

商业智能(Business Intelligence,简称 BI)是指综合运用数据仓库技术、数据分析技术、数据挖掘技术和数据展现技术实现商业价值。从技术层面上讲,商业智能只是数据仓库、数据分析和数据挖掘等技术的综合运用,可以认为,商业智能是对商业信息的搜集、管理和分析过程。商业智能在深中通道工程生产建造过程中为各级决策者提供知识或洞察力(insight),促使他们做出对"提质、增效、降本、溯源"总目标更有利的决策。

人工智能（Artificial Intelligence，简称 AI）是新一轮科技革命和产业变革的重要驱动力量，是研究、开发用于模拟、延伸和扩展人的智能的理论、方法、技术及应用系统的一门新的技术科学。人工智能包括机器人、语言识别、图像识别、自然语言处理、专家系统、机器学习、计算机视觉等。

深中通道工程一方面使用智能浇注小车等各类智能设备，大幅减少人力成本，推进了工程的自动化；另一方面借助在计算机视觉与图像识别方面相关的人工智能技术，在视频监控摄像头、智慧工地物联网协作下，实现智能分析场景情况，对穿着反光衣、佩戴安全帽、产生烟火等系列行为进行监测与预警，推动工程从"替人"的自动化真正走向"无人"的智能化。

3.6 深中通道工程数智赋能平台综合效果

深中通道工程数智赋能平台为深中通道工程管理各种数字化转型与智能化改造升级提供了良好的环境与功能性支持，数智赋能平台运用互联网、大数据、BIM 和人工智能等技术分析和解决了深中通道不同类型的工程管理复杂性问题，取得了以下主要效果与成就：

3.6.1 交通运输行业 BIM 技术应用示范工程

深中通道工程立足于"平安百年品质工程"标杆项目的建设目标，在行业内率先探索全生命周期的 BIM 应用，以数字化、信息化融合为手段，向自动化、智能化发展，为超大型跨海集群工程建造提供有力的技术支撑。其中，"深中通道智能建造与信息化协同管理应用示范"获得 2019 年首届中国公路学会"交通BIM 工程创新奖"特等奖；"基于 BIM 技术钢壳混凝土沉管预制智慧工厂实践和探索"、"BIM 技术在深中通道智慧梁场中的创新应用"获得 2021 年度中国公路学会"交通 BIM 工程创新奖"特等奖；"BIM 技术在深圳至中山跨江通道项目基槽开挖中的应用研究"获得 2021 年度中国公路学会"交通 BIM 工程创新奖"一等奖。

3.6.2 智能建造推进技术进步，助力《中国制造 2025》

基于《中国制造 2025》国家行动纲领，以项目需求为导向，深中通道工程数智赋能平台践行了通过工业化建造与智能制造提升品质工程的理念，系统策划和组织实施了智能建造。深中通道工程首次成功研制了混凝土智能浇筑装备及系统；在国际上首次成功研制了阵列式智能冲击映像和中子法检测设备（厚钢板的混凝土脱空检测），实现了钢壳混凝土快速和高精度检测；在国际上首次成功研制了管节智慧运输安装一体船,实现了管节安装的高速度和"深中精度";在国内首次在重工业领域研制成功并实现了大型钢结构智能制造。深中通道工程将形成我国钢壳混凝土沉管隧道、海中超大跨径悬索桥、八车道海底隧道防灾救援及水下枢纽互通立交等领域设计及施工成套技术及中国技术标准,填补国内空白。深中通道工程智能建造推进技术进步,助力《中国制造 2025》。

3.6.3 深度融合数智技术,打造百年品质工程

深中通道工程从智能建造和数字化管理两个维度深度融合数智技术,为打造百年品质工程奠定了技术基础。第一,智能建造方面,深中通道工程实现了混凝土和钢筋生产工厂化、标准化与智能化,建成了国内一流自动化和智能化程度最高的智慧预制梁场;第二,数字化设计方面,深中通道工程全线工程实现了三维数字化设计与交付,完成了 32 个管节 32 万吨用钢量的多方协同正向设计,达到"设计—制造—检验"一体化的综合效果,为深中通道科学施工提供了设计基础;第三,数字化协同管理方面,深中通道协同管理一体化平台,首次实现了"现场—进度—质量—安全—计量"信息化协同管理;第四,数字化安全管理方面,深度融合物联网、GIS、北斗+GPS 等技术,建设了共享信息中心和"智慧工地+智慧海事"统一协作平台,人、机、船、结构实时监测预警和应急指挥,施工安全风险精细化防控。

3.7 本章小结

由数字化和智能化技术构建的深中通道工程数智赋能平台为深中通道工程提供了全生命周期的协同管理、全流程的应用支撑和全链路的数据治理,助力深中通道实现数字化管理转型和智能化改造升级的数智赋能。

深中通道工程数智赋能平台是基于数智驱动导向的赋能平台,以深中通道工程建设管理智改数转的基本任务为导向的数字化与智能化多层次综合平台。深中通道工程数智赋能平台采取了 BIM 技术应用贯穿全寿命周期,建立 BIM 基础数据库,实现 BIM 模型构件级质量、安全、进度、质检、投资、图纸、设计等协同管理的技术路线,即从工程建造拓展到工程制造领域。

技术路径方面,以 BIM 为底盘性支持技术是深中通道工程数智赋能平台的基本逻辑。深中通道工程数智赋能平台分为 BIM 模型技术应用与 BIM 集成应用两个层次。一是提供设计、施工与运维的数字化技术;二是实现智能制造、项目协同管理、智慧工地三大智能化场景。因而,深中通道工程数智赋能平台本质

上是以数字技术为基础的核心架构,它通过整合硬件、软件和网络设施,为深中通道工程管理各种数字化转型与智能化改造升级提供必要的环境与功能性支持,平台是数字化转型、智能化改造的中心与基础。深中通道工程数智赋能平台运用互联网、大数据、BIM 和人工智能等技术,为分析、解决深中通道不同类型的工程管理复杂性问题提供技术支持服务。

参考文献

［1］于宝君,宫婷婷,朱慧敏,等.数智技术应用与制造企业服务化转型:创新资源配置及双元创新能力的链式中介作用[J/OL].科技进步与对策,1-12[2024-07-12].

［2］王志海,李兵.基于 BIM 技术的全生命周期数字交付管理研究[J].施工技术(中英文),2024,53(06):139-143.

［3］朱勇锋,李世俭.BIM 技术在高速公路全生命周期中的应用[J].价值工程,2024,43(07):141-143.

［4］王茂忠.基于 BIM 技术的装配式建筑工程信息化管理平台[J].北方建筑,2024,9(01):112-116.

［5］张志菲,罗瑾琏,李树文,等.企业数智化变革悖论应对的能力基础:悖论协同能力探索[J].西安交通大学学报(社会科学版),2024,44(01):100-110.

［6］王康臣,宋神友,许晴爽.深中通道工程助力交通强国战略的实践路径[J].运输经理世界,2024(01):71-73.

［7］赵文甫.装配式建筑工程施工过程中 BIM 技术应用实践[J].房地产世界,2023(20):138-141.

［8］刘佩斯.BIM 赋能深中通道智慧梁场[J].中国公路,2022(11):125-126.

［9］燕鹏,舒忠梅.基于 BIM 技术的大型建设项目电子档案协同管理[J].北京档案,2021(07):31-33.

［10］刘健,罗林杰,卜庆晗,等.一座世界级跨海集群工程的 BIM 探索与实践[J].中国公路,2021(14):47-49.

［11］张迎松,梁海文,陶建山,等.深中通道 BIM 技术在预制梁场的成套解决方案研究与实践[J].土木建筑工程信息技术,2020,12(02):55-61.

［12］陈伟乐.深中通道智能建造[J].中国公路,2019(17):52-54.

［13］宋战平,史贵林,王军保,等.基于 BIM 技术的隧道协同管理平台架构研究[J].岩土工程学报,2018,40(S2):117-121.

［14］林述涛.跨海集群工程 BIM 协同管理平台架构研究[J].公路交通科技,2018,35(08):80-88.

［15］成子桥,白家设,姬同庚,等.基于"互联网＋BIM"的高速公路全生命周期管理云平台

[J]. 国企管理,2018(15):16-27.

[16] 李法雄,郭毅霖,张鑫敏. 用 BIM"智"造特大型桥梁[J]. 中国公路,2018(11):78-79.

[17] 王帅,鲁盛,张浩,等. Bentley 数字化平台在人工岛 BIM 设计过程中的应用[J]. 中国交通信息化,2017(12):139-143.

[18] 王帅,鲁盛,张浩,等. Bentley 数字化平台在人工岛设计过程中 BIM 应用成套解决方案研究[J]. 交通建设与管理,2017(05):68-73.

第4章

深中通道工程现场
数智化管理

工程现场一般意义上是指工程造物及工程物理载体的场所,是工程"软"、"硬"资源整合的最终所在地,因此,现场管理于工程功能、工程质量等的实现具有重要意义。比较而言,重大工程建设参与人员多、设备及物料数量巨大、建设环境复杂,在有限的工程现场空间中,不仅各种资源密度大、关联细密、产生风险概率增加,而且重大工程产业链供应链的空间分布式特点,也使重大工程现场出现了新的内涵。

如图4-1所示,本章根据重大工程现场的新内涵,并基于复杂系统管理思维,以工程现场建设目标与问题为导向,研究如何通过数智赋能的路径,构建深中通道工程智慧现场,提升工程造物数智化集成水平。

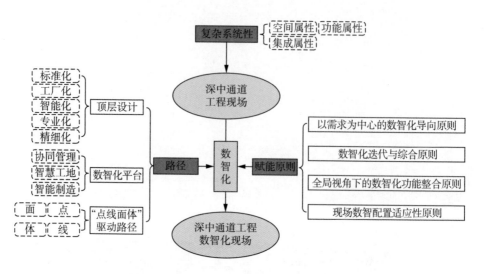

图 4-1　深中通道工程现场数智化基本逻辑

4.1　深中通道工程现场概述

4.1.1　深中通道工程现场内涵与特征

根据工程造物内涵不断拓展的历史和"土木型"造物在工程活动中所占的主要地位，"现场"这一概念在工程管理中是个重要的核心概念。现场的基本含义是指直接从事造物、生产、工作、试验的场所，是活动或行为当下、目前发生的地点。由于造物、生产、工作、试验等活动性状和方式有很大的不同，因此，"直接"这一限制词就使得人们在理解和判别"现场"时往往把造物、生产、工作、试验等活动最终结果形成地点以及该地点相对集中而不分散的特征作为现场概念的标志。例如，企业产品的生产"现场"就是车间，航天产品的"现场"就是火箭零部件生产、总装或者发射的地方。

对于工程而言，实物型工程造物"现场"即指人造物主体最终成型的地理空间所在地，也是人们物化工程实体的最终场所。随着重大工程建造规模日趋变大，重大工程现场不仅包括最终所在地，而且还涵盖分布在不同地点生产、制造工程中间阶段重要装备、构件的场所，以及相应供应链的空间布局。

深中通道工程自 2016 年 12 月开工建设，2024 年 6 月通车试运营。其中沉管隧道于 2018 年 4 月进行钢壳足尺模型试验，同年完成智能制造生产线建设并开始钢壳制造，2019 年开始沉管管节混凝土浇筑，2020 年 6 月实现首节 E1 管节沉放安装，直至 2023 年 6 月 11 日 E23 管节及最终接头完成沉放对接，沉管隧道实现合龙，这一造物过程的现场表现为一个有序连贯的空间网络，而不仅仅是一个工程"工地"。另外，深中通道工程现场不仅仅是一个空间概念，在特定的现场空间内，还包含着由人、物等组成的造物情景属性及情景的改变，这些都是深中通道工程现场的新内涵。

4.1.2　深中通道工程现场属性

根据深中通道工程现场的新内涵，深中通道工程现场已经超越了传统的施工概念，转化为一个复杂的工程造物空间网络。工程现场固有的性质和特征称为现场属性。深中通道工程现场属性主要包括空间属性、功能属性、集成属性与复杂系统属性。空间、功能、集成属性分别表示着工程现场地理、物理、整体等不同特征，相互融合又形成复杂系统属性。具体解释如下：

1. 深中通道工程现场空间属性

随着装配式桥梁的发展,深中通道等重大工程常常采取更加灵活和高效的现场装配方式而非传统的现场建造方式,这种新方式在很大程度上依赖高效且有序的供应链物流系统,因为其组成部分不限于在一个地点制造,而是在多个分布于不同地理位置的工厂中预制完成再进行最后的总装。例如,桥梁面板钢箱梁制作就由武船重型工程股份有限公司、中铁宝桥集团有限公司、中铁工业旗下中铁山桥集团有限公司等生产,钢箱梁在湖北武汉与广东中山的工厂中预制完成后,通过专业的运输方式送达码头,再由运架一体船"天一号"在码头取梁后运输至固定桥墩位置进行架设。这种方式不仅提高了施工效率,还有助于保证施工质量。在控制环境中预制部件,可以减少现场施工所面临的天气、环境等不确定因素的影响,同时提高材料利用率和工作效率。

从职能上来看,这些分散的制造基地也同样被视为工程现场空间的一部分。这种供应链的广阔空间网络,包括从原材料采购到部件制造,再到最终的现场总装配,都是工程现场概念的扩展。因此,在讨论现代重大工程项目的现场时,应当把它视为一个整合了供应链、制造、物流和装配的综合体,这种整体的理解有助于更精准地评估和管理工程项目的复杂性和动态性,以及实现这些项目所需的跨领域、跨地域的综合协作。可见,深中通道工程现场的概念已经由传统的施工工地转变为一个分布式多层次的有序工程空间网络。

2. 深中通道工程现场功能属性

任何现场必须与某个功能联系在一起,例如深中通道沉管现场与梁场现场是两个不同功能的现场。功能,首先是"能",即有本事,这里指能够满足某种需要;进一步是"功",从力,即表示用力从事工作而取得效用、功效等。功与能合并为"功能",基本的意思自然是因为能够做某事而实现一定的功效,更注重"能够"之后的使用价值。一般地,工程的功能主要是使用功能,如桥梁工程能够方便过江,物流工程能够将各类物资迅速送达,物流 EDI 工程能够在货主、承运人等主体之间通过该人造系统进行物流数据交换并实施物流作业活动,等等。例如,中山是广东省珠江口东西两岸融合互动发展改革创新实验区,当下的交通系统无法满足其经济社会的迅猛发展。而深中通道的开通将显著缩短中山到深圳的物流运输时间,从 2—3 小时减少至 30 分钟至 1 小时,大幅提升该经济发展区的交通效率。尤其对中山的脆肉鲩鱼等渔业产品的运输将更为便捷,促进地区经济增长,这就是深中通道工程重要且基本的功能。

在工程功能属性上,要有更加辩证和科学的理解。一是工程是功能的载体,功能是工程满足某种需求的一种属性。凡是满足人们某一需求的属性都属于功能的范畴,工程的价值是通过其基本功能属性的可使用性来体现的,任何工程的基本功能都必须可实现、稳健和持久。二是工程功能的"价值外部性"决定了工程在向人们提供有益、正能量的功能的同时,也往往会产生有害、负能量的功能,这不仅会增加工程成本,而且还会引起工程造物的科学性和工程社会责任等一系列问题。例如,在深中通道工程设计阶段,除了大桥的稳固性、安全性,专家重点考虑了阻水率问题,以防止泥沙积累和不良地质变化。因此,专家通过河口物理模型的反复验证研究,最后确定使用"S"形走线设计和总面积接近 14 万平方米的西人工岛棱形设计方案,阻水率被有效控制在 10% 以内。

因为工程是人造系统,所以,工程的功能属性根本上源于工程造物主体最初对工程功能的预设。也就是说,造物主体当初期望工程具有什么样的功能属性来解决或者改善某个客观存在的问题,并通过一定的流程与程序,把感知认知和理性思维中对属性的预设和构想赋能到某个具体的工程载体中,并把这个功能载体现实化。简言之,工程的功能就是主体当初先赋予工程人造系统的某种使用价值,并把这种属性由"虚体工程"向"实体工程"转化,并使人们通过工程这一属性载体实现一定的使用价值。这里,"虚体工程"是指人们精神和思维层面上构想的工程,主要是工程概念、工程愿景与想象力等;而"实体工程"是指人们在客观和现实层面上构建的工程,主要是工程现场形成的工程实体。因此,工程主体是工程功能的"主使者",并且需要把当初的"工程虚体"的功能通过造物过程变成"工程实体"的功能。工程功能的"实体化"是功能完成了赋能于某一具体功能的实体,需要以必要的资源为支撑,所以任何工程的功能都是需要消耗资源,即需要成本的。因此,从管理基本原则出发,主体在做工程功能预设时,需要考虑到功能的"恰当性",避免工程功能的"冗余"和"浪费"。工程有其全生命期,实体性工程的生命期往往更长,因此,需要保证在工程长生命期内工程功能作用的正常、平稳释放,特别是不能由于工程环境情景的变动而出现功能失稳。

3. 深中通道工程现场集成属性

主要包括目标集成、主体集成、资源集成、装备集成、技术集成和人员集成,"集成"的理念贯穿于工程现场中造物过程的安全控制、质量管理、进度调度与投资控制等各个方面。在深中通道工程现场,这不是简单地将多元主体的多样控制目标叠加起来,而是在高度关联和紧密耦合的基础上,通过精心设计的合作机制和利益协调策略,寻求最优化的综合解决方案。同时,由于深中通道工程体量巨大,技术难度高,海上施工风险大,施工过程复杂,因此,需要集成多种装备与技术;此外,深中通道工程的资源集成包括但不限于智(人)力、资产力、物力、自然力、运力与时力资源,无论是从纵向还是横向整合资源,深中通道工程都展示了其在整合内外部资源、构建动态资源体系方面的卓越能力。深中通道工程通过合理有效的动态配置、集成策略,还有效提高了对外部环境变化的快速响应能力,为工程带来持续的竞争优势。

4. 深中通道工程现场复杂系统属性

深中通道工程现场通过其空间、功能、集成等属性的高度融合形成其深刻的复杂系统属性。这一特性不仅反映在其庞大的物理结构和高难度技术要求上,更体现在人员、管理、技术、环境等的互动与整合中。首先,深中通道工程现场的复杂系统属性源自工程本身的物理规模、技术难度、生命周期长等因素,更深层的复杂系统属性来自工程系统与环境的高度开放和交互、工程建设过程的动态性和不确定性以及工程主体多元异质等方面。这种复杂性要求在工程管理中采用跨学科、跨领域的综合协作,实现技术创新和管理创新,并通过精细化管理和智能化应用,例如,采用信息化管理平台和智能化施工技术,以有效应对复杂性带来的挑战,确保工程建设管理顺利实施。其次,深中通道工程现场是多要素综合集成的复杂系统,其现场管理问题牵扯部门多、涉及多方主体利益,还与社会经济环境、现场自然环境有着广泛、紧密的关联,因此,深中通道工程现场管理协调难度大,复杂性高。管理复杂性则是对深中通道工程复杂系统性的进一步体现和挑战。它包括管理环境的不确定性、多元异质的管理主体、错综复杂的管理问题以及管理目标之间的相互冲突和平衡需求等方面。在深中通道工程项目中,通过构建高效的管理组织、实施灵活的管理策略以及采用先进的管理工具和技术,能有效应对管理的复杂系统性。特别是"数智赋能"的应用,如大数据、云计算、物联网等新一代信息技术的引入,不仅提高了项目管理的智能化水平,还提升了决策的科学性,从而优化了资源配置、提高了工程效率和质量。因此,深中通道工程现场的复杂系统属性是其空间属性、功能属性、集成属性的自然延伸和深化。这种复杂系统属性不仅要求关注工程本身,更要关注其与环境、社会、经济等外部系统的交互与整合,以及在此基础上的数智管理。

4.2 深中通道工程数智现场和现场数智化概述

4.2.1 深中通道工程数智现场概述

工程数智现场指的是一个通过集成数字技术、信息化手段及智能化工具实现高效、智能管理和操作的工程现场,强调具体的、数字化的和智能化的工程现场环境。这样的现场可以使用物联网设备进行实时监控,采用大数据分析以优化决策过程,利用人工智能和机器学习技术提高安全性和效率,以及运用虚拟现实或增强现实技术以提升设计和模型化效果。深中通道工程数智现场是指工程建设将互联网、大数据、人工智能与工程现场主要活动深度融合,构建工程建设现场运作模式。

深中通道工程数智现场除了普通工程现场所具有的空间、功能、集成等属性以外,还具有数字化、网络化、智能化特征。具体地说,数智现场坚持"互联网＋交通基础设施"发展理念,推进数智技术与现场活动的深度融合,建立以 BIM 技术为基础的项目管理平台,尽可能实现工程全寿命周期关键信息的互联共享以及参建各方工作协同;推行"智慧工地"建设,积极推广工艺监测、安全预警、隐蔽工程数据采集、远程视频监控等设施设备在现场施工管理中的集成应用,为提升现场管理信息化水平、提高现场各项管理职能水平赋予新的动能。如 BIM 技术在深中通道工程施工现场中有两方面的应用。一方面,以 BIM 模型为基础,进行场地规划与布置、碰撞检查、虚拟拼装、施工模拟等;另一方面,以 BIM 模型为载体,集成工程各阶段和各业务数据,集成"项目协同管理平台、智能制造集成平台和智慧工地平台",实现智能建造,达到信息共享、管理协同、提质增效的目的。由此可见,在一定意义上,深中通道工程智慧现场的实质是基于物联网的工地现场建设管理智能应用,通过物联网和传感器实时采集、传输、分析、预判施工现场信息,解决施工现场管理远程监管难、监督不落地的痛点。其中,协同管理平台聚焦进度、质量、造价、安全、风险、监理管理,智能制造主要包括钢箱梁智能制造、钢壳智能制造、钢圆筒智能制造等,智慧工地平台则聚集人员实名制管理、机械设备及船舶安全监控信息管理、试验室与拌合站数据管理、视频监控和应急管理这四大管理,实现工地可视化,通过实时图像和视频,为项目管理者提供直观的现场信息,24 小时监控能及时发现施工过程中的偏差,极大地提升纠偏与决策的速度和准确性,不仅降低了现场管理的人力成本,还降低了因现场问题延误造成的风险和人员事故。

4.2.2　深中通道工程现场数智化概述

数智化是一个动态渐进过程,指的是将数字技术、智能化手段和信息化解决方案逐步应用于工程现场的过程,将传统的工程现场通过引入和集成先进的数字和智能化技术,转变成为一个数智化完整的工程现场活动。它包括了从传统的、以人力为主的操作向高度依赖数据、算法和智能设备转变的全过程。这个过程涵盖从基础设施的数字化升级,到工作流程、安全管理、资源配置等方面的智能化改造。

深中通道工程现场数智化的核心思维是一种复杂整体性思维,核心是如何通过数智技术与管理等,将深中通道现场这一复杂系统逐步形成、升级至具有数智功能的复杂系统,即深中通道工程现场数智化是一个数智化设计、改造并形成相应功能的过程。所以说,现场数智化是数智现场的系统构建过程,数智现场是现场数智化的功能与载体的实现。

深中通道工程现场也是一个实在的空间系统,具有各类空间系统要素,而在一般的要素上增加数智要素,并且形成一个新结构、新形态与新功能的空间系统,即深中通道工程的现场数智化。例如,作为深中通道工程现场的一部分,深中通道钢箱梁依托港珠澳大桥钢箱梁制造成功的实践经验,将普通的生产线数字化、智能化、系统化,创造性地形成以智能化下料加工生产线、智能化板单元生产线、智能总装生产线、智能喷涂生产线及桥梁钢结构智能制造信息管理平台为核心的"四线一系统"。通过智能化手段,有效实现了提高制造生产效率、降低制造资源消耗、记录生产过程质量状况的目的,提高钢箱梁单元品质的同时对深中通道工程整体质量的提升也有巨大益处。

再如,深中通道工程借助数智技术和新的现场施工流程与工艺,首次实现一体船沉管现场运输及长距离智慧安装。为降低施工风险,保障水上公共安全,提高对接精度,减少疏浚量,项目团队结合深中通道工程项目需求,研发沉管运输安装一体船"一航津安 1"。"一航津安 1"是具有原创性的一艘集管节浮运、DP 定位和循迹、沉放、安装功能等综合作业于一体的专业沉管隧道施工船舶,具有航迹线控制、自航速度快、抵抗横流、减少航道通航影响、可实现应急回拖、施工风险可控、管节结构适应性强等优点,可提升长距离管节浮运施工安全保障能力,并大幅提升浮运安装工效,实现智慧安装。同时,相比传统管节浮运安装方式,可大幅减少浮运航道疏浚量达 1 500 万立方米,节省造价约 9 亿元;另外,该船配备管节沉放姿态控制系统,可实现管节水下约 40 米的精准沉放与毫米级对接。可以看出,智能装备的研发与运用将工程施工数智化,在实现安全高效施工的同时还能大大减少造价。

因此,现场数智化是手段,数智现场是平台,在这一平台上,通过信息技术与其他工程技术的融合,形成了工程现场新的工程施工建造能力,同时可以有效提升现场造物的管理效率、安全性和质量。

4.3　深中通道工程现场数智化构建路径

基于深中通道工程现场和深中通道工程数智化现场的基本概念,下面将具体阐述深中通道工程现场实现数智化的三条具体路径。

4.3.1　现场数智化顶层设计

深中通道工程现场数智化的顶层设计旨在建立一个科学、系统、高效的数智化工程现场活动体系,实现工程现场建设管理过程中嵌入数智化新动能。顶层设计作为现场数智化实施的战略规划阶段,是实现现场数智化转型的关键一步,其目的是通过明确数智赋能的战略方向和目标,统筹考虑项目现场活动与流程的各层次和各要素,追根溯源,统揽全局,对现有建设管理组织结构、业务流程、信息系统等进行全面梳理,打破现场不同环节之间的阻碍壁垒和信息孤岛,引入新的管理理念、技术和方法,提高工程现场整体协同效率和管理水平。

深中通道是集"桥—岛—隧—水下枢纽互通"于一体的世界级超大型跨海交通集群工程,项目建设条件复杂、工程规模宏大、综合技术难度极高。深中通道工程建设数智化现场的需求主要有三。首先是国家战略需要,《中国制造 2025》及十九大报告中提出的建设"科技强国、质量强国、交通强国"的战略指导,强调了新一代信息技术与制造业深度融合的重要性。特别是在智能制造领域,通过依托深中通道工程建设进行核心关键技术研究,旨在促进产业转型升级,应对新一轮科技革命和产业变革的挑战。其次是行业需要,当前我国跨海通道建设技术虽已取得较大进步,建成了以"大型化、标准化、工厂化、装配化"为主要特征的港珠澳大桥跨海集群工程,但也面临交通行业与工业化、信息技术如何深度融合,集群工程智能建造技术与装备制造等问题,迫切需要依托国家重大跨海通道工程,在"工业化、智能化"等现代工程技术领域实现精准突破,从而提升我国跨海集群工程的智能建造水平。最后是工程需求,深中通道工程作为国家"十三五"期间的重大工程,面临多项技术和管理挑战,包括钢壳沉管的大规模、复杂构造、高工效要求,钢结构制造设备和工艺的创新,以及传统混凝土浇筑工艺和装备的升级需求等。因此,需要秉持"标准化、工厂化、智能化、专业化、精细化"的建设理念,以项目需求为导向,以"两化融合"(工业化、信息化)为基础,以《中国制造 2025》为契机,以提质增效为中心,推行智能建造。

深中通道工程现场数智化体系规划主要包括以下现场重大专项:钢壳智能制造、钢壳混凝土智能浇筑、智慧安装、钢箱梁智能制造、智慧梁场以及智慧工地等。而就现场共性关键技术而言,高度集成的智能施工装备如运安一体船、现浇砼索塔一体化智能筑塔机等智能装备的集成应用,展示了数智技术在提升施工操作精度、效率及环境适应性方面的强大能力。这些装备的集成应用,不仅显著提升了工程现场施工的质量和效率,还降低了施工过程对环境的影响,为复杂条件下的工程现场施工提供了创新解决方案,故应为现场智能化规划的重点。此外,深中通道工程建设中的技术集成不仅集成了关键的技术能力,还涵盖了前序类似工程技术的集成、承包商间的技术交流与学习、与学术机构和研究团体的合作创新等。这说明,现场智能化除技术集成外,还包括在新的管理理念指导下,管理主体行为、范式的新的集成。例如,深中通道工程依托已有的先进的钢箱梁板单元制造自动化生产线,发展升华成信息化、智能化功能更加强大的"四线一系统"。这一系列现场智能化引导下的技术集成与管理集成,为应对工程现场多方的挑战提供了强有力的支持。由此可见,深中通道工程在装备与技术集成方面的实践,是现代工程管理中利用高端装备和系统化管理提升项目执行能力的典范,进一步突出了"数智赋能"在现代工程建设中的核心价值和战略意义,为我国交建行业工程现场数智化提供了先进的示范与榜样。工程现场数智化平台即综合应用云计算、大数据、物联网、移动互联、人工智能和区块链等技术,依靠工程现场,搭建完整的服务能力生态供给平台。

4.3.2 现场数智化平台构建

深中通道是粤港澳大湾区重要的跨江工程,也将是交通量较大、对经济社会发展具有重要贡献的战略性工程,具有世界级难度。深中通道工程是我国"科技强国、质量强国、交通强国"战略的重要载体,深中通道的高质量建造对于大湾区综合交通高质量发展,构建具有全球竞争力的工程制造能力,提升参加单位智能化建造水平和数字化管理水平以及技术创新能力具有重要意义。此外,深中通道工程由于其具有管理复杂性,需要运用智能化建造与数字化管理集成,重构数字化管理模式,以数据驱动构建深中通道现场数智化平台。

现场数智化平台通过信息的实时共享与现场建设管理,优化资源配置,提升工程管理效率。通过集成信息化技术,可对工程现场数据进行实时采集、处理和分析,为现场建设管理提供科学的决策支持。因为深中通道工程现场地域大,参建方众多,需要一个能够多方参与、信息互通互联的数字化协同管理平台,实现进度、质量、安全、计量等的综合协调管理,所以,深中通道工程现场数智化设计融合"云计算"和BIM技术建立了信息化协同管理平台,在该协同管理平台上,信息发布与交流快速高效,工程各相关方都能及时查阅工程信息,掌握进度与安全状况。协同管理平台的主要框架是"一个模型、一个平台和多终端应用",即以BIM构建为中心组织数据,通过平台协同构建数据和通过不同终端采集、展示数据。同时,协同管理平台划分为项目协同管理、智能制造和智慧工地三大类共20多个功能模块。每个模块都针对特定业务与用户使用,各模块将业务数据汇总给协同平台,实现基于BIM模型的全业务数据的汇总、查询和分析。

例如,在深中通道工程现场的钢壳智能制造中,为遵循其过程贯彻"以设备促工艺,以工艺(工法)保质量"的原则,以互联网＋BIM技术＋智能机器人为抓手,推动造船行业与交通行业深度融合。研发钢壳小节段车间智能制造、中节段数字化搭载、大节段自动化总拼生产线,其中小节段车间智能制造是核心。研发"四线一系统"智能制造生产线,具体包括板材/型材智能切割生产线、片体智能焊接生产线、块体智能焊接生产线、智能涂装生产线、车间制造执行过程的信息化管控系统。钢壳制造全面推进小节段车间智能、小节段智能涂装化制造、大节段数字化自动化搭载、智能制造信息化(BIM)协同管理平台运用,进行板材型材切割线、片体智能生产线、块体智能焊接生产线、FCB自动拼板流水线、纵骨自动装配流水线、块体智能线、智能涂装生产线及MES车间管控系统等智能制造生产线、柔性流水线及信息化管控系统的智能化建设。通过数据接口与BIM系统进行数据交互,实现设计数据、生产信息、实施工况的互联互通,实现智能化切割生产与实时监控,体现了提高效能的管理思想,为管理工作提供了极大便利。

4.3.3　现场数智化"点—线—面—体"驱动路径

根据数智化目标与现实问题导向原则,深中通道工程现场数智化采用了"点—线—面—体"综合驱动路径。所谓数智化"点—线—面—体"驱动是指将整个复杂的工程按照从小到大的层次结构分解和管理,结合新型数字化方法,以达到优化整体现场的目的。从宏观来看,"点—线—面—体"的驱动路径遵循由局部到整体的系统思想,面对深中通道工程的复杂系统性,将复杂的工程项目分解为若干个相对的局部模块。从局部入手,通过层次化和立体化的方法,深入理解局部问题并利用数智技术精细化管理,为整体数智化奠定坚实基础。将局部化模块集成与整合,就能得到数智化整体,系统性地推进工程现场的数智化建设,构建起一个全面、立体、动态的数智化工程现场管理体系。

例如,沉管隧道作为深中通道工程现场的重要组成部分,其智能制造过程也遵循了"点—线—面—体"的驱动路径。其中"点"代表着项目中的最小单位,如下料等智能化流水线的构建。这些"点"通过焊接机器人等技术和流程组合成"线",如通过BIM技术和"四线一系统"的智能车间进行钢壳制作,这些"线"又是构建"面"的基本单元,表现为钢壳制作和混凝土浇筑的数智化进程。最终,"体"是由多个"面"融合整化而来,不是简单的组合,而是包含了整个工程项目的多方面内容,如多个钢壳沉管的组装、物流运输及参与主体的协同合作,共同构成了钢壳沉管隧道数智化建造的全貌。这种由"点—线—面—体"驱动思维的策略,不仅有助于系统地审视和优化整个工程项目,发现并解决潜在的问题,而且通过劳动密集向自动化"少人"和智能化"无人"转型,确保了钢壳沉管隧道建造的数智化进程能够顺利推进。

4.4 深中通道工程现场数智化赋能原则

深中通道工程数智现场的赋能过程遵循以下几个原则。

4.4.1 需求导向原则

深中通道工程现场数智化赋能首先遵循需求导向原则,即面向现场所处的环境,提供满足现场主体需求的数智化技术与管理方式。例如,在深中通道工程钢壳混凝土脱空毫米级无损检测技术的研发过程中,专家通过深入的调研、研讨和实地考察,明确了工程面临的核心问题,即在钢壳结构复杂、构造复杂、自密实混凝土流态复杂等问题下,如何保证自密实混凝土高性能、高浇筑质量以及高检测精度的技术难题。针对这些需求,创新性地提出了冲击映像法和中子法相结合的无损检测技术,通过阵列式智能冲击映像数据采集设备和中子法脱空检测仪的研发,成功实现了钢壳混凝土脱空缺陷的毫米级精准快速检测。这一新的技术不仅满足厚钢板、密集肋、大面积等复杂条件下的检测需求,更重要的是极大地提升了检测效率和精度,从而保障了工程建设的质量和安全,为工程的高质量建设和结构优化提供了强有力的技术支持。

4.4.2 迭代与综合原则

深中通道工程现场数智化不仅是技术层面的升级,还是管理哲学和方法论的演进。工程现场管理活动要求主体逐步减少对现场管理对象认识的模糊性和不确定性,增强现场不同主体行为的协同以及管理过程中大量分布式、异构信息和知识的集成与综合。因此,现场数智化过程必然是一个在实践中经过多次反复和修正并表现为一个比对、逼近与收敛的过程。因此,深中通道工程现场数智化赋能需遵循迭代与综合原则。

例如,深中通道工程沉管隧道的管节浮运与沉放安装面临许多挑战,传统的管节浮运和沉放安装工艺分开操作,涉及大量拖轮和人员,不仅效率低下,而且成本高昂,对社会航道及环境影响巨大。深中通道工程团队秉持数智化迭代与综合原则,原创性地提出自航式管节运输安装一体化装备方案,开发了世界上第一艘集管节浮运、定位、沉放和安装等功能于一体的专用船——自航式沉管运安一体船。该船通过双体船船型设计、动力定位系统和航迹追踪功能,大幅减少了浮运航道的疏浚量,并实现了精准的沉放与对接,不仅提高了施工效率和安全保障度,而且显著降低了对社会航道的影响和环境损害。在开发过程中,团队采用了迭代与综合的策略。面对初期方案中存在的如约1万吨重钢壳管节运输和约8万吨钢壳—混凝土管节的运输安装等问题,团队通过不断的模拟测试、迭代优化,综合了动力定位、航迹追踪、沉管沉放姿态控制等多种先进技术,实现了装备的智能化和高效化。深中通道工程自航式沉管运安一体船的开发与应用,是数智化迭代与综合原则在工程管理中的成功案例。

4.4.3　全局整合原则

所谓全局整合原则不仅仅关注满足现场建设的直接需求,更关注如何通过数智化技术与管理方式,优化整个工程从设计到人造物最终形成的过程。例如,对于深中通道这样集"桥—岛—隧—水下枢纽互通"为一体的复杂工程,数智化不仅关乎单一技术或管理模式的应用,而且涉及一个全方位、多层次、跨领域的整合;其中西人工岛的角色定位,不仅是海中转换枢纽的物理实体,更是整个通道系统数智化管理和控制的关键节点。

又如,深中通道工程沉管钢壳面临"正向设计—智能制造"一体化的需求。通过数智化设计与智能制造技术的融合,针对沉管隧道的超长、深埋特点和超大跨度的挑战,实现了工程设计的精准性和制造的高效性。数智化技术的深度应用,不仅优化了工艺流程,提高了制造精度,还保证了整个工程建设的质量和进度,体现了在全局视角下数智化功能整合原则的强大力量。因此,通过加强数智化技术与管理方法的整合应用,可以更好地实现工程造物及管理活动中供应链、程序链、因果链、关联链的高效运作,确保工程整体性能的最优化。

4.4.4　配置适应性原则

深中通道工程现场数智化需遵循现场配置适应性原则,即包括现场配置目标的适应性、现场配置组织的适应性、现场配置方案的适应性。

在数智化的背景下,即使是对于同一工程,不同利益主体也可能基于对数据驱动的不同意见提出各自的目标和优先级。这样,主体在管理活动中提出的管理目标,哪怕经过了认真、慎重的选择,也是主体基于有限理性和某一个阶段的选择结果,或者是不同主体各自独立提出的目标集合。因此,为了不因目标集合存在的缺陷(如目标不完整、层次与关联模糊、冲突性目标没有预处理等)而影响对工程总体管理目标的评价,需要对目标集合进行适应性选择。

对于重大工程现场管理组织,引入数智化适应性机制至关重要。这不仅涉及根据任务、资源和环境变化动态调整的能力,还包括利用数据分析和人工智能来预测未来变化和制定响应策略。组织平台应运用先进的数据处理技术和智能决策支持系统,以实现对复杂管理问题的有效驾驭,从而提升整个项目管理的灵活性和效率。例如,深中通道工程建设中使用基于 GIS(地理信息系统)的实时监控系统,系统集成了多源数据,如卫星定位数据、海底地形扫描以及现场监控摄像头的图像。这个系统能够实时展示工程进展和现场条件,包括施工人员和设备的位置、海流和天气状况等信息,还通过智能分析提供对环境变化的即时响应。据此动态调整施工计划、人员和设备部署,不仅优化了资源配置,提高了决策的速度和准确性,也提高了工程安全性和效率,增强了工程在面对不确定环境时的稳健性。将数智化深度融合到现场配置的适应性原则中,可以实现对现场复杂情况的高效响应和动态调整,确保工程的顺利进行。

4.5 深中通道东人工岛数智现场设计与赋能专题

4.5.1 深中通道东人工岛项目概述

东人工岛位于深圳侧岸滩,宝安机场南侧,紧邻机场福永码头,东侧与机荷高速枢纽衔接,西接沉管隧道,南北向与沿江高速衔接。深中通道东人工岛是国内首座高速公路水下互通立交,采用"一岛两翼"方案。东人工岛东西长 930 米,南北向沿沿江高速轴向 1 136 米,形成陆域面积 34.38 万平方米,海域使用面积47.63 万平方米;岛上主线隧道施工全长 855 米;机场互通匝道隧道是为实现深中通道与沿江高速互通、互联而设置,E、F、G、H 匝道总长 1 839 米。

东人工岛岛壁有两种结构:救援码头区域为高桩型式,其他区域为抛石斜坡堤型式。

东人工岛效果图和平面布置图分别见图 4-2 和 4-3。

图 4-2　东人工岛效果图

图 4-3　东人工岛平面布置图

1. 岛上段隧道简介

（1）主线隧道

东岛岛上段主线隧道全长 855 米（395 米敞开段和 460 米暗埋段），与围堰明筑隧道相接。主线隧道在珠江治导线前后设置 E、F、G 匝道合流点，主线隧道纵坡坡度按不超过 3% 控制。

（2）匝道隧道

东岛岛上段匝道隧道主要涉及机场互通与本通道主线相接的 E、F、G、H 四条匝道,匝道隧道纵坡坡度按不超过 4％控制。

2. 围堰段简介

为减少沉管段管节变宽段宽度和长度,确保变截面大跨海底隧道结构施工的可实施性和曲线变宽管节的适应性,在靠深圳侧海域中设置围堰作为临时挡水结构,发挥有效抵抗浪流、提供暗埋段施工运输条件、基坑围护止水等功能,然后在围堰内实施堰筑段变宽分叉隧道的明挖现浇结构施工。临时围堰全长约 1 393 米,堰筑段隧道长 480 米。

4.5.2 深中通道东人工岛建造数智化需求

1. 东人工岛外部环境复杂

东人工岛北侧为深圳机场,紧临福永码头,布置于沿江高速下方,东端与深圳地铁 11 号线之间预留泄洪通道项,这使得东人工岛建设处受"海、陆、空"三维立体交叉的复杂外部条件影响。

（1）地质条件差

隧道基底以淤泥及黏土层、粉质黏土地层为主,地基承载力较差,且淤泥较厚,多为流塑状,明挖隧道设计时存在较大的侧向土压力。人工岛岛壁结构及临时围堰主要处在淤泥质地层,使得地基处理工程量大。

（2）沿江高速高架桥保护要求高

沿江高速高架桥与人工岛有三处相交点,分别是主隧道、F 匝道、H 匝道。高架桥已经运营,桩基对水平侧向位移较为敏感,因此对人工岛的填筑、岛上暗埋段隧道施工形成约束,需要对沿江高速进行安全分析,必要时采取措施保证其结构安全和运营安全。

（3）水上施工制约因素多

施工区域通航能力较小,沿江高速在东人工岛范围仅预留一个跨径 60 米（限宽 38 米）、限高 17 米的航道孔。它的西侧不足 200 米为处于现有航道的临时围堰区,开工后航道必须向西南向改移。由于通航孔唯一、空间较小,且施工后其西侧通航水域狭窄,通航能力小,不适宜选用大型施工船机,亦难以组织大型船队高强度进行淤泥运弃、砂石抛填等施工。

2. 深中通道东人工岛施工技术挑战

"海、陆、空"三维立体交叉的复杂外部环境,使得东人工岛在施工建设中面临很多技术挑战:

（1）机场航空管理要求

受深圳机场航空限高的要求，东人工岛上设备高度不得超过 35 米，工程区作业船舶类型、高度、持续时间及具体位置需获民航部门批准方可进场作业，夜间施工灯光照明等也会受到一定限制，这无疑增加了协调难度。严格控制施工设备高度，积极做好设备报备管理，是一项工作重点。

（2）软土层中的深基坑变形控制

东人工岛隧道主要采用明挖法施工，主线、匝道隧道总长 3 174 米，基坑最大深度约 20 米，最大宽度 72 米（围堰段）。隧道基坑处于水中回填砂填筑区段，存在深厚淤泥、黏土等软土地层，其中淤泥厚度达到了 8～15 米，具有含水量高、孔隙比大、高压缩性、低强度、低渗透性、易触变和流变等特点，其地基承载力为 35～60 kPa，稳定性极差，在荷载作用下易侧向滑移、挤出及不均匀沉降，进而引发基坑变形。因此，沿海饱和软土地层中长大基坑施工，地连墙穿越深厚砂层淤泥层、长大钢筋笼起重吊装、基坑变形控制、复杂地下结构的防水技术和大规模施工组织均是重难点。在围护结构施工、开挖支护、主体结构、防水等工序中均有可能出现质量通病和安全事故。深基坑既是整个项目安全控制的重点，也是质量、进度控制的核心。

（3）施工会对沿江高速产生不利影响

沿江高速附近施工风险较高，对沿江高速有任何破坏都将造成严重不良社会影响和经济损失，因此对沿江高速的监测、保护、施工方案选择及施工过程控制将贯穿项目始终，是项目的重难点。具体如下：

1）主线隧道需从广深沿江高速公路预留通航孔下穿越，CE31 和 CE32 两个节段（基坑长 48 米、宽 45.1 米）在桥下施工，通航孔跨径 60 米，人工岛填筑、成槽、基坑开挖均有可能引起土层扰动，造成桥梁桩基开裂、变形。桥下净空 17 米，地连墙深度 45 米，地连墙钢筋笼吊装受条件限制可能需采用特殊措施。

2）E、G 匝道与沿江高速平行走向，围护结构距桥梁桩基最近仅 5 米，清淤、地连墙成槽、回填对沿江高速桩基承台可能会造成不利影响。

3）东人工岛主体岛壁有两处从沿江高速桥底穿过，深化设计中岛壁仍采用大基坑开挖方案，挖泥填砂施工，可能引起土层扰动，造成桥梁桩基开裂、变形。

4）人工岛填筑时，过往船只较多，如不慎碰撞桥墩，可能造成桥梁开裂。

（4）环保要求高

本项目近岸、水浅，邻近国家一级保护动物白海豚保护海域，海域桩基、地连墙、施工产生的废泥浆，海域基槽开挖出的淤泥，临时弃渣场，生活、建筑垃圾扬尘,海域船舶柴油泄漏等都会影响海域生态环境。做好施工期环境保护与水土保持工作,保证不污染周边城市环境,不影响居民日常生活、交通出行,显得十分重要。

（5）东人工岛水上施工制约因素多

施工区域通航能力较弱,沿江高速在东人工岛范围仅预留一个跨径60米（限宽38米）、限高17米的航道孔。它的西侧不足200米为处于现有航道的临时围堰区,开工后航道必须向西南向改移。由于通航孔唯一、空间较小,且施工后其西侧通航水域狭窄,通航能力弱,不适宜选用大型施工船机,亦难以组织大型船队高强度进行淤泥运弃、砂石抛填等施工。

4.5.3 沿江高速保护中的智能监测点

沿江高速桥于2013年12月28日建成通车,东人工岛施工影响沿江高速桥共1180米范围,涉及沿江高速桥共42组墩台。沿江高速桥墩台基础采用嵌岩钻孔灌注桩,桩底伸入中风化花岗岩层不小于2D（D-桩基直径）,微风化花岗岩层不小于1D（D-桩基直径）,主线隧道下穿桥墩范围桥梁为钢箱梁,剩余部分桥梁结构为混凝土连续梁,该段桥面标高为18.37～21.08米,桥下通航。

东人工岛在填筑前对影响范围内的沿江高速桥36♯～76♯墩台采用钢板桩/钢管桩＋导梁＋内支撑＋内外部中粗砂分层回填方法进行保护,其中对受东人工岛填筑后F匝道、主线隧道、匝道基坑开挖影响及岛壁施工影响的49♯、50♯、53♯、54♯、60♯、61♯、36♯、37♯、70♯～76♯15组墩台采用钢管桩保护,对其余26组墩台采用钢板桩进行保护。为了实时了解墩台的情况,项目确定沿江高速保护钢板桩/钢管桩监测项目为桩顶位移/沉降监测和现场巡视。

监测控制网采用深中通道独立坐标系,高程基准采用1985国家高程基准,各个控制点参数采用2018年10月29日测控中心批准的《深中通道S03标施工监测控制网测量报告》中各基准点成果。

本项目共设置7个工作基点,其中浅水区设置2个工作基地,均位于陆地码头防波堤上,使用强制对中基座;深水区设置5个工作基点,均位于桥墩承台上,使用临时基准点进行后方交会定向。

（1）测点布置原则

原则上每一跨桥墩的钢板桩/钢管桩围堰的4个角点和长边中间位置各布置一个监测点,共计6个测点;匝道墩围堰四周各安装一个即4个监测点,共计262个测点,监测点布置如图4-4。

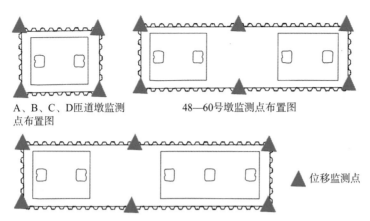

A、B、C、D 匝道墩监测点布置图　　48—60 号墩监测点布置图

▲ 位移监测点

图 4-4　沿江高速钢板桩/钢管桩位移监测点布置示意图

（2）监测点安装方法

监测点选择使用徕卡 L 型小棱镜，采用粘贴或者焊接的方式安装于钢板桩/钢管桩顶部朝向于工作基点方向。安装前注意先将钢板/钢管桩表面锈迹清除干净，避免安装不牢。

（3）监测方法

钢板桩/钢管桩顶部位移/沉降监测选用的仪器为徕卡 TS30，采用后方交会的方式进行监测。首先在测站架设全站仪，利用自由设站模式对 3 个基准点进行多次观测，4 个测回解算出测站的坐标，通过多次观测解算测站坐标求得工作基点的坐标平均值，将求得的坐标平均值赋予测站后，4 个测回进行监测点观测，获取观测点三维坐标，根据三维坐标的差值计算测点分别在 X、Y、Z 三个方向上的位移量，即水平位移量和沉降量。

4.5.4　钢板桩围堰中的堰体监测控制网

主线堰筑段隧道工程位于深圳宝安机场南侧，紧邻福永码头，位于东人工岛西侧，并与沉管段对接，南侧紧邻福永码头（最近距离围堰约 50 米），包含主线隧道及堰筑段范围内 F 匝道、G 匝道，东人工岛围堰里程总长 560.5 米。堰筑段钢板桩施工完成后，受台风及地基不稳定等因素的影响，部分区域钢板桩容易变形。依据钢板桩变形情况，主要分为内侧钢板桩内偏外侧钢板桩外偏、内外侧钢板桩均向围堰堰体内偏、内外侧钢板桩均向堰内偏移、内外侧钢板桩均向临海侧偏移、单侧钢板桩偏移等情况。

为了及时对变形进行纠偏，施工方在钢板桩上布置变形监测点，建立堰体监测控制网。具体措施如下：

1. 桩体顶部位移监测

临时桩体顶部位移/沉降测点选择在钢管桩/钢板桩顶部粘贴工型小棱镜的方式进行布设，测点间距为 20 米，其中拐角部位测点加密至 15 米，原则上同一断面内外排钢板桩/钢管桩各布设一个监测点。

2. 拉杆内力监测

钢拉杆内力监测每隔 20 米设置一个监测断面，每断面布置一个监测点。采用锚索计或者钢筋应变计进行内力监测。锚索计随钢拉杆施工安装，安装于内侧围堰的钢拉杆端部。在内支撑施工过程中，钢筋表面应变计被逐个安装并焊接在侧围堰的钢拉杆端部。

3. 堰体水平位移监测

堰体中每隔 10 米布置一个测斜孔，作为纠偏期间钢板桩水平位移观测点。原则上孔深超过对应位置钢板桩深度 1～2 米，测斜管顶部超过内排钢板桩 0.2 米。监测布置方式为钻孔埋设，在堰体内部用地质钻机钻孔，成孔后放入测斜管并及时进行孔内回填砂，保证测斜管与堰体密贴，堰体水平位移监测点布置如图 4-5。

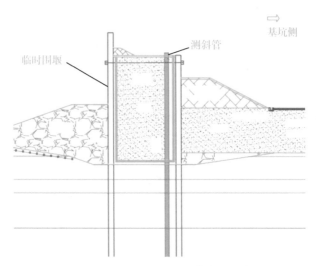

图 4-5 堰体水平位移监测点布置示意图

4. 钢板桩倾斜监测

监测对应位置，沿钢板桩桩身每隔 1 米间距布置变形监测点，变形监测范围自钢板桩顶至泥面，变形监测点布置于围檩一侧凹面钢板桩（围堰钢板桩内轴线外侧）上。

5. 抛石层标高监测

抛石层标高采用单波束测深仪进行观测，观测范围为钢板桩修复区域外扩 20 米。扫测采用测控中心下发的最新控制网成果参数。监测频率为每天一次，当现场有抛填砂施工时对抛填部位加密监测。当抛石层沉降较大时，及时联系监理和设计人员，以确定是否补抛。

4.5.5　岛上隧道下穿沿江高速中的钢支撑伺服体系系统

深中通道东人工岛岛上隧道 3 次下穿正在运营的沿江高速一期工程，为确保岛上隧道在基坑开挖过程中施工的安全，特引入钢支撑伺服体系系统。系统融合了数控液压技术、自动化监测技术和物联网技术，实时监控支撑轴力和基坑变形，能够根据基坑变形数据，调控支撑轴力，全方位控制基坑变形和保护沿江高速一期的安全，具体如下：

如图 4-6，支撑轴力伺服系统是一套完整的基坑支护安全解决方案，其特点在于融合了数控液压技术、自动化监测技术和物联网技术，实时监控支撑轴力和基坑变形，能够根据基坑变形数据，调控支撑轴力，全方位控制基坑和保护对象的安全和变形。系统分为现场自动化设备与同感云平台两部分。在施工现场，智能支撑头总成可施加轴力，配合无线伺服泵站，可以对每个支撑头进行精准调整。现场布设的激光受敛计可以实时监测围护结构相对收敛，并回传至位于现场控制室的主控电脑。主控电脑根据轴力、温度及变形数据实时分析处理，实现现场设备 24 小时智能伺服控制。伺服系统可设置轴力下限和轴力报警值。当实测轴力低于设定轴力下限，系统自动补偿轴力。当实测轴力高于轴力报警值，系统自动发出报警，由技术人员对报警原因进行分析并进行必要的处置。

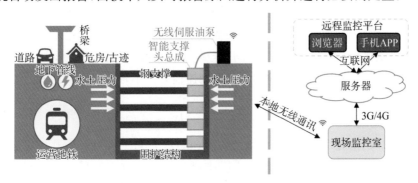

图 4-6　岛上隧道下穿沿江高速中钢支撑伺服体系系统

1. 作用原理

如图 4-7,伺服支撑与普通支撑的本质区别在于:普通支撑是被动受力的,即围护结构变形后,支撑轴力被动增大,抑制围护结构继续变形;伺服支撑是主动出力,与坑外静止土压力达到平衡,达到控制基坑变形的效果。

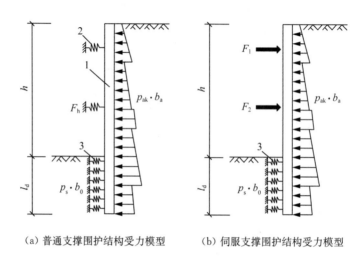

(a) 普通支撑围护结构受力模型　　(b) 伺服支撑围护结构受力模型

图 4-7　作用原理示意图

2. 施工情况

下穿既有桥梁区域钢支撑均采用伺服系统,共计安装 48 根。主要施工流程为:设备调试→绑扎油管位移线→支撑头总成拼装→钢支撑吊装→油管数据线连接→预加轴力→轴力调控→设备及支撑拆除。

钢支撑预加轴力自上而下分别为 1 268 kN、1 585 kN、661 kN,轴力施加到初始控制轴力的 100% 后持荷 5 分钟,人工锁住机械锁,机械锁与支撑头总成保留约 5 毫米的间隙,完成后对机械锁添加护套,避免机械锁被现场泥浆等杂物污染。施工过程中采用基坑变形和轴力大小双控标准,根据各开挖工况设定一个初始的控制目标,若基坑水平变形满足控制目标,则以轴力值作为伺服系统的控制目标值,反之,通过变形值的大小动态调控轴力大小,进而满足相关变形要求。伺服系统详见图 4-8。

3. 实施效果

根据开挖情况,将变形最大两点 ZQT-65 及 ZQT-62 号测斜孔位每层支撑安装时刻的测斜曲线进行了汇总,由图中可以看出基坑变形最大点均在开挖面以下,且随着各道支撑架设,第二道支撑位置明显出现负位移(向基坑外变形)。这是由于支撑轴力达到平衡点后,下部伺服支撑轴力的施加打破原有平衡,使得

a. 伺服系统拼装

b. 伺服支撑全景

c. 激光收敛计安装

d. 现场设备

e. 轴力监控

图4-8　伺服系统现场施工图

上部支撑标高位置所需平衡轴力减小,造成基坑上部向坑外移动。故当下部支撑轴力施加后可适当减小最上部支撑轴力,以平衡围护结构所需轴力。测斜孔水平位移曲线如图4-9。

4. 桥梁位移补偿及动态纠偏技术

在围护结构、桩间止水旋喷桩施工过程中,大量可达到几十兆帕的高压流体

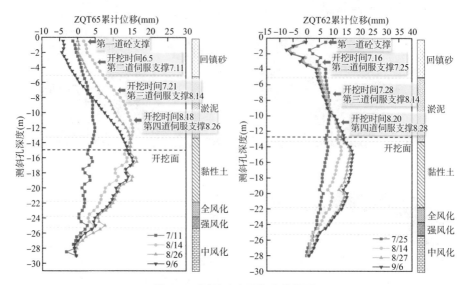

图 4-9　测斜孔水平位移曲线图

被注入土层中,使桩周土体产生明显的水平移动,这些产生移动的土体又进一步对邻近建筑物造成扰动以及显著的附加应力,甚至可能使结构物发生严重损坏。依托工程在大范围极敏感桥梁结构周边大规模进行旋喷桩加固施工,区域内存在深厚淤泥地层,具有天然含水量高、承载力低、易触变、易流变、压缩性高等特点,对既有桥梁的变形控制极为不利,因此旋喷桩施工需要对其进行密切监测并做好变形控制。综合利用填土+基坑开挖过程的叠加效应有利于降低既有桥墩的累计变形值,而在围护结构等施工阶段既有桥梁仍然表现出向基坑外侧变形,因此施工期间仍然可以利用叠加效应实现桥梁水平位移补偿,如图 4-10。

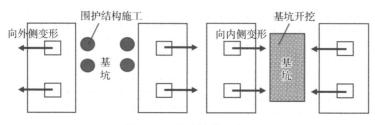

图 4-10　位移补偿示意图

如图 4-11,施工期间若既有桥梁发生较大的水平位移,可采取主动位移侧旋喷跟踪注浆,结合实时监测数据调控注浆量和注浆压力等施工参数,实现施工过程中的动态纠偏。

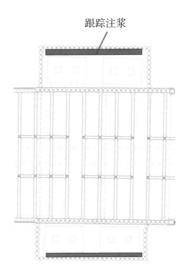

图 4-11　跟踪注浆示意图

4.5.6　东人工岛深基坑建设中的全局监测与信息集成

东人工岛堰筑段深基坑最宽 72 米,最深 20 米,防渗止水要求高,施工风险大。东岛隧道基坑位于水中回填砂填筑区,淤泥厚,地下水位与海水持平且与海水贯通,超宽深基坑开挖支护及风化花岗岩地层的止水与防渗面临较大挑战。随着深基坑工程建设难度增加,基坑的监测系统实现自动化监测已经成为势不可挡的趋势。只有深基坑的监测系统实现自动化监测才能够减少施工监测方面的工作量,降低难度,提高监测数据的准确性和可信度,保证信息化施工的及时性。

自动化监测系统是基于云物联技术的远程自动化实时在线监测系统,具有数据采集、数据储存、数据分析、实时响应、实时报警等强大功能。具体特点如下所述:

(1) 能够实现远程自动化监控,无需人员多次进入施工现场;

(2) 系统实现无线传输,无需长距离布设线缆、光缆;

(3) 实现测试数据信息化管理,相关人员可以通过不同权限登入以太网或者利用手机取得现场结构安全数据及安全评估信息;

（4）通过传感器得到丰富的荷载效应等数据，通过系统分析，并与计算结果进行对比，可以得出结构的实际状态变化发展趋势，了解双结构的安全状况；

（5）当结构出现异常信息时，系统自动进行预报警，通过短信方式将信息及时转达给相关管理人员，并提示后台及时对结构当前状态进行安全评估。

1. 无线组网与数据采集

监测传感器与无线节点连接，无线节点数据通过短距离传输到监控室内的网关，网关再将数据统一发送至知物云端，数据采集系统网络结构图如图 4-12。

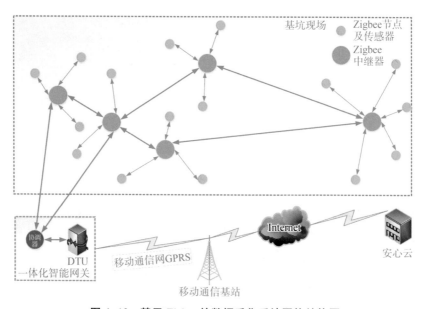

图 4-12 基于 Zigbee 的数据采集系统网络结构图

Zigbee 技术的低功耗、自组网、无线等优点，使相关人员可以在不方便供电、布线、通信检查等复杂而又危险的施工现场进行工作。

我们目前利用 Zigbee 技术能够解决的采集方案是对振弦类、测斜仪传感器以及其他功耗低于一定电流（一般规定为 100 mA）的第三方 RS485 设备进行集成。

2. 数据传输

本工程自动化监测传输系统采用分布式系统，指底层的无线节点通过自组建的无线网络将采集的数据传送至无线网关，知物云即可从网关直接读取采集数据的一种智能全无线系统。

知物云：数据显示、数据存储中心，客户端接口；

网关设备：承接知物云与底层网络的中间设备，实现通信交互、数据存储、协议转换等；

终端节点：均为底层无线网络成员，负责采集传感器数据，兼备路由中继功能。

现场实际情况复杂多变，系统的安装部署是可以灵活变通的，但是一些基本原则需要在实际部署中格外注意且严格遵守。系统部署的主要关注点为传输距离、通信质量、低功耗。

理想情况是保证相对长的传输距离，同时通信质量高，节点工作寿命长。传输距离和通信质量与天线安装、障碍物规避以及中继节点选择等诸多因素直接相关，低功耗则主要由节点太阳能板的位置决定。

3. 无线节点

（1）用记号笔通过方形套管底部法兰通孔在地表描出 4 个安装孔位置，然后移开方形套管。

（2）在电锤钻头上用记号笔或胶带标记出钻孔深度，钻孔深度应为膨胀螺丝底部至顶部螺母下边沿长度。电锤选用直径 Φ 16 毫米钻头，并在第（1）步标记的固定点处钻取安装孔。

（3）用气吹把安装孔内杂质及灰尘吹出，然后利用铁锤把 M12 膨胀螺栓轻敲塞入安装孔内，接着把螺帽拧紧 2~3 圈后感觉膨胀螺栓比较紧而不松动后拧下螺帽，再把方形套管底部法兰圆孔对准膨胀螺丝嵌入（同时注意方形套管带记号面朝正南方向），然后逐个安装膨胀螺丝垫片、弹簧片并拧紧。

（4）各传感器线缆对接完毕后，把传感器线缆从方形管顶部出线孔引出，然后把两个分布式节点设备用 M5 螺丝紧固于安装板上，且两个分布式节点设备上太阳能电池板位于同一侧，接着把安装板通过 M8 螺丝固定于方形套管顶部，注意分布式节点设备上太阳能电池板与方形管记号面同侧面朝正南方向，在数据采集箱内安装。

4. 各监测项目控制指标及监测频率

按照设计文件及相关规范要求，本工程各监测项目的监测频率及控制标准等见表 4-1。

表 4-1　各监测项目控制标准值及监测频率

序号	监测项目	控制值		监测频率
		速率	累计值	
1	地下水位监测	0.5 m/d	1 m	围护结构施工期间,1 次/天。当开挖深度 $h \leqslant 5$ 米时,1 次/天;$5 < h \leqslant 10$ 时,1 次/天;$10 < h \leqslant 12$ 时,1 次/天;$h > 12$ 模筑垫层,2 次/天;基坑回筑～中板回筑完成,1 次/天;中板完成～主体回筑完成,1 次/3 天;当监测数据异常时或者基坑进行体系转换过程时,加密频率
2	支撑轴力	—	见附件	
3	土压力	—	—	
4	墙体深层水平位移	3 mm/d	36 mm	

5. 预警管理

施工安全预警采用黄色、橙色和红色三级预警进行管理和控制。监测预警等级见表 4-2。

表 4-2　监测预警管理等级表

序号	预警等级	预警标准	预警形式	报送对象
1	黄色	"双控"指标(变化量、变化速率)均达到监控量测控制值(极限值)的 70%,或双控指标之一达到监控量测控制值的 80%时	当天通过电话、微信平台或书面形式通知其他各方单位	建设单位:主任、总工、副总工、总工办、岛隧工程部、安全环保部负责人;监理单位:总监、副总监、专监;第三方施工监测单位:项目负责人、技术负责人、现场负责人;设计单位:技术负责人、设计代表
2	橙色	"双控"指标均达到监控量测控制值的 80%,或双控指标之一超过监控量测控制值时;或双控指标达到极限值而整体工程尚未出现不稳定迹象时	上报微信平台或通知其他各方单位,情况紧急或出现突发事件时在第一时间通过微信平台或电话通知各方,后以书面形式补发报告信息	
3	红色	"双控"指标均超过监控量测控制值,或实测变化率出现急剧增长,工程存在不稳定迹象时		

6. 异常情况及应急措施

异常情况下的监测措施：①若发现监测数据异常，项目部全体监测人员应立即开始24小时跟踪监测；②监测结果现场口头向相关部门作出汇报，并会同相关部门一起对事故进行分析和处理；③加强监测和巡视，根据异常情况和异常段落增加监测点数量，提高监测频率；④增加监测人员、监测设备，对该工点及周边环境进行全面排查；⑤配备足够的夜间照明设备，保证昼夜连续观测；⑥加强对建筑物的变形、裂缝、沉降的监测，通过监控量测及时掌握建筑物的变形情况，及时调整施工工艺，确保建筑物保护管理在可控状态；盾构穿越后仍需监测，直到沉降变形基本稳定为止。

仪器出现故障时：为能确保数据的及时、真实可靠性，监测工作的连续性，本工程配备两台天宝进口水准仪，一台日常测量，一台备用。

恶劣气候条件下的监测措施：①配备雨衣、雨鞋以及其他防雨、防风工具，确保恶劣气候条件下各类监测仪器设备能够正常观测；②遇灾害性天气，所有监测人员常驻施工现场，增加监测频次，增加监测人员，日夜巡视，对异常段进行实时、不间断跟踪监测；③恶劣天气过后对所有监测点进行一次全面的监测，并对监测结果做出分析；④尽可能采用直观、可靠的监测方法和手段，确保恶劣气候条件下仍能够及时、快速地监测基坑的变化情况。

监测点保护、损坏补救方案：①现场储备相应数量的各类监测标志和材料，并保持完好；②所有各类监测点设立醒目的警示标志，严禁人员和机械无故破坏；③施工地段监测点周围进行围护，并派专人进行巡视；④监测基准网及工作基点周围并进行围护，保证稳定可靠；⑤监测点碰动应立即进行加固，并尽快重新进行观测；⑥对于被破坏的监测点，有条件时按原监测点布置要求进行补设，并及时测定初始值，并做好原变形值的移植工作，上报监理及第三方监测单位。

7. 监测自身风险源分析与应急措施

（1）风险源分析

①监测作业安全风险：进入工地未穿戴劳动防护用品、仪器损坏等。②恶劣天气潜在风险：监测过程中如遇恶劣气候条件，仪器无法进行正常作业，此时将影响监测数据采集的连续性，给工程安全评判带来潜在安全风险。③监测成果达到报警值后的潜在风险：监测数据达到报警值后，应及时上报，分析原因，采取相应措施，若监测数据上报滞后，或者从原因分析到采取措施时间间隔过长，将对有效控制变形及安全状态带来潜在风险。④仪器及测点突然损坏潜在风险：在施工阶段，若仪器及部分测点受施工影响被损坏，将影响到监测数据采集的连续性，给工程安全评判带来潜在的安全风险。

（2）应急措施

1）作业安全应对的措施：所有监测人员在上岗之前都要接受岗位安全培训。对于新调来的工作人员，首先要进行安全生产培训，进入施工现场必须戴安全帽，正确使用个人劳保防护用品。在道路进行监测的人员必须穿黄色安全背心，注意来往车辆。

2）恶劣天气应对措施：①在靠近重要建筑物等地段的地方做好备忘录，对现状如实记录，一旦有异常预兆，马上分析原因并通知相关单位，以采取相应措施。②监测过程中如遇恶劣气候条件，如水准仪全站仪无法进行工作时，应及时加强施工影响范围内的巡视，同时依靠现场监测经验，结合现场工况分析不利于施工安全的因素，通过其他受气候条件影响较小的监测项目成果判断安全性。

3）监测成果达到报警值后的应对措施：①对达到报警值的监测数据，第一时间上报业主、监理、施工及设计单位，监测单位组织技术人员进场加强观测。根据险情编制临时监测小组、数据处理小组、数据分析小组，并加大监测频率，密切关注报警测点监测数据动态。②经过相关数据分析、结构计算、地质调查和环境观测对报警数据做出解释。③对重点部位和区域加密测点，并增加监测频率。④增加相关数据采集人员和数据分析人员。⑤配备足够的夜间照明设备，保证昼夜连续观测。

4）仪器及测点突然损坏的应对措施：①对日常使用的监测仪器应定期或不定期进行校核，确保采集的数据真实、可靠，同时应配备足够的备用监测仪器，当现场仪器出现故障或损坏时能及时调换，保证监测工作的正常进行。②现场储备相应数量的各类监测标志和材料，并保持完好。③施工地段监测点安排专人进行巡视。④监测基准点周边进行围护，保证稳定可靠。⑤监测点损坏的应立即在原来的位置重新埋设，并尽快进行观测，保证数据的连续性和可靠性。

8. 信息反馈技术

施工监测工作流程见图4-13。

监测人员按时向监理、设计单位和业主提交监控量测周报和月报，同时对施工情况进行评价并提出施工建议，及时反馈指导信息，调整施工参数，保证安全施工。

监控量测资料均由计算机进行处理与管理，当取得各种监测资料后，能及时进行处理，绘制各种类型的表格及曲线图，对监测结果进行回归分析，预测最终位移值，预测观测对象的安全性，确定工程技术措施。因此，对每一测点的监测结果要根据管理基准和位移变化速率等综合判断结构自身和高架桥墩的安全状况，并编写日、周、月汇总报表，及时反馈指导施工，调整施工参数，达到安全、快

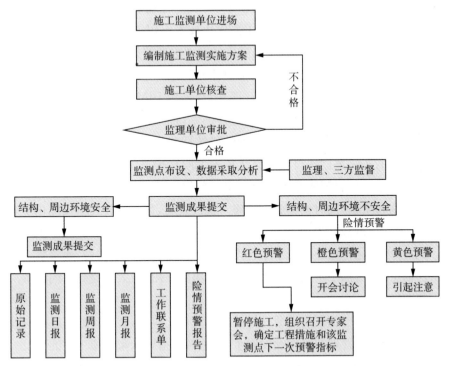

图 4-13　施工监测工作流程图

速、高效施工之目的。

取得各种监测资料后,需及时进行处理,排除仪器、读数等操作过程中的失误,剔除和识别各种粗大、偶然和系统误差,避免漏测和错测,保证监测数据的可靠性和完整性,采用计算机进行监控量测资料的整理和初步定性分析工作。

数据处理方法为:

①数据整理:对原始数据,通过一定的方法,如按大小的排序用频率分布的形式把一组数据分布情况显示出来,进行数据的数字特征值计算,离群数据的取舍。

②插值法:在实测数据的基础上,采用函数近似的方法,求得符合测量规律而又未实测到的数据。

③采用统计分析方法对监测结果进行回归分析。

4.6　本章小结

深中通道工程规模庞大、技术要求高、参与主体多、建设环境复杂,因此深中通道工程现场管理涉及多方面实施细节,传统工程现场管理手段难以满足深中通道工程实际建设需求。因此,采用数智化技术不仅能满足提升管理效率和精确度的需求,也是确保工程安全、提高质量管理水平的关键。

深中通道工程现场管理依据顶层设计和基本赋能原则,通过引入先进的数智化管理系统,建立综合的数智化管理平台,采用 BIM 技术、物联网、大数据分析等现代信息技术,深度融合局部到整体的系统思想,实现了数智化"点—线—面—体"驱动路径,极大地提高了决策的科学性和实时性。同时,本章还通过东人工岛建设的实际案例探讨了数智化技术手段在提升工程安全、质量和效率方面的应用。通过部署智能监控系统和实时数据分析平台,工程团队能够实时监控工程进度和质量,及时调整施工策略。实践表明,数智化管理不仅优化了资源配置,还增强了现场应对复杂问题的能力,有效缩短了工程周期,减少了成本开支。此外,数智化管理还助力于工程设计与施工过程的紧密结合,通过数据共享和工程信息化,增强了不同工程团队之间的协同作用,极大地提高了问题解决的效率和准确性。

综上,深中通道工程现场通过持续推进数智化应用,展现了如何通过科技赋能,提升工程项目管理与可持续发展水平,这对于指导未来类似工程的建设具有重要的参考价值和实践意义。

参考文献

［1］盛昭瀚.重大工程管理基础理论［M］.南京大学出版社,2020:403.

［2］盛昭瀚,苏全科,高星林,等.复杂工程系统管理理论与港珠澳大桥工程管理实践［M］.科学出版社,2023.

［3］陈伟乐,宋神友,金文良,等.深中通道钢壳混凝土沉管隧道智能建造体系策划与实践［J］.隧道建设(中英文),2020,40(04):465-474.

［4］刘健,罗林杰,卜庆晗,等.一座世界级跨海集群工程的 BIM 探索与实践［J］.中国公路,2021,(14):47-49.

［5］本刊编辑部.核心装备悉数亮相"金刚钻"揽下"瓷器活"［J］.建设机械技术与管理,2020,33(03):38-39.

［6］邓小华,陈伟乐,宋神友,等.深中通道钢壳混凝土沉管隧道建设关键技术［J］.现代隧道技术,2024,61(02):203-213.

［7］邓会元,戴国亮,龚维明,等.海域人工岛填筑及地下互通隧道施工对邻近桥梁桩基影响研究［J］.水利水电技术,2019,50(02):35-45.

［8］程书萍.重大基础设施工程管理中的适应性选择原理与策略［J］.运筹与管理,2017,26

(02):153-157.

［9］刘坤,郑诺,侯禹辰,等.钢支撑伺服系统在海域人工岛中明挖基坑施工中的应用[J].铁道建筑,2023,63(12):143-147.

［10］李涛,任建喜,毛巨省.城市地铁车站深基坑施工监测方案设计研究[J].地下空间与工程学报,2007(S2):1400-1403.

［11］闫达.桥梁跨越既有输水管影响分析[J].天津建设科技,2022,32(04):25-27.

［12］李云超,侯禹辰,刘坤,等.海上旋喷桩施工移动作业平台研究应用[J].中国港湾建设,2023,43(07):84-88,99.

［13］王红卫,谢勇,曾伟,等.重大工程现场资源供应的协调与优化[M].科学出版社,2018.

［14］金文良,李宏钧,彭英俊,等. 深中通道岛隧工程绿色建造技术探索 [J]. 公路,2023,68 (10)：256-263.

第5章

深中通道智能制造体系

　　深中通道现场是数智赋能的空间概念,而无论从工程建设的纵向有序性,还是从工程管理的横向协同性,都需要将数智赋能从空间化落地到场景化,即对深中通道工程人造物系统中的物(物质型工程实体制造)、事(工程管理诸要素的协同管控)与人(工程多元性主体的价值观与行为协调)进行基于数智技术的综合集成驱动。在这一阶段,主要驱动的着力点就包括上述智能制造(物)、协同管理(事)与智慧工地(人)三类场景,分别在第5、6、7章进行介绍。本章将对深中通道智能制造体系的构建与实践进行阐述。

5.1　深中通道智能制造体系构建

新时代新征程,深中通道作为粤港澳大湾区发展核心战略通道,认真贯彻落实《粤港澳大湾区规划纲要》及《交通强国建设纲要》,抓住粤港澳大湾区建设重大机遇,结合国家战略需求和深中通道工程建设难点、技术挑战,积极推行智能建造,打造"平安百年品质工程",为交通强国建设发挥好"排头兵、领头羊"的示范引领作用。

5.1.1　深中通道智能制造背景

1. 国家战略要求

2015 年,国家印发《中国制造 2025》,提出以提质增效为中心,以加快新一代信息技术与制造业深度融合为主线,以推进智能制造为主攻方向,促进产业转型升级。同时,新一轮科技革命和产业变革蓄势待发,互联网、云计算、大数据、智能制造等新技术方兴未艾。

2. 行业需求

我国跨海通道建设技术近年来取得了显著进步,建成了以"大型化、标准化、工厂化、装配化"为主要特征的港珠澳大桥跨海集群工程。然而,当前仍然面临交通行业与工业化、信息技术如何深度融合,以及集群工程智能建造技术与装备制造等问题的挑战。因此,迫切需要依托国家重大跨海通道工程,在"工业化、智能化"等现代工程技术领域实现精准突破,从而提升我国跨海集群工程的智能建造水平。

3. 项目需求

深中通道作为"十三五"期间国家重大工程,需要践行国家战略要求,促进交通行业高质量发展。

(1)深中通道沉管隧道是世界最长、最宽的钢壳混凝土沉管隧道,传统钢结构制造技术难以适应项目钢壳沉管规模大、构造复杂、厚板焊接难度大、制造精度要求高、工效要求高等特点,迫切要求产业升级。

(2)全线钢箱梁主梁长度超过 10 千米,桥面面积超过 40 万平方米,桥梁钢板用量约 27 万吨。为保障项目服务质量及结构安全,迫切需要对钢结构制造设备和工艺进行创新,逐步根除钢桥面板特殊构造带来的焊接接头初始缺陷,破解正交异性钢桥面板疲劳耐久性这一世界性难题。

(3)单个钢壳管节自密实混凝土体积达 2.9 万立方米,对自密实混凝土工作性能、体积稳定性、浇筑工艺及速度控制要求极高,脱空控制严格(≤5 毫米),环境温度敏感性高,对传统混凝土的浇筑工艺和浇筑装备提出了升级要求。

(4)受建设条件制约,传统的管节浮运安装方法难以应对本项目的多项技术挑战,如沉管施工面临的长距离超大体量沉管管节浮运、大横流条件下沿基槽长距离横拖、复杂水文泥沙条件下管节深水沉放对接精度控制等系列技术难题,对管节浮运安装装备及工艺提出了更高的要求。

综上,为应对项目建设面临的挑战,贯彻国家"科技强国、质量强国、交通强国"战略,实现深中通道高质量建设,迫切需要结合当前信息技术、互联网技术的发展进行跨海交通集群工程建设技术的产业升级。

5.1.2　深中通道智能制造体系

深中通道以项目需求为导向,以"两化融合"(工业化、信息化)为基础,以《中国制造 2025》为契机,以提质增效为中心,大力推行智能建造。项目智能建造体系规划(见图 5-1)具体包括钢壳智能制造、钢壳混凝土智能浇筑、智慧安装、钢箱梁智能制造、智慧梁场以及智慧工地等方面。

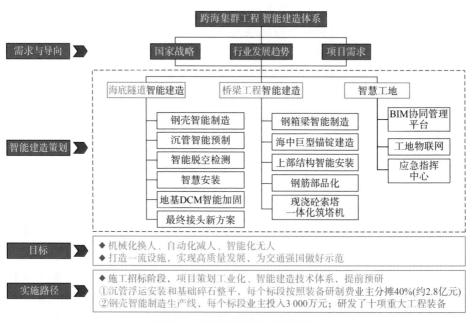

图 5-1　深中通道智能制造体系

5.1.3　深中通道智能制造体系构建要点

深中通道智能制造体系构建要点体现如下：

1. 点—线—面—体一体化

深中通道智能制造体系构建本质上是从0到1打造的完整过程,体现的是从零部件生产到小构件、中构件、大构件制造,再到整体拼装的过程,体现的是点—线—面—体在目标集成、主体集成、资源集成、装备集成、技术集成和人员集成方面的一体化集成。例如,深中通道沉管隧道智能建造体现钢壳智能制造、钢壳混凝土智能浇筑、混凝土密实度智能检测、运安一体船智慧安装、水下深层水泥搅拌桩(DCM)复合地基智能加固等点—线—面—体一体化流程。

2. 产业链供应链管理

深中通道工程在智能制造过程中,首先需要实现重大新型装备的自主可控,这不能仅仅在供应链管理阶段完成,应基于产业链供应链提升装备。例如,深中通道工程构建了供需适配、优质高效的重大技术装备体系,包括传统优势装备、新型高端装备与战略前沿装备。其次,制造模式上也要对重大装备提出要求,主要是两化融合,促进重大装备的发展。例如,深中通道设立了钢筋加工集中配送中心、钢筋自动化加工设备、集成混凝土ERP系统、搅拌站生产系统、物料管理系统、混凝土生产集中控制系统,实现钢筋混凝土塔柱垂直工厂化建造,实现布料、振捣、蒸气养护功能一体化。因此,深中通道智能制造构建体现了产业链供应链的融合管理。

3. 破解"卡脖子"技术

深中通道在智能建造体系构建中,依托国家及省重点研发计划,研发大量成套技术,各高校、科研院所、设计及施工等单位合作创新进行了大量研究,填补国内空白,突破行业制约,解决"卡脖子"技术难题,形成了多项国际首创。例如,对于深中通道沉管隧道最终接头面结构规模超大、航道条件差、波浪流复杂以及水深大等建设难题,现有最终接头施工技术难以解决,建设团队创新性提出了利用"水力平衡＋千斤顶管内推出"的整体预制水下最终接头技术,实现了最终接头毫米级对接。

5.2 深中通道智能制造具体实践

5.2.1 沉管隧道智能建造具体实践

1. 钢壳智能制造

（1）数字化生产设计与交付系统

深中通道钢壳沉管隧道图纸主要包括沉管隧道基槽开挖及回填防护、基础及地基加固、管节主体结构、管节接头及防水、管节临时辅助安装设施、管节预留预埋设施等。

钢壳 3D-BIM 数字化正向设计是智能制造的基础，单个管节结构、舾装件、交通工程的预留预埋件超过 40 000 个，同一模型实现结构、舾装件、机电等多专业设计协同，实现多专业综合平衡，自动形成工艺图及下料图。在进行 SPD 或 AM 数字化三维建模前，必须开展联合设计图纸的前期校核工作，包括图面信息准确性核查、结构节点一致性检查以及重点难点要点问题梳理等。单个管节重量达一万吨，零件数量 10 万个左右，三维设计工作量相当大。因此，前期联合设计图纸梳理对三维数字化建模非常关键，能够避免在后续设计阶段发现大量问题，影响三维设计效率以及质量。

另外，数字化三维模型最终是多个专业共享使用的可视化模型，它能够全面呈现钢壳所有信息，包括但不仅限于主体结构、开孔、牺牲阳极、舾装件及其预埋件、机电预埋件、中管廊附属结构、防火板、装饰板、止水带等等。各专业设计人员通过使用共享三维模型，能够及时查出各专业之间的"差、错、漏、碰"等情况，最大限度减少干涉，提前将问题全面暴露出来，做到了数字化三维设计的高效率、高质量。

生产设计图纸是现场生产部门施工的主要依据，生产设计的质量直接决定着现场的施工周期和建造成本。生产设计分为生产设计前策划、块体建模、模型评审、施工图纸绘制、下料数据制作等，整个生产设计流程多，工序复杂，每一个环节都涉及大量的数据以及图纸，因此，将数字化三维模型数据准确无误地转换成现场施工所需的图纸以及指令是生产设计的主要任务。三维数字化生产设计流程如下：首先，设计人员根据设计要求将图纸信息全部输入至 AM 或 SPD 系统，接着进行三维建模并检查设计图纸的准确性，然后输出生产制造的相关施工图纸及加工指令等，利用 PDM 的二次开发插件将 AM 系统的模型数据、工艺信息等数据提取到 PDM 系统，再使用 PDM 的数据处理模块根据预定规则生成相关的资材采购数据、生产施工物量、模型 DGN 及焊接数据等。在 AM 或 SPD 系统基于三维模型打印草图和正式图，包括钢壳结构图、套料图、舾装制作图、安装图等图纸；发布图纸到图档数据库，在打印图纸时，系统自动将图纸转为 pdf 格式，并保存图纸数据到图档集成数据库中，输出到晒图室实现图纸集中打印。

同时，生产管理的目的是实现对企业各种资源（包括人、财、物等）的精细化管理。引入 BIM 技术后，其被结构化数据库所体现的产品、工程物料属性和附加其上的进度和成本信息（BIM5D 技术）的量化描述特性，作为信息源头，对后续物料采购、物料库存、物料消耗、加工工艺、产品质量和产品进度乃至成本核算等资源的管理都起到了举足轻重的作用。

PDM 系统对工程属性（如工程编号、工程名称、设计者等）、图档属性（如设计批次、图纸编号）、构件属性（如编号、名称、外形尺寸、数量、重量等）、零件属性（编号、名称、截面、尺寸、材质、数量、重量等）和变更信息进行结构化存储，并对模型、图纸和文档与结构化数据进行关联性存储，形成深化设计、工艺技术、采购部门、生产单位、销售和财务等管理部门间可共享、可协同的统一平台。

在传统钢结构制作管理中，往往用纸面、传真、邮件等方式完成企业内部，或设计单位与制作单位之间的图纸和信息传递，效率受到很大影响，有时更会在传递时产生信息失真甚至丢失；同样，企业内部为更好地完成生产组织，必须依靠手工分拣、手工摘料和人工输入等手段来完成图、料信息源的收集，继而完成材料采购清单、构件清单、零件清单、下料加工清单、工艺路线卡、手工排版等信息的收集和计算，现在看来，这一切显得冗长烦琐，且易导致数据不精确。20 世纪 90 年代中后期，随着 AM、SPD 等三维钢结构深化设计 BIM 技术的引入，信息源的收集变得简单和精确，只需对模型输出信息稍加整理，导入 PDM 系统中即可。

基于 AM 或 SPD 系统设计的钢结构工程，通过 PDM 系统来进行数据的管理和输出。通过二次开发，在 AM 或 SPD 系统内建立 PDM 应用，一是辅助建模，二是实时抽取各种建模数据到 PDM 数据库。模型数据在 PDM 系统内经过配置和工艺处理，生成后续各业务环节所需的数据格式。PDM 定制了数据发布的功能，提供采购清单给物资，提供施工托盘给集配和生产，提供物量和工时给生产派工，提供加工数据给制造，提供机器指令给设备。从总体上看，PDM 系统是产品数据收集、加工和分发的环节，是设计系统（AM 或 SPD 系统）与后面物资系统、设计管理系统、生产管理系统、制造执行系统之间的纽带，为钢结构"设计—制造"一体化管理创造了基础。

深中通道沉管钢壳制造项目的设计运用 AM 或 SPD 系统设计软件进行三维数字化设计。与传统的二维设计不一样,三维数字化设计将现实虚拟化,形成了图形与工程数据的统一,理论与现实的统一,真正将产品制造建立在"纸"。同时设计的修改也是在三维模型上进行,所有的设计数据都是从修改过的模型中抽取,保证设计产品与成品的一致性,并可以随意实现二维出图和抽取侧图,使得出图质量和速度大大提高;三维设计软件自带的三维浏览功能可以直观展示设计过程产品的实际情况,通过碰撞检查等手段可以提前发现专业内外的配合问题,使得施工阶段的差错大大减少。

(2)智能制造执行系统

深中通道沉管钢壳制造,按照 BIM 及信息化实施方案,层层分解落实目标计划,全面开展钢壳智能制造及 BIM 信息化的相关工作,包括自建信息化平台(面向 BIM 技术的车间制造执行系统、焊缝三维地图、BIM 模型及 WBS 编码等)、基础设施建设(车间网络、工地视频监控等)和深中 BIM 协同管理平台应用等。通过 BIM、信息化建设实施方案及深中通道管理中心检查落实实施、过程改进和功能验证,系统整体运行稳定,满足本项目智能制造验收办法对信息化的相关要求。目前全面应用到钢壳生产制造过程,有效提升了钢壳智能制造水平,为提高钢壳生产质量打下了坚实的基础。

面向 BIM 技术的车间制造执行系统以数字化车间管理系统为核心,应用范围涵盖了钢壳制作车间、块体场地、智能涂装生产线等关键生产业务,通过在钢壳制造区域部署网络光纤和无线网络,实现了加工数据通过网络下发和下料加工智能生产线、片体(小组立)智能焊接线、块体(中组立)智能生产线、智能涂装生产线运行状态监控等功能,并将采集的数据接入 MES 系统平台。最终通过开发 MES 系统数据接口,对内实现与设计系统、产品数据管理系统等信息系统的无缝集成,对外能及时将钢壳制造生产信息推送至深中通道 BIM 协同平台,实现了钢壳制造全过程的智能管控。

信息化基础设施方面,在钢壳生产场地(板材下料、片体制作、块体制作、涂装车间和总组场地)等区域新增专用网络光纤,部署有线和无线网络设备,确保钢壳生产区域网络全覆盖,为后续各项信息化应用提供了坚实的基础。根据工地安全要求,在钢壳生产区域部署了 25 个视频监控,并将视频监控信号与 BIM 协同平台、管理中心指挥大厅等两个平台进行集成,实现通过智慧深中 APP、管理中心监控大屏实时查看厂内视频监控图像功能。积极推进班组实名制管理,办理深中工地一卡通,并在生产区域部署门禁闸机等设备,通过开发数据接口可实时将门禁上传至深中协同平台。工地视频监控和一卡通的应用实现了生产过程实时监控,对整个项目的安全生产管理起到关键的作用。

积极响应配合管理中心以及项目要求,推进深中通道协同平台的应用,多次组织开展班组长、各业务人员的应用培训等,确保深中协同平台设备、质量、档案、HCS 等模块全面应用,推进智慧深中和工友 APP,发挥移动端在现场安全、质量隐患排查、班前教育等方面的优势,推进现场安全管理工作。

(3) 智能制造车间

标准化生产、流水线作业是工业革命之后人类生产效率大幅提升的关键法宝。而沉管隧道有 32 个钢壳管节,外形方方正正,结构形式大量重复,先天具有可标准化、大批量生产的优势。工程师们把钢壳管节按制造工序拆解为片体、块体、小节段、环段这些标准化的构件,又将最基础的构件分解为十几种简单的零件。两千多个仓格,重达万吨的庞然大物瞬间就在工程师们的图纸上变成了一堆标准化的零件,他们采用流水线生产标准化构建与人工作业装配搭配的方式完成钢壳管节的制造。对于钢壳管节制造,工程师们一方面研发引进标准化生产线,高效可靠地完成零件、片体、块体的生产制造,一方面以人工的灵活性应对复杂构件的装配焊接。面对复杂的工序工艺和本地化的具体问题,工程师们的办法就是不搞一刀切。

钢壳制造以智能制造为核心,贯彻"以设备促工艺,以工艺(工法)保质量"的原则,以互联网+BIM 技术+智能机器人为抓手,深度推动造船行业与交通行业深度融合(军民融合)。其中小节段车间智能制造是核心,研发"四线一系统"智能制造生产线,具体包括板材/型材智能切割生产线、片体智能焊接生产线、块体智能焊接生产线、智能涂装生产线、车间制造执行过程的信息化管控系统。图 5-2 是黄埔文冲施工场地及钢壳制造生产流程,图 5-3 是场地划分布置的平面图。

钢壳制造全面推进小节段车间智能、小节段智能涂装化制造、大节段数字化自动化搭载、智能制造信息化(BIM)协同管理平台运用,进行板材型材切割线、片体智能生产线、块体智能焊接生产线、FCB 自动拼板流水线、纵骨自动装配流水线、块体智能线、智能涂装生产线及 MES 车间管控系统等智能制造生产线、柔性流水线及信息化管控系统的智能化建设。通过数据接口与 BIM 系统进行数据交互,实现设计数据、生产信息、实施工况的互联互通,实现智能化切割生产与实时监控,体现了提高效能的管理思想,为管理工作提供了一定的便利。

在 BIM 技术管理体系框架下,面向 BIM 技术开发车间制造执行系统软件。该软件以数字化车间综合管理系统(MES)为核心,参考 BIM 技术数据接口统一标准,通过基础数据模块、工程计划智能编排模块、胎架布置模块、块体运输管理

图 5-2 黄埔文冲施工场地及钢壳制造生产流程

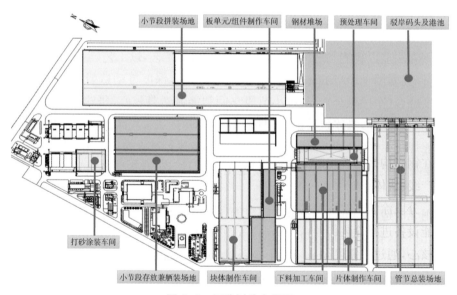

图 5-3 场地划分布置图

模块、质量管理模块、设备管理模块、状态看板管理模块等,实现车间制造执行过程的信息化管控,并通过开发与下料加工智能生产线、片体智能焊接线、块体智能生产线、涂装智能生产线的数据接口实现数据的互联互通,并最终与 BIM 平台实现无缝衔接,实现车间制造执行过程的智能管控,整体框架如图 5-4。

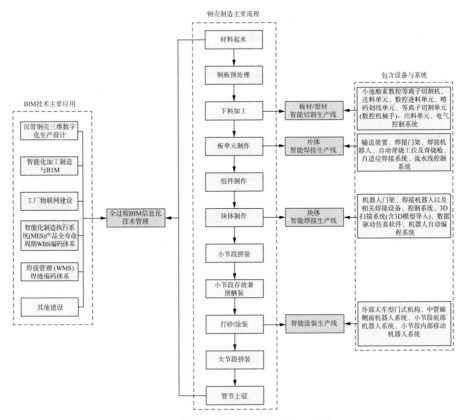

图 5-4　钢壳制造过程及"四线一系统"

在钢壳构件的车间制造阶段,分别从板/型材智能切割生产线和片体智能焊接生产线、块体智能焊接生产线三个方面实现钢壳结构智能切割信息化和智能焊接。分段涂装车间采用智能化无尘抛丸作业、智能化喷涂、物料自动供应系统等智能设备进行涂装作业,构建钢壳小节段智能涂装。以车间制造执行管控系统为核心,通过在钢壳制造区域部署网络光纤和有线网络,实现加工数据通过网络下发和对板/型材智能切割生产线、片体智能焊接生产线、块体智能焊接生产线以及智能涂装生产线的运行状态监控、信息共享等功能,钢壳管节制作总流程如图 5-5 所示。

面向 BIM 技术的车间制造执行系统软件以数字化车间管理系统(MES)为核心,打通企业 ERP、PDM 等数据接口,对生产制造过程进行优化管理。当生产车间里有实时事件发生时,系统能对此及时做出反应、报告,并利用当前的准确数据进行指导和处理。根据空间分道、时间有序的原理,按照作业单元生产负

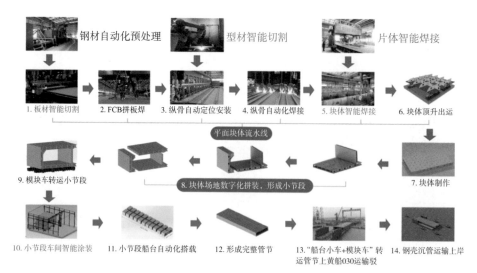

图 5-5　钢壳管节制作总流程图

荷,调整作业计划,实现量化派工。在胎架布置、块体/小节段运输方面,系统通过可视化胎架和块体堆场对生产过程进行模拟。在管节质量管理方面,系统通过对质量过程进行管控、比对和决策分析,有效保证产品质量。

在钢材切割方面,为满足钢材下料切割及过程质量管控要求,构建了智能切割生产线,分为板材智能切割生产线及型材智能切割生产线。智能切割生产线在原有自动化集成高的先进数控切割设备的基础上进行升级改造,利用网络管控系统,形成集管理、信息、监控、预警、分析、报表、看板等模块为一体的程序自动化、管理数据化、看板可视化、切割智能化的一套完整切割生产线。

下料加工智能生产线与 MES 系统集成主要分为下料加工对象信息集成、下料加工工艺信息集成和下料加工状态信息集成。下料加工对象信息由 MES 系统经过计划编制及量化派工后确定,经内网传输给下料加工智能生产线。下料加工智能生产线得到下料加工对象后,可经内网连接 MES 系统、其他设计或管理系统获取下料加工工艺信息。图 5-6 显示在作业过程中把设备状态、运行状态、钢材加工开始时间、钢材加工结束时间、加工对象信息、消耗件等信息经内网反馈至 MES 系统,整个智能切割具有"精""准""快"等特点,可谓钢材切割之"利剑",可有效满足钢壳下料切割工作的要求。

钢壳管节内部由纵横隔板组成的隔舱较多,隔板上布置形状、规格基本一致的加劲肋,比较有利于集中组织生产。对于隔板片体的制作,其主要工作是焊接及焊接后矫正,为此,构建了片体智能焊接生产线,用于隔板片体的焊接和背烧

图 5-6　沉管钢壳板材/型材智能切割生产线

工作。新建片体智能焊接流水线,通过局域网络与 MES 系统进行数据交互,能自动接收产品加工信息和生产任务计划,同时可实时反馈生产数据到 MES 系统。片体智能焊接流水线与 MES 系统集成主要分为片体生产对象信息集成、片体焊接工艺信息集成和片体制作状态信息集成。片体智能焊接生产线(图5-7)不仅焊接质量稳定,焊缝成形良好,还能极大地改善劳动环境,有效提升片体构件焊接质量,为打造深中通道品质工程发挥着积极的作用。

对于钢壳块体阶段的制作,其焊接量占比较大,主要是立角焊和平角焊。为此,构建了块体智能焊接生产线(图 5-8),用于纵、横隔板的焊接。智能生产线可以通过局域网络与 MES 系统进行数据交互,能自动接收产品加工信息和生产任务计划,同时可实时反馈生产数据到 MES 系统,对非正常切割断点作出切割质量缺陷预警提示。块体智能焊接生产线与 MES 系统集成主要分为块体生产对象信息集成、块体焊接工艺信息集成和块体制作状态信息集成。该智能焊接生产线可自动编程、自动跟踪、自动焊接,能将 SPD 三维模型数据导入接口,可实现基于数模的离线编程及仿真方式下的隔板焊接作业。同时,与车间 MES 系统集成,采集块体智能焊接生产线的实时状态信息、作业对象信息,实现智能化焊接、数字化管理。块体智能焊接生产线将机器人智能焊接应用于块体的焊接,其技术领先行业制造水平。

图 5-7　片体智能焊接生产线

图 5-8　块体智能焊接生产线

深中通道工程设计寿命为 100 年,对于防腐的耐久性要求较高,钢壳涂装工作是重点也是难点。为此,构建了小节段智能涂装生产线,用于钢壳小节段喷砂及喷漆工作。小节段智能涂装生产线(图 5-9)是由深中通道 GK02 合同段项目部联合上海建冶分包商打造的首套国产自主创新智能涂装机器人系统,在原涂装车间基础上进行智能化升级改造,分为智能喷砂车间和智能喷漆车间,共配置 15 套完整的智能涂装机器人系统,其中智能喷砂机器人 8 台,智能喷漆机器人 7 台。通过智能机器人系统,覆盖钢壳迎水面的涂装作业,实现中控大厅中央控制系统远程统一控制,全过程自动喷砂、喷漆作业,具有故障报警、实时显示涂装作业工况动态信息及参数数据、智能数据采集、智能数据处理等功能。

图 5-9　沉管钢壳智能涂装生产线

面向 BIM 技术的车间制造执行系统软件以数字化车间管理系统(MES)为核心,打通企业 ERP、PDM 等数据接口,对生产制造过程进行优化管理。BIM技术与数字化车间管理系统(MES)的结合应用,使生产车间里有实时事件发生时,系统能对此及时做出反应、报告,并利用当前准确数据对管理人员进行处理指导。

(4) 焊缝地图

研发焊缝地图管理系统,实现焊缝实名制管理、焊缝生产及检验全过程质量溯源。以 SPD 焊接计划模块为基础,经过二次开发,构建满足业主要求的焊缝管理系统。焊缝管理系统主要由焊缝编码、焊缝三维模型地图及焊缝信息(包括属性信息及报验信息)三大模块组成。

系统将满足沉管钢壳焊接过程中对焊接焊缝数据跟踪、检验的要求,对全生

命周期内焊缝信息进行监控和管理,简化焊接管理方式,提高精细管理的能力。项目实施主要目标说明如下:

1)基于 SPD 焊接计划模块,完善焊缝的整个管理流程,达到焊缝的全生命周期管理的效果。

2)提高中间产品焊接管理水平,通过对产品在实现过程中的质量控制及按规定对所测量和监控焊缝进行监视和测量,通过对中间产品的最终检验和试验,提高生产质量。

3)建立焊接管理信息数据库,每条焊缝检验信息根据制定的焊缝检验 EXCEL 清单导入焊缝管理系统,解决焊缝管理信息归档和保存问题,可以实时快捷地查询到管理信息。

4)通过选择三维模型或焊缝编码结构树可快速定位到相应焊缝,并可查询到焊缝设计信息及制造检验信息,使质量人员实时了解质量状况、及时发现质量问题。

5)系统应满足能顺畅浏览至少一个管节(工程)的三维模型性能要求。

6)系统与 SPD 设计软件应有相对应的数据接口,能实现业主 BIM 平台(BS 架构)单点登录。

可视化焊缝地图是设计模型数据的重要应用之一,数据来源于 BIM 三维设计软件焊接模块,通过建立焊接数据基础数据库和焊接过程数据库,选择三维模型或焊缝编码结构树后快速定位到焊缝位置。其中焊缝编码由设计软件自动编码生成,通过模型和编码即可查询到包括焊缝设计以及制造检验的全生命周期内的信息。这充分解决了焊缝管理信息归档和保存问题,简化焊接管理方式,提高精细管理的能力,进而提高生产质量。同时该平台也具有数据接口,能与其他管理系统实现数据集成。质量检验信息接口将质量检验信息与焊缝编码进行对应关联,点击结构树焊缝编码会弹出增加检验信息界面,检验信息内容包含生产制造和检验信息,其中,焊缝需要展示设计类信息、生产制造阶段所包含信息、焊缝检验信息等。所有信息可通过系统快速查询,可按管节、块体、焊接人、焊缝编码等进行统计查询。可视化焊缝地图通过单点登录方式实现和 BIM 协同平台的数据集成,最终实现了钢壳沉管焊缝实名制和质量追溯功能。

2. 钢壳智能浇筑

钢壳制造完成后,下一步就是进行管节的混凝土浇筑。深中通道单个标准钢壳管节长 165 米,宽 46 米,高 10.6 米,由 2 255 个约 4 立方米～16 立方米封闭仓格构成,分底板、墙体、顶板仓格,混凝土体积约为 2.9 万立方米,采用高流动性自密实混凝土。深中通道沉管隧道是世界范围内首次大规模采用钢壳—混凝土组合结构,管节混凝土浇筑具有空间有限、浇筑量大、浇筑点多、质量要求高等特点,现有设备难以满足浇筑、检测及安装要求,质量保障难度大。为了满足浇筑质量要求,解决浇筑难点,填补国内钢壳沉管浇筑技术的空白,深中通道研发并掌握了关键核心技术与装备,实现了从无到有的跨越。以"自动化、智能化、信息化"为手段,形成了高稳健性自密实混凝土设计与制备关键技术,研制了自密实混凝土智能浇筑设备及管节智能化水平运输设备,大大提高了管节预制施工中自密实混凝土施工质量及工效。浇筑过程及智能设备和控制系统如图 5-10 所示。

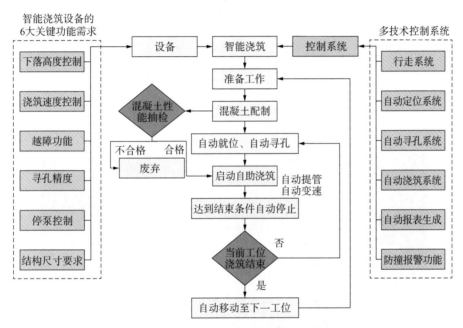

图 5-10　浇筑过程及智能设备与控制系统

首先,研制了主要智能设备,包括智能浇筑设备、智能移运台车等,并针对现有设备的特性,结合施工要求进行了改进。

智能浇筑有智能浇筑小车方案和智能浇筑布料机方案可选,由于智能布料机在智能化集成度、工效上都明显比智能浇筑小车更符合项目需要,设备开发偏向智能布料机的方向。智能浇筑设备(图 5-11)由底盘及支腿、主臂、副臂、末端伸缩管和配重臂组成。底盘及支腿采用步履式,具备前后左右、上下移动功能,可实现多障碍的跨越,保证混凝土浇筑质量。

智能移运台车(图 5-12)由保利长大自主研制,具有载重能力强、同步启动、

图 5-11　智能浇筑设备的布置图侧视图

图 5-12　智能移运台车实景装备图

同步行走、定距行走、定点停车、故障实时报警、触碰障碍物即时停车等特点。管节预制过程中,通过浇筑台车与智能浇筑系统相结合实现管节智能化浇筑,即智能浇筑系统通过设置在管节隔仓四边角的激光测距仪实时反馈混凝土液面上升数据,并经系统处理,形成指令信号,发送给浇筑台车控制系统,控制系统接收信号并控制浇筑台车实现其自动寻位、下料速度自动切换、下料高度控制、浇筑结束时机控制等功能。

混凝土拖泵将从搅拌运输车内放出的混凝土泵送至智能浇筑设备,由于拖泵为市面上的成熟产品,无法与自主研发的智能浇筑设备联动,因此,新增控制系统控制拖泵的泵送档位、泵送启停信号,实现智能浇筑设备对拖泵的自动控制,如图 5-13 所示。

图 5-13　拖泵现场图

智能收放浇筑管系统包括提管机构、激光测距仪及控制单元,提管机构包括提管电机、卷筒、提升绳、提升浇筑管及行程编码器。提管机构通过控制单元、激光测距仪以及行程编码器的相互配合,从而使浇筑管底面与混凝土液面之间始终保持预设距离,减少混凝土离析和浇筑不密实的风险;通过激光测距仪实时监控混凝土液面高度,可靠性高,同时配合控制单元进行控制,使得该控制系统动作响应速度快,位置控制更为精确,系统稳定性高,提管可靠性大大提升,具有控制简单化、运算精确化、机械简易化、运行可靠性等优点,解决了现有技术中液面测量可靠性低、管液高度无法实时正确控制的问题。

实际工程中,混凝土输送泵设备仅具备近端操作功能,且混凝土泵送速度不稳定,不满足浇钢壳管节顶板和墙体的浇筑需求。对此,在原有混凝土输送泵基础上进行控制系统改造升级,即融合激光测距模块和远程控制模块;通过激光测距模块实时采集隔仓内混凝土液面上升数据，智能化控制泵机。系统改造升级后的混凝土输送泵的核心功能主要有远程控制、智能识别变速、控制终端平板的运用。

　　管节预制过程中，根据管节预制特点进行布料设备的定制（图 5-14），通过融合在混凝土输送泵中的激光测距模块和远程控制模块实现管节智能化浇筑，即智能浇筑系统通过设置在管节隔仓四边角的激光测距仪实时反馈的混凝土液面上升数据，并经系统处理，形成指令信号，发送给混凝土输送泵的远程控制系统，实现混凝土浇筑的下料速度自动切换、浇筑结束时机控制等功能。

图 5-14　布料机优化升级

　　其次，研发了智能浇筑设备控制系统。在管节预制过程中会产生一系列的生产数据、混凝土运输数据、混凝土性能指标数据、浇筑过程中监控数据等，为了精确处理这些庞大的生产数据，实现对浇筑过程的高效化、精细化、标准化管理，项目团队联合"BIM＋物联网＋智能传感"技术，开发了一个集原材料库存管理、混凝土生产管理、混凝土指标检测、混凝土运输智能调度、混凝土智能浇筑、视频监控等工序于一体的信息化智能控制平台，操控各终端设备，完成管节的智能化预制任务。

　　智能浇筑管理系统主要包括管节浇筑控制系统（浇筑速度控制、落料高度控制、自动停止时机控制等）、管节浇筑计划管理系统、运输调度系统、原材料管理系统和管节浇筑质量管理系统等。

　　施工管理人员可以通过智能浇筑管理系统数控平台实时掌握混凝土生产、运输、检测、浇筑情况,了解施工现场的混凝土生产浇筑进度,并根据生产浇筑计划、实际生产浇筑需要或突发情况(设备故障、各类事故)对人员、设备及时、合理地进行调度,更好地保障施工安全、质量及效率。

　　为实现混凝土浇筑的全周期智能化管理,项目团队开发了智能浇筑中控大厅,通过智能中控大厅,可以整合管节预制全过程,包括搅拌站调度管理、全厂区视频监控、智能台车组和智能浇筑的实时数据处理分析等,做到发现问题自动预警,实现资源调配的高效合理,可追溯到每一立方米混凝土的制作过程。

　　与其他浇筑设备比较,智能浇筑系统设备将自密实混凝土浇筑全过程可视化、数字化、自动化,取代了传统浇筑依靠工程技术人员和浇筑工人控制关键性操作,减少了施工人员数量,降低了施工成本,加快了生产速度,同时稳定有效地提升了浇筑质量,避免了浇筑缺陷导致的后期修补费用,智能浇筑现场如图 5-15。

图 5-15　钢壳沉管自密实混凝土智能浇筑现场

　　浇筑采用智能浇筑控制,主要体现在 5 个方面,分别是自动寻孔功能、速度自动控制、混凝土下落高度的自动控制、浇筑参数和动画的实时显示、浇筑停止条件控制。

　　自动寻孔功能通过手动寻找 3 个点并输入界面对应的仓格编号,由系统自动记录对应的坐标,根据已知的 3 个点,程序自动计算出中心点,以此中心点作为机身坐标,为自动寻孔的依据。根据已经自动计算出的中心点,输入浇筑需要自动寻孔的仓格顺序编号,按下自动寻孔按钮,智能浇筑按照仓格顺序自动寻找目标孔位。

速度自动控制由中控电脑将液面实时反馈到中控电脑的信息转换为拖泵信号传输至拖泵实现联动,能在浇筑开始时自动开始泵送,浇筑过程中自动调节速度至设定的值,浇筑接近结束时根据液面浇筑高度自动停止泵送。浇筑速度由拖泵流量旋钮控制,流量大小可通过智能浇筑机实现自动控制,浇筑速度在底板浇筑过程中进行校准,通过对浇筑过程中数据的测量基本确定浇筑速度与对应圈数的关系,基本可以保证浇筑速度控制的准确。

混凝土下落高度的自动控制分为实时监测混凝土浇筑液面和下料高度实时监控。实时监测混凝土浇筑液面采用3个液面检测装置实时监测仓格内混凝土,通过无线模块将数据实时传输到中控电脑进行处理,显示出每个排气孔的液位高度、平均液位以及两者之间的液位高差。下料高度实时监控,在开始自动浇筑时,自动将末端管下放至仓格指定位置,浇筑过程中,根据液面实时反馈的信息,提升末端管使混凝土的下落高度不大于1米,并自动转换出末端管距浆面的高度。

浇筑参数和动画的实时显示,在中控电脑的界面中能实时显示需要的所有浇筑参数,如浇筑速度、浇筑方量、待浇筑体积、浇筑时间等,根据浇筑的进度实时显示相应的动画。

浇筑停止条件控制,通过相关参数调整以实现满足浇筑停止条件自动停止且排气管内混凝土不溢出。

3. 智慧检测

深中通道钢壳沉管隧道采用三明治结构沉管,三明治结构沉管隧道钢壳由内外面板、横纵隔板、横纵加劲肋以及抗剪焊钉组成,整个钢壳构造复杂。要精确检测钢壳混凝土的浇筑质量,准确识别出钢板下的脱空缺陷,是一项世界级技术难题,检测面临的主要难点有:厚钢板、密集肋、大面积、快效率、高精度。

为了实现无损、快速、高效、精确的钢壳混凝土脱空缺陷检测,项目团队提出脱空位置精确定位的数字化检测方法,突破了混凝土密实度检测数字化采集与处理技术——创新混凝土脱空快速检测技术,可实现精准检测缺陷脱空位置、脱空面积、脱空高度,可视化处理形成二维或三维图像,提供准确可靠的信息,客观、真实地把握钢壳混凝土的脱空缺陷具体情况,同时为确保沉管隧道管节施工工艺优化和浇筑质量改善提供依据。

钢壳混凝土沉管隧道脱空缺陷检测采用冲击映像法和中子法相结合的方

式,冲击映像法要求对底板顶平面和顶板顶平面进行 100％全域检测,检测出"分格存在脱空＞5 毫米的单点或单个分格中脱空＞3 毫米的面积大于30％"疑似脱空区域,采用中子法对疑似脱空区域进行复检,实现对钢壳混凝土脱空缺陷的毫米级准确识别。

在冲击映像法智能检测软件研发过程中研发了智能检测监控系统,可通过PC 端、移动端的智能监控系统的开发,实现对作业现场状态、检测结果、进度监控和资料调用的全流程监控。移动端和 PC 端实时显示作业状态,方便业主、设计、监理等各方的监管,以随时了解检测进度与结果。这为实施实时管理提供了数据基础,有利于数据可视化管理。同时,信息多平台可见便于管理设备的多样化,使管理人员可以根据工作场景选择合适的管理设备。

常规检测方法的适用性较差,检测精度不高,无成熟技术和方法可借鉴。为解决钢壳混凝土脱空检测这一技术难题,保证工程浇筑质量,在深中通道管理中心的组织和领导下,中国水利水电科学研究院和南京水利科学研究院设立相应研发课题,进行技术攻关,研发了成套的钢壳混凝土脱空无损检测技术。一是从基本原理出发,结合模型试验和数值仿真,进一步探究并确定脱空检测的有效方法;二是通过模型试验和数值仿真,对脱空面积、脱空高度等指标进行标定,明确脱空指标精确测定的方法;三是结合本工程沉管隧道主体结构特点,开发适用于检测作业的智能化检测装备,包括精确定位装置、快速数据采集硬件、自动数据处理与分析软件等;四是建立检测结果的三维可视化展示平台,实现脱空状态与主体结构的有机对应;五是基于移动互联网技术,实现数据实时传输、检测结果的实时展示,以及检测全流程的智能监控,实现参建单位对检测进度、质量和结果的实时监督与管控。

为实现无损、快速、高效、精确检测钢壳混凝土脱空缺陷,基于现场原型试验及典型工程示范应用,项目团队借鉴传统冲击检测仪,利用弹性波近源波场的响应特性,建立冲击响应强度指标与脱空高度的对应关系,结合定位、激振器、传感器、控制主机等功能,提出脱空位置精确定位智能化检测方法,研发阵列式智能冲击映像设备,实现钢壳混凝土的快速检测,同时可精准检测缺陷脱空位置、脱空面积、脱空高度,可视化处理形成二维或三维图像。

（1）高精度定位系统

GPS 精确定位系统基于差分原理,在一定的区域范围内,在地面已知控制点上架设 GPS 基准站,实时记录定位信息,通过与地面已知控制点的实际坐标值做比对处理,以解算得到测区移动站的修正量,以此对移动站的测量值进行修正,得到厘米级的精准测量值。时差分定位系统由基准站、数据链和多用户流动站三部分组成,包括总控中心、无线网络、现场分控站、GPS 基准站和 GPS 流动站(检测机械)等。

考虑到钢壳混凝土质量控制的精度要求,GPS 移动终端和差分基准站选用 Trimble 双频双星 R5 GPS 接收机集成测绘单元(图 5-16)。该集成测绘单元包括 GPS 接收机、GPS 天线、无线电和内部微型电池。该型设备可同时接收 GPS 卫星和 GNOSS 卫星信号,有效地解决了沉管隧道内部上方天空不甚开阔的问题,保证了定位精度。

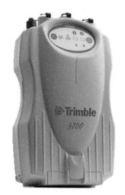

图 5-16　Trimble 双频双星 R5 GPS 接收机(右为外置天线)

GPS 差分基准站是整个监测系统的"位置标准"。采用 GPS RTK(动态差分)技术,利用已知的基准点坐标来修正实时获得的测量结果,提高接收机的计算精度。通过数据链,将基准站的观测数据和已知位置信息实时发送给流动站,与流动站的观测数据一起进行载波相位差分数据处理,从而计算出流动站的空间位置信息,使精度提高到厘米级,满足钢壳混凝土检测数据采集精确定位的要求。

(2)集成化硬件系统

为达到快速数据采集的目标,项目团队研发了高精度、高集成度的专用采集设备。硬件系统主要由采集阵列单元和控制单元构成,实现多点快速数据采集、原始数据实时传输功能。

采集阵列单元由多道高精度振动传感器构成,传感器之间及其与硬件结构之间采取有效隔振措施,保证在硬件移动、振动激发过程中,各道信号可以独立获取,不产生共振干扰,提高数据采集质量和后期处理效率。各道振动传感器均安装有高硬度、高耐磨的滚珠轴承,实现硬件移动流畅、快速、长时间工作的目标。采用电磁激发方式,激发力度可调、稳定,并实现敲击力度的数字记录,为后续数据的归一化处理提供依据。采集单元整体移动采用电子测距轮进行记录和控制,与定位系统协同工作,实现检测点和敲击点的精确定位。

控制单元由数模转换仪和 PC 机组成。采用多道高精度数模转换仪,将振动传感器接收的信号转化为数字信号,并保证数据转换的精度和保真性。PC 机安装有专用的数据采集软件,实现噪声监控和原始数据显示功能,作业过程中实时判断数据质量,从源头确保数据的有效性和科学性。同时,PC 机与数据分析中心实现通信,将现场采集的原始数据实时传输至分析中心,实现各阶段、各部门工作的流畅、高效衔接。

深中通道管理中心、中国水利水电科学研究院以及南京水利科学研究院研发的耦合冲击映像法与中子法的钢壳混凝土沉管隧道脱空缺陷无损检测方法已经成功应用于深中通道"三明治"结构钢壳混凝土沉管隧道的预制浇筑工程中,形成了复杂密闭隔舱内自密实混凝土流动特性和脱空区域的机制,建立了材料、结构及施工特性与钢壳－混凝土界面脱空的定量关系。全线 32 个钢壳管节的脱空为 99.95%,满足设计要求,冲击影像法＋中子法总体性能及精度超过日本。

4. 智慧安装

为了解决管节拖轮拖带浮运方案和自航式半潜船出运管节方案中存在的浮运线路长、管节运输上船和下船的操作风险、管节施工工效低、异常情况下管节回拖困难、沉管二次浮运、配备大量拖轮、航道挖泥量大、沉管横拖等难题和技术瓶颈,同时降低对社会航道影响、减少疏浚影响,以深中通道项目为依托,团队首创性地提出了具有原始创新性的自航式沉管运输安装一体化装备方案。

在深中通道工程中,研发团队提出把港珠澳大桥使用的"津安 2""津安 3"安装船切开加宽,以匹配深中通道沉管的宽度。港珠澳大桥采用的传统拖轮拖带的骑吊式安装方案,将管节固定在两艘专用安装船上,通过 10 艘大马力拖船的拖拽,驶向海底隧道施工现场。已有航道宽度无法满足安装船和拖轮编队航行需求。若进一步拓宽航道,粗略估算,挖泥量将达 4 000 万立方米,无论从经济效益还是社会效益方面来说,都难言优越。此后,研发团队又提出了新造半潜船的方案,让带动力的船拖带管节并完成安装。但如此大体量的船舶,需在出运和安装现场都挖出特别大的下潜坑,挖泥量同样不小,且同样涉及造价和建造工期的问题。并且深中通道沉管隧道为世界首例双向八车道海底沉管隧道,其断面宽度达 46—55.46 米,比港珠澳大桥双向六车道钢筋混凝土沉管隧道断面还要宽,单孔跨度超过 18 米,沉放最大水深达到 40 米,管节结构的受力非常复杂,是目前世界上最宽的海底沉管隧道。沉管隧道所处的伶仃洋水道是珠江口最繁忙的黄金水道,管节的浮运与伶仃洋水道的通航相互影响,通航安全问题面临严峻挑战。如果采用与港珠澳大桥相同的工艺,参与浮运的船舶就要达到 100 艘,配合人员 800 人左右,航道最少需要 240 米宽,而且双向要封航 24 小时,那对整个伶仃洋航道和广州港、南沙港会造成超亿元的影响。

管节浮运安装一体船是世界上第一艘集管节浮运、定位、沉放和安装等功能于一体的,具有 DP 动力定位和循迹功能的专用船。该船主船体采用双体船船型设计,船长 190.4 米、船宽 75 米、型深 14.7 米,甲板面积相当于两个标准足球场,左右片体各配备 1 台 9 280 千瓦推进主机,运载 80 000 吨级管节深水静水航速可达 5 节;每个片体各配备 4 台侧推,满足 DP 动力定位要求,具有航迹追踪及偏移纠偏功能,在不需要其他船舶协助的情况下,可严格按照设定宽度进行循迹航行,可提升长距离管节浮运施工安全保障能力,并大幅提升浮运安装工效,实现智慧安装。同时,相比传统管节浮运安装方式,可大幅减少浮运航道疏浚量达 1 500 万立方米,节省造价约 5 亿元;另外,该船配备管节沉放姿态控制系统,可实现管节水下约 40 米的精准沉放与毫米级对接。

一体船配有动力定位系统、航迹追踪系统、管节沉放姿态控制系统、船管快速连接系统等,智能化高,抗横流能力强,航道挖泥量低,并具有异常情况快速返航的应急能力,解决了桂山岛预制厂至西岛基槽长距离浮运难题,施工效率高,管节浮运安装安全保障度高。管节运安一体化施工工艺,利用一体船实现对管节浮运安装的全工序无缝衔接(舾装、出运、运输、安装、点锁),全覆盖深中通道各种结构和尺度沉管,不超高,异常情况下可以快速返航,提升复杂气象施工能力,减少临时航道挖泥量,提高抗横流的稳定性,全面提升施工效率。同时提出一项新的管节浮运安装一体化施工方法,为今后类似沉管隧道浮运、安装及点锁施工等提供技术保障,具有重要的技术经济效益和实用价值。

一体船集成了三大关键技术:一是研究风浪流耦合作用下双体船+管节运动响应机制,提出船管连接与协同工作合理构造。基于三维势流理论方法,对自航式一体船与管节在浮运过程中的相互受力情况开展数值计算,对不同浪、流等环境作用下,一体船分别采用两种不同支墩受力形式浮运管节,对一体船支墩受力、L 缆及吊点受力、为防止船管脱开拉索受力、无 L 缆和拉索连接时的船管脱开情况等进行模拟,并对运动响应和各受力响应的时历曲线结果进行统计分析,从而评估一体船浮运沉管系统的可靠性,并实现一体船对不同类型、不同尺寸以及不同重量管节的浮运与安装功能。二是整合集成开发浮运安装测控系统与施工管理控制系统。研发沉管定位系统,包括沉管定位绞车、导索器和导向滑轮,实现管节水平移位和安装下放过程中的精准调整定位。自主研发深水钢壳混凝土管节精确定位测控系统,实现水下声呐定位测控系统国产化;研究轻便 L 型管内精确定位技术,实现尾端厘米级精度控制;研发一套精准控制曲线变宽管节姿态的系泊系统,实现曲线变宽管节厘米级对接控制。形成精准定位、自动采集、实时传输、智能分析和可视化展示施工管理控制系统,用于指导施工并保证施工安全与施工质量。三是研制具有动力定位及自主航行功能的浮运安装一体船。按照目前的船机设备配置,分析一体船(带管节状态,以下状态相同)航迹带宽度,论证新建浮运航道宽度及所需控制范围,分析一体船在航道内浮运保证寻迹航行对应的水流速度、流向和建议航速,分析一体船目前的配置能抵抗横流的最大流速,分析在浮运航道及基槽内最大航速,并对浮运过程中所需动力进行计算与验证,提出相应动力系统的设计与验证方案。自航式沉管运输安装一体船物模试验,明确一体船带管节行驶时的航迹线情况需要的航道参数,一体船行驶中的隧道效应、浅水效应,一体船的航行阻力及推进系统的配备情况及优化建议,一体船在流速条件下的航速参数等。研发出适用于外海深水作业条件下具有 360°回转功能、适应 1.6 节横流、浮运速度不小于 4 节的管节浮运安装一体船,如图 5-17 所示。

图 5-17　沉管运安一体船

5.2.2　桥梁工程智能建造具体实践

1. 钢箱梁智能制造

深中通道项目建设条件复杂、工程规模宏大、综合技术难度高且精度要求严格,需要设计院、监理、建造方、管理中心等多方协同。其中钢箱梁主梁建造长度超过 10 千米,桥面面积超过 40 万平方米,桥梁用钢量约 27 万吨。自钢箱梁(即正交异性钢桥面板)因其结构重量轻、承载力高、适应性强、施工周期短等诸多优点受到广泛应用以来,其结构的疲劳耐久性问题一直是限制其发展的关键因素,是世界性难题。因此,为保障深中通道钢箱梁的结构安全及高质量建造,迫切需要从钢结构制造设备和工艺方面进行创新,逐步根除正交异性钢桥面板特殊构造带来的焊接接头初始缺陷,同时对钢箱梁的数智化制造提出了内在需求。

(1) U 肋板单元智能焊接组装生产线

正交异性钢桥面板结构疲劳病害问题突出,其中制造技术局限性及加工质量不良因素不容忽视,板单元的焊接质量起到了决定性作用。国内桥梁钢结构焊接在装备的先进程度方面长期落后于其他行业,传统的钢箱梁生产以人工为主,成本高、效率低,且质量稳定性受人工因素的影响较大。近年来借助港珠澳大桥、沪通长江大桥、南沙大桥等世界瞩目桥梁工程的建设,桥梁钢结构焊接技术水平得到全面提高。2011 年中铁山桥集团有限公司以中标港珠澳大桥钢箱梁制造为契机,研究了 U 形肋板单元自动组装定位焊接系统、板肋板单元自动组装定位焊系统、U 形肋板单元机器人焊接系统、横隔板单元焊接机器人焊接系统等自动化制造装备,全面提高了钢箱梁桥板单元的焊接质量,国内钢桥制造技术开始向着自动化、信息化、智能化的方向发展。

在深中通道项目中,项目团队结合实际情况开发了 U 肋组焊一体技术、顶板立体单元机器人焊接技术、横肋板机器人焊接技术等,并基于此建设了板单元智能焊接生产线。这些先进设备及工艺技术的应用大幅提高正交异性钢桥面板结构关键受力焊缝的疲劳性能,为深中通道项目桥梁高质量建设和长寿命服役提供了坚实的技术基础。钢箱梁板单元智能制造生产线的研制,使产品在生产过程中,钢材切割的机械化率达 97%(其中数控化率达 95%),焊接自动化率达 95%,实现了钢箱梁板单元制造的机械化、流程化、高效化、自动化,有效提高了产品质量和生产效率。

板单元智能焊接生产线由生产设备、物料优化及管控系统(LES)、制造集成智能化系统(MES)、数据采集与监视控制系统(SCADA)组成。板单元智能焊接生产线由面板 U 肋板单元焊接生产线(图 5-18)、底板 U 肋板单元焊接生产线(图 5-19)、板肋板单元焊接生产线、横隔板单元焊接生产线、横肋板单元焊接生产线等组成。

焊接生产智能制造管理平台由经营信息决策系统(ERP)、物料优化及管控系统(LES)、制造集成智能化系统(MES)、数据采集与监视控制系统(SCADA)共同组成,通过工业互联网、场内工业终端、智能焊接设备和各信息管

图 5-18　面板 U 肋板单元焊接生产线

图 5-19　底板 U 肋板单元焊接生产线

理系统的数据交互,形成以生产计划、生产执行、质量管控、设备数采、物流运输五大功能模块为主体的智能制造信息化系统,为智能焊接生产线的管理提供决策依据,最终实现深中通道钢箱梁板单元的智能焊接生产。

生产计划排产:生产管理部门根据整个工程的进展进行生产计划编制,并在

ERP系统中发布,根据进度下推至MES系统。

生产执行:生产车间在MES系统中接收生产计划,并形成工单分派到各生产小组,车间员工根据工单进行领工、生产制造、自检、互检并报工,质检员接到报工任务后完成专检工作。

数据采集:所有设备通过工控网络接入SCADA系统,SCADA系统实时监测和采集设备信息并记录。

仓储物流管理:在生产过程中,根据生产情况实时记录物流及半成品的传出状态,并实时记录物料及半成品仓储物流情况,全面掌控生产状态。

(2) U肋全熔工艺

采用双面焊(双面气保焊或双面埋弧焊)工艺实现U肋与顶板的全熔透,做到U肋焊接的全熔透、无缺陷、可检测,从根本上消除U肋的初始缺陷,进而消除顶板的疲劳病害通病。

埋弧焊是电弧在焊剂层下燃烧的一种电弧焊方法。在焊剂层下,电弧在焊丝末端与焊件之间燃烧,使焊剂熔化、蒸发,形成气体,在电弧周围形成一个封闭空腔,电弧在这个空腔中稳定燃烧,焊丝不断送入,以熔滴状进入熔池,与熔化的母材金属混合,并受到熔化焊剂的还原、净化及合金化作用。随着焊接过程的进行,电弧向前移动,熔池冷却凝固后形成焊缝,密度较轻的熔渣在熔池的表面,有效地保持熔池金属,冷却后形成渣壳。深中通道节段总拼及大节段拼装过程中的平直焊缝均采用埋弧自动焊填充、盖面(如图5-20)。

图5-20 埋弧自动焊机及应用

(3) 钢箱梁节段智能化生产

以往钢箱梁总拼组装采用人工结合简单工装设备,配合经纬仪、水准仪、全站仪进行,自动化程度较低。而港珠澳大桥在钢箱梁总拼装制造过程中,进行了一些技术创新和改进,应用了少马装配、无损吊运、无损支撑总拼装工艺以及群控焊接数据管理系统,在提升节段拼装焊接自动化水平方面,对数字化焊接机器人、全位置自动焊接小车等装备的应用作出了有益的尝试,提高钢箱梁整拼的自动化焊接程度,实现了"车间化"钢结构总拼装作业,采用工厂化、厂房化施工,确保大节段批量生产时产品质量稳定性、优质、施工周期大大缩短。

深中通道节段总拼生产中,广泛运用便携式智能化焊接机器人进行钢箱梁总拼全位置焊接作业,结合无马/少马焊接工艺研究,改善以往钢箱梁整拼制造全部依靠人工焊接、焊缝质量控制难度大的状况,既提高焊接质量又提高焊接效率。同时,开发出了拼智能管控系统,基于 BIM 项目管理,协同制造云平台,集成 PLM、REP、EAM、DNC 系统以及焊接数据管理系统,实现节段智能总拼生产线与车间 MES 系统联网以及对车间设备的终端操控,加强了过程管理、实时监控。焊接数据管理系统通过网络对焊接实现全过程监控,使每条焊缝的焊接记录具有永久可追溯性,还可以根据需要对记录的焊接参数进行设备管理、焊材管理等统计分析,便于管控焊接作业。

钢箱梁节段智能总拼生产线根据节段类型可分为小节段智能总拼生产线、大节段智能拼接生产线。钢箱梁节段拼装制造主要有结构尺寸大、组装精度控制难度大、焊接位置多样化等特点。在以往项目中,钢箱梁节段拼装的自动化焊接水平较低。深中通道节段智能总拼生产线以提升自动化焊接水平为突破口,对节段拼装智能制造生产线进行科学的规划,以车间制造执行系统、智能焊接管理系统、车间视频监控系统的应用为科学管理手段,并投入小型便携式自动化及智能化焊接装备,以适应钢箱梁节段结构尺寸大、组装精度要求高、焊接位置多样化等特点,并改善现阶段自动化焊接程度较低的状况,以实现节段总拼智能化生产。

小节段拼装生产线主要包括顶板、斜底板、平底板及横隔板的直缝智能拼接、横隔板与底板的齿形板智能焊接。小节段拼装生产智能化主要体现在齿形板单元智能焊接工位,齿形板单元焊缝较为复杂,包括平位角焊缝、立位角焊缝、立位坡口角焊缝、焊缝端部包角焊,鼓励采用便携式智能焊接机器人系统实现智能化焊接,可有效确保焊接质量。顶板、底板直缝拼接采用背面衬陶质衬垫单面焊双面成型的焊接工艺,或采用气体保护焊打底和填充,埋弧自动焊盖面;横隔板横、竖向拼缝采用气体保护焊焊接。顶板、斜底板、平底板及横隔板的直缝拼接时的气体保护焊焊接可采用小型便携式自动化焊接装备(轨道搭载式焊接装置)进行焊接作业。

大节段智能拼接生产线的主要生产对象是对接合龙口的环形焊缝,应采用小型便携式自动化焊接装备进行焊接作业。

此外,深中通道还引入了可移动参数化智能焊接机器人系统,该系统是在机器人标准控制器中置入了进行电弧焊所需的电弧焊相关设备的控制功能,可作用于极富灵活性、可编程的高性能、高品质的电弧焊自动作业设备。机器人标准控制器是装备了最新电子设备、电脑和软件的控制器,可以实现更多更复杂的机器人控制功能。所有控制器作为标准规格,都具有基本的位置、速度、精度和输入输出控制功能。

可移动参数化智能焊接机器人系统如图5-21所示。通过建立模型,输入相应焊接参数,能稳定实现焊缝的外观成型质量,实现隔板与U肋槽口平角转立角的连续施焊以及焊缝端部的连续包角焊。实现标准件的连续作业,减少了人员的配置,节约了成本。

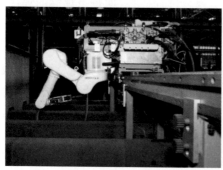

图5-21 可移动参数化智能焊接机器人系统及其应用

便携式轨道智能焊接机器人(如图5-22)是沿导轨进行焊接作业的一类焊接机器人,其运行轨迹相对固定,运动重复性好,适用于规则焊缝地焊接,其导轨可为直导轨,也可为圆导轨。焊接机器人具有位置传感器,能够自动识别焊接小车所在地空间位置;焊接参数存储控制模块允许操作者分道分区设定不同的焊接工艺参数,焊接电源联机控制模块使焊接机器人与焊接电源联动控制,可自动

图5-22 便携式轨道智能焊接机器人及应用

调节全位置焊接工艺参数;焊缝轨迹示教模块使操作者能对焊缝轨迹进行在线示教,从而使焊接机器人能适应各种不规范焊缝地全自动焊接,减少焊接过程中的人为干预。此外,焊接机器人还具有直摆和角摆两种摆动方式,可适应不同焊接工艺对焊枪摆动方式的需求。深中通道钢箱梁拼装采用的是轨道式智能焊接机器人系统(ER-100),该系统可适用于节段整拼阶段的横隔板立位对接、横隔板与腹板角焊缝,大节段拼装阶段的腹板立位对接、斜底板对接焊缝。该系统可自动检测坡口尺寸、自动生成规范参数、自动焊接,智能化程度高,配有多种形式的轨道,方便灵活,实用性强。

便携式全位置自动焊小车(如图 5-23)是实现规则的垂直对接焊缝、水平对接焊缝等位置的焊接设备,通过调整焊枪位置和角度,也可以进行角焊、横焊。便携式全位置自动焊小车的应用可以减少劳动强度,改善作业环境,提高工作效率,效率达到手工焊的 1.5 倍,可避免人为因素所造成的焊缝质量不良,确保焊接质量的稳定性。便携式全位置自动焊小车在深中通道项目主要应用于横肋板与腹板的角焊缝焊接。横肋板与腹板的角焊缝为立位角焊缝,在生产过程中为避免腹板与顶板仰焊,将顶板单元、腹板单元、横肋板单元在专用胎位上预先拼成块体。通过优化组装顺序,调整块体姿态,可将横肋板与腹板的角焊缝调整为平位角焊缝。

图 5-23　便携式全位置自动焊小车及应用

绝对激光跟踪仪内部配有高精度绝对测距系统及水平、垂直测角机构,同时配以高精度的反射棱镜作为测量目标,实现对工件的高精度测量。自动目标锁定是一项融入绝对激光跟踪仪中的崭新的视觉技术,使其能够"看到"没有被锁定的目标靶球位置(在 5 米距离,约 A4 纸大小),然后通过驱动跟踪头的转动,将激光快速锁定到反射球上,动态地锁定并跟踪目标靶球的运动,达到高效精确测量的目的。该技术的应用,打破了过去操作者需要在"黑暗状态"下寻找光束的传统方法,激光束可以直接锁定使用者的手持目标,操作者也无需花费时间学习如何在不断光的情况下有效地使用设备,使整个激光跟踪仪的操作更加简便。该测量系统为单站式跟踪系统,集合了激光干涉测距、光电探测、计算机控制、现代数值计算理论等各种先进技术,可实现空间运动目标进行跟踪并实时测量目标的空间三维坐标。它具有高精度、高效率、实时跟踪测量、安装快捷、操作简便等特点,适用于大型构件的测量。

深中通道节段智能总拼生产线通过便携式焊接设备、焊接数据管理系统、车间视频监控系统以及车间制造执行系统的实施,实现了钢箱梁总拼过程的信息管理,加强了过程管理、实时监控等。通过信息化技术的应用实现了生产信息高度集中,既能指导实际工作,又能将信息进行汇总、分析,使项目管理人员对项目信息做出正确的理解、高效的共享、及时的应对。

(4)钢箱梁智能涂装

作为影响桥梁全寿命周期耐久性关键的表面涂装施工,钢箱梁涂装目前仍然处于传统的手工作业阶段。钢箱梁人工涂装存在大量问题,例如涂料经人工配比,精度及搅拌混合程度较低,喷涂起始阶段就存在表面喷涂物料自身缺陷,局部容易产生漆膜发黄、附着力差等现象;现场作业环境复杂,施工装备管控难;人工喷涂人员自身因素影响较大,涂层质量难以保障等。在国外,集机械、电子、控制、计算机、传感器、人工智能等多学科先进技术于一体的现代化制造业重要的自动化装备——工业机器人技术日趋成熟,已经形成一批在国际上较有影响力的著名的工业机器人公司。国内也涌现了一批工业机器人厂商,这些厂商中既有像沈阳新松机器人自动化股份有限公司这样的国内机器人技术的领先者,也有像南京埃斯顿自动化股份有限公司、广州数控设备有限公司等伺服、数控系统厂商。涂装机器人作为一种典型的涂装自动化设备,具有工件涂层均匀、重复精度好、通用性强、工作效率高的优点,它已在汽车、工程机械、3C产品及家具建材等生产制造领域得到广泛应用。因此,涂装施工实现机械化、智能化是未来发展的必然趋势。深中通道项目位于白海豚保护区,对桥位涂装提出了更高的环保要求,从而给施工带来了一定的难度。尤其是钢箱梁外表面采用的电弧喷涂对表面处理的要求比较高,手工机械打磨的方式无法达到电弧喷涂要求的清洁度和粗糙度,会严重影响金属层与基体的附着力,导致涂层脱落、开裂、起皮等问题。钢箱梁外表面处理和电弧喷涂作业以及环境保护是施工的关键和难点。

根据深中通道钢箱梁喷砂和涂装的要求,项目实施时对原有喷砂房进行改建,增设先进的机器人、自动化装备及协同控制集成系统,实现桥梁钢箱梁梁段的喷砂除锈、热喷涂及喷漆作业三道工序的智能涂装。并通过对智能电控系统的研发,实现喷砂、喷漆机器人线上线下编程,机器人操作终端控制,可燃气体安全监测及报警,压差检测报警以及相关信息的传输与存储功能,与深中通道其他智能制造部分实现信息共享。项目采用的先进机器人和自动化装备,使得生产节拍缩短,且能够保证涂装工艺的一致性,减少质量问题和返工,获得高质量的涂装产品,经济效益明显,且能够将工人从有毒、易燃、易爆的工作环境中解放出来。

钢箱梁节段智能总拼生产线根据节段类型可分为小节段智能总拼生产线、大节段智能拼接生产线。钢箱梁节段拼装制造主要有结构尺寸大、组装精度控制难度大、焊接位置多样化等特点,在以往项目中,钢箱梁节段拼装的自动化焊接水平较低。深中通道节段智能总拼生产线以提升自动化焊接水平为突破口,对节段拼装智能制造生产线进行科学的规划,以车间制造执行系统、智能焊接管理系统、车间视频监控系统的应用为科学管理手段,并投入小型便携式自动化及智能化焊接装备,以满足钢箱梁节段结构尺寸大、组装精度要求高、焊接位置多样化等特点,并改善现阶段自动化焊接程度较低的状况,以实现节段总拼智能化生产。

智能涂装生产线由智能喷砂系统、智能热喷涂系统和智能喷漆系统组成,共配置1间专用喷砂车间、1间专用热喷涂车间和1间专用喷漆车间。

智能喷砂系统包含2台AGV小车喷砂机器人,智能热喷涂系统包含4台AGV小车智能电弧喷涂机器人,智能喷漆系统包含一台AGV小车喷漆机器人,通过PLC控制系统和在线视频监控系统,实现自动喷砂、涂装及监控。

喷砂车间必须全封闭、控温控湿和具备智能化喷砂除锈作业的要求,应具备自动进料、自动喷砂、回收一体化的喷砂设备(图5-24),喷砂过程中的粉尘排放应满足环保标准,满足全天候喷砂作业要求。喷砂车间地面基础应满足智能化喷砂除锈设备安装所需承重强度、平整度等要求。喷砂车间净空间作业尺寸达长55米×宽24米×高12米以上,满足项目的需求。

图5-24 喷砂设备效果图与现场实景图

喷砂除锈采用多轴关节联动的喷砂机器人设备进行作业。多轴喷砂机器人作业范围应能覆盖钢箱梁梁段外表面。喷砂设备应具备自动进料、喷砂一体化等功能。喷砂机器人设备具备人机示教、远程诊断及复杂运动轨迹记忆等功能。

热喷涂车间必须达到全封闭、控温控湿的要求，施工过程产生的粉尘应满足防爆、环保标准要求。热喷涂车间地面基础应满足智能化喷砂除锈设备安装所需承重强度、平整度等要求。热喷涂车间作业净空间作业尺寸达长55米×门宽24米×高12米以上，满足项目的需求。

热喷涂以可多轴关节联动的机器人为载体携带热喷涂设备进行自动化作业，热喷涂设备应具备自动送丝、控温控气等功能。热喷涂设备具备易燃易爆气体浓度检测功能，检测浓度预警后立即自动停机。热喷涂设备具备人机示教、远程诊断及复杂运动轨迹记忆等功能（如图5-25）。

图5-25 热喷涂设备效果图与现场施工实景图

喷漆车间必须全封闭、控温控湿和具备智能化喷漆作业的要求，应具备挥发性有机物处理净化功能，施工过程中产生的挥发性有机物排放应满足环保标准要求，满足全天候喷漆作业要求。喷漆车间地面基础应满足智能化喷砂除锈设备安装所需承重强度、平整度等要求。喷漆车间作业净空间作业尺寸达长55米×门宽24米×高12米以上，满足项目的需求。

喷漆采用多轴关节联动的喷漆机器人设备进行作业。多轴喷漆机器人作业范围能覆盖钢箱梁梁段外表面。喷漆设备具备自动供料、自动搅拌/配比、自动喷漆等功能。喷漆设备具备易燃易爆气体浓度检测功能，检测浓度预警后立即自动停机。此外，设备控制具备人机示教、远程诊断及复杂运动轨迹记忆等功能（如图5-26）。

图 5-26　喷漆设备效果图与施工图

智能涂装控制室建设尺寸为长 8 米×宽 4.5 米×高 3 米,控制室内布置有喷涂人机交互控制柜,用于生产监控及信息管理的显示大屏,配备 2 台电脑客户端、2 台数据服务器、高 2 米大型机柜,智能涂装控制平台见图 5-27。

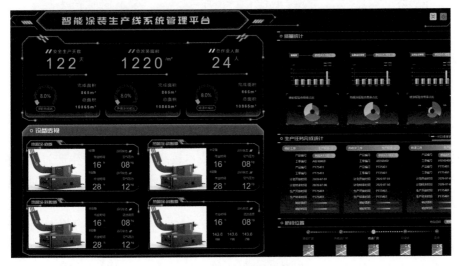

图 5-27　智能涂装控制平台

综上,通过智能制造建设和 BIM＋信息管理系统,深中通道钢箱梁生产线得以提升自动化、数字化和信息化水平。智能生产线的运用使得单元件制造智能设备使用率达 100％,生产效率提高了 30％以上,节段总拼焊接质量稳定、外观成型优良,成功实现提质增效。

2. 智慧梁场

桥梁工程智能建造依靠信息化集成智慧梁场,实现流水线协同管理。深中通道箱梁预制智慧梁场布置在中山市马鞍岛,比邻珠江口海域,具有便利的海上运输条件。整个梁场划分为混凝土输送中心站、钢筋加工中心、钢筋绑扎中心、箱梁制存梁区、出海码头、项目部驻地、信息化控制中心和安全 VR 体验馆等10 个主要功能区域,犹如一个超大型的智能超市。梁场功能分区如图 5-28 所示。根据项目进度安排,预制梁场一体两用,分为两个阶段依次进行 636 片40 米小箱梁和 160 片 60 米大箱梁的预制。

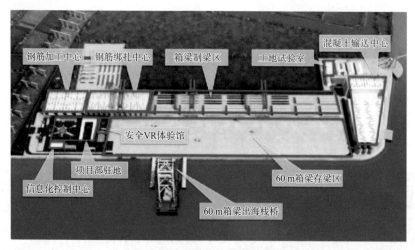

图 5-28　梁场功能分区示意图

传统预制梁场通常人工参与较多,生产过程缺乏智能化和信息化手段的支持,导致生产效率低下,产品误差多,且人力成本较高;由于缺乏对生产过程的精确控制,构件质量不稳定;缺乏有效的管理手段和技术支持,难以对生产过程进行实时监控和调整,管理难度大。

"智慧梁场"是在港珠澳大桥项目预制梁场经验基础上,为解决传统预制场存在的人工操作为主、生产效率低、通用性不强、预制梁质量存在离散性等问题,全面推行自动智能化、工厂化及装配化的建设理念,通过应用物联网＋BIM 及信息化等技术,实现模板自动化、钢筋部品化及混凝土生产智能化打造的国内最先进的梁场。项目团队研发了智慧预制梁场生产线,具体包括混凝土智能搅拌生产线,钢筋自动化数控加工生产线,液压模板自动控制系统,智能布料、浇筑及振捣系统,预应力智能张拉及压浆系统,智能化喷淋养护系统以及集成控制系统。通过生产线设备智能化、工序卡控智能化、施工管理精细化,提升预制梁的品质及工效,实现模板自动化、钢筋部品化、混凝土生产智能化及预制梁场的协同远程控制管理,打造出国内最先进的梁场。这种整体制造、运输和吊装的新模式使海上作业工厂化、智能化,有利于整个工程的质量控制,降低施工风险,同时也能更好地保护伶仃洋的生态环境。

(1) 基于 BIM 的智慧梁场协同管理平台

为实现智能化建造的目标,智慧梁场以 BIM 信息化技术为基础,融入物联网、大数据、智能制造系统等现代科技手段,建立了"1 个平台+3 套系统"的信息化管理系统框架。"1 个平台"即指 BIM 协同管理平台,"3 套系统"分别是钢筋自动化加工系统、混凝土智能控制系统和监控检测系统。通过信息化技术,集成各数控、试验及传感设备,整合数据传输接口,搭建网络通信基础设施,集成多种智能生产系统,实现预制梁场生产过程信息自动采集、数据共享,生产管理自动化、智能化。平台分别从安全、质量、进度、材料、机械、人员等方面对项目进行智能化管理,提供 C/S 端、B/S 端以及 MS 端三端的协同。系统框架如图 5-29。

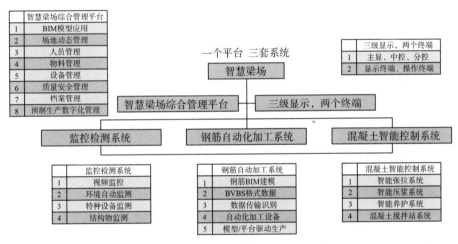

图 5-29　BIM 信息化管理系统框架示意图

智慧梁场 BIM 协同管理平台(如图 5-30 和 5-31)支持多端协同管理,实现数据信息同源共享,可随时动态掌控现场安全、质量和进度,对项目的总体情况进行宏观把控,辅助对物料采购计划、混凝土生产计划、箱梁预制计划等做出决策,实现施工数字化管理,提升了管理效率和水平。利用 Bentley、Revit 等软件对全部拟建实体制作出详细模型,以模型作为信息管理与展示的载体,可实时静态查询构件模型的各种参数及施工信息,结合动态时间属性进行施工模拟及数据分析,对施工控制、进度管控起到辅助作用。

(2) 无人值守拌合楼

建立混凝土智能拌合站系统,综合运用物联网技术、GPS 定位技术、传感器

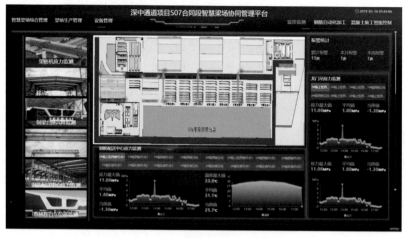

图 5-30　智慧梁场信息协同平台

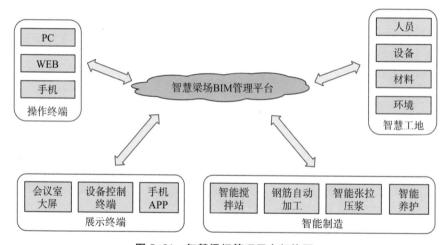

图 5-31　智慧梁场管理平台架构图

技术实现原材料、混凝土生产，车辆调度，混凝土浇筑的全过程管理。

　　智能化混凝土输送中心：深中通道项目混凝土输送中心比对第五代全封闭工厂式绿色环保搅拌站标准建设。主要配置有 4 套 HZS180 型双螺带式搅拌主机，16 个 200 吨粉料罐，11 个骨料储料仓，承担 46 万立方米混凝土供应任务，包含中控室、原材料存放区、混凝土生产区、回收料处理区和自动洗车等功能区；配备有制冰机组、冷水机组、砂石分离机、压滤机等温控和环保设备。

　　搅拌站（如图 5-32）实行全封闭集中搅拌方式、工厂化全天候生产管理。搅拌站主机、料仓、传送皮带全封闭，料仓采用布料机打料，内设自动喷雾系统降尘;尾料采用砂石分离机联合压滤机进行砂、石、渣、水分离,循环利用;配备粉料低压输送系统,大大提高粉料输送安全性。

图 5-32　智能搅拌站布置及实景图

智能化混凝土输送中心将搅拌生产系统、物料管理系统、车辆管理系统等集成化,实现混凝土生产的综合管理,从原材料全生命周期管理、生产智能化管理、质量管控等方面全面提升搅拌管理水平及智能化水平。

智能化预应力施工:为确保箱梁预应力张拉安全、准确、规范施工,深中通道项目智慧梁场采用智能化张拉设备,精确施加应力,保证张拉施工质量。压浆则采用智能循环压浆系统,通过浆液循环方式排出管道内空气,达到灌浆目的。同时使用无线传输技术以及物联网技术自动采集系统数据,通过无线网络实时将数据传输至智慧梁场管理平台,管理人员可以通过网页或者手机端实时、远程了解项目施工信息,实现张拉、压浆施工信息自动记录,施工过程实时监督,确保项目的安全和质量。

智能化压浆系统:预应力孔道压浆能够有效保护预应力钢束免遭锈蚀,提高桥梁结构的耐久性。压浆质量的好坏直接关系到预应力体系的安全性和耐久性。因为传统压浆方式压浆质量难以满足要求,智能压浆系统在预制梁场中的应用越来越普遍。深中通道项目采用 IGS-500B 智能真空循环压浆系统,总体由制浆系统、压浆系统、测控系统、循环回路系统组成。

(3)研发模板自动控制系统

全自动液压整体式模板主要由六部分组成,分别为外模及外模台车、内模及内模支架、端模、底模、液压系统和智能控制系统。智能控制系统通过控制液压系统及走行电机,实现外模自动走行定位,自动调平,自动整体抬升、平移等功能;采用液压系统和走行台车,内模具有水平方向自动撑开、下倒角自动旋转到位和自动走行等功能(如图 5-33)。

图 5-33　全自动液压整体式模板示意图

与传统的内、外模板采用的分块、分段拼装模式相比,全自动液压整体式模板具有以下明显优势:①模板自动化程度高,人工成本低,仅需 2 至 3 名作业人员即可完成模板精准对位工作,通过 PLC 模块控制面板,实现其整体安装、拆卸和移动,减少了箱梁预制过程中模板装拆的工序时间,人工成本相应降低。②模板整体性能好,确保了箱梁施工质量。内、外模板均为整体作业,接缝少,无错台,结构尺寸及钢筋保护层厚度指标合格率高,外观色泽一致,箱梁施工质量得以保证。③整体作业有效减少了模板倒运次数,提高了周转利用率;绿色环保,减少能耗。整体式液压模板是通过技术创新直接减少能源消耗的一种手段,符合环保、绿色施工的理念。

(4)钢筋数字自动化加工以及集中配送

项目团队建立钢筋智能加工流水线、钢筋集中加工和配送中心,每条流水线设数控钢筋剪切线和数控弯曲中心,实现从钢筋 3D 建模、数据网络传输、自动切割到数控弯曲成型的全自动流水线生产。通过采用数字化加工制造技术,集成钢筋自动加工生产系统与智慧梁场管理平台,实时采集钢筋进场、加工和半成品信息,实现钢筋从进场、入库、出库、加工制造到钢筋成品的生产过程自动化、智能化管理,使钢筋加工效率提高 40%,节省材料用量,大幅减少作业人员投入。以二维码或 RFID 作为产品唯一标识,记录产品生产过程中的人员设备以及质量信息,系统自动记录识别工人信息、工作时间、工位钢筋部品基础信息,打印 RFID 钢筋部品标签,实现对产品质量的全程追溯,有利于提高产品质量。建立钢筋加工集中配送管理系统,实现物料入库、钢筋加工、半成品仓储、钢筋笼制作、现场钢筋笼安装等全过程信息化管理。

3. 现浇砼索塔一体化筑塔机

（1）钢筋部品化

实行钢筋部品化,实现塔身、墩身钢筋工厂柔性生产,装备化作业,提高了品质及安全,在异型索塔、预制梁、墩柱、盖梁等钢筋工程全面推行部品化工艺,优化钢筋部品划分。建设钢筋智能加工配送中心,打造标准化流水线车间,配置先进智能化加工设备,引进先进钢筋智能管理平台,实现了钢筋的仓储化管理、智能化加工、物流化配送;借助 BIM 技术进行部品化设计和加工模拟,实现了钢筋部品化生产精细管理管控。钢筋部品化有效实现了提质降本增效的目的。

（2）一体化智能筑塔机

秉持着"装配化设计、自动化下料、工厂化制作、快速化安装"的钢筋部品智能建造理念,项目研制了基于立体弯折成型的钢筋网柔性制造生产线,提出了适用于混凝土桥塔的塔柱钢筋工业化成型和装配工艺。塔柱钢筋在钢筋集中配送中心加工成网片,利用船舶运输至现场拼装平台,组装成钢筋部品,通过钢筋笼调位系统实现塔柱钢筋安装定位。钢筋部品施工分为钢筋厂内生产、现场组装和钢筋部品整体安装 3 个阶段,实现了钢筋工程工厂化制作、部品化安装。特别是在塔柱上钢筋施工时间仅为 1 天,大大提升了钢筋加工精度以及钢筋施工效率。

以"空中垂直工厂"为理念打造混凝土桥塔施工专用一体化智能筑塔机。筑塔机集钢筋部品调位、自动浇筑、智能养护和自动控制于一体,主要由架体承载平台、爬升系统、布料系统、养护系统与监测监控系统等组成。筑塔机架体总高度 23.7 米,单个桥塔共 4 组架体,架体上设置 8 层操作走道;爬升系统由预埋件系统、爬升轨道、上爬箱、下爬箱和顶升油缸组成;布料系统主要由 2 台布料机和布料平台组成;养护系统由封闭围护幕布系统和热雾养护系统组成;智能监控系统由本地集中监控系统＋远程集中监控系统两部分组成。相比传统爬模施工工艺,采用一体化智能筑塔机施工,塔柱建造速度提升了 40%—50%,施工工效1.2 米/天—1.5 米/天,工效提高了 1.5 倍,高空及人工作业强度降低了 70% 以上,提升了质量及安全水平。

为了保证航道畅通,伶仃洋大桥主跨 1 666 米,主塔设计高度为 270 米,相当于 90 层楼高,是世界上最大跨径海中钢箱梁悬索桥和世界上最高通航净空尺度的跨海桥梁,海上施工组织难度大、风险高。同时,伶仃洋大桥位于宽阔海域环境,且处于台风多发地,施工期台风频繁,海上超高桥塔施工面临"高盐、高湿、高热"三大难题,而传统液压爬模机位多、整体性不好、承载力小,设置布料和养护系统困难,难以实现工厂化,在施工效率、品质、人员劳动强度和风险管控方面难以与建设要求匹配。因此,基于伶仃洋大桥东索塔基所处的宽阔海域施工环境,项目团队以塔柱施工移动式工厂的建设理念,提出采用具有筋部品调位、混凝土自动辅助布料及振捣、智能养护和应急逃生功能的一体化智能筑塔机,希望实现工厂化建造条件的同时通过自动化减人、机械化换人,提升桥塔建造品质、效率和安全性。

一体化智能筑塔机是建筑行业中的一种新型技术装备,它集成了自动化、智能化、信息化等先进技术,能够实现建筑塔架的高效、精准、快速建造。一体化智能筑塔机主要由控制系统、传感器、操作平台、吊装系统、运输系统等组成,具备自动化控制、智能调节、信息化管理等功能。在技术发展方面,一体化智能筑塔机主要经历了以下 4 个阶段:第一阶段为机械化阶段,此阶段主要涉及机械装备的设计和制造,以提高塔架建造的效率和精度;第二阶段为自动化阶段,主要涉及自动化控制和调节系统的应用,以提高塔架建造的稳定性和可靠性;第三阶段为智能化阶段,主要涉及人工智能、大数据、云计算等技术的应用,以提高塔架建造的智能化水平;第四阶段为信息化阶段,主要涉及互联网、物联网等技术的应用,以提高塔架建造的信息化水平。

筑塔机(图 5-34)的优点有:①相比液压爬模,仅设置 4 条爬升轨道,机位

图 5-34 一体化智能筑塔机

少,低位支撑,承载能力强,安全性更高;②专门设置保温、保湿(热雾)智能养护层,砼养护条件更好,养护时间更长,混凝土索塔品质更高;③集成自动化、机械化部件代替人工,工效更高,所需人员更少;④用工业化建造技术单节塔柱施工最快可达 1.2 米/天。项目团队以"工厂化生产、装配化施工、智能化控制"为总体思路,提出了基于工业化生产的钢筋整体成型和混凝土索塔一体化筑塔机技术。筑塔机集部品调位、自动浇筑、智能养护和自动控制于一体,将超高混凝土桥塔传统建造技术升级为工业化、智能化建造技术。

4. 智慧架设

"天一号"是国内首创的单体船型结构、全电力推进的海上架梁施工专用起重船,被誉为"国之重器"和"架梁高手"。它总长 93.4 米,型宽 40 米,型深 7 米,最大起吊重量达到 3 600 吨(相当于 2 000 多辆小汽车的重量)。该船曾参与港珠澳大桥、孟加拉国帕德玛大桥等项目的建设,并在深中通道项目中发挥了关键作用。"天一号"无需辅助船舶即可独立完成取梁、运梁和架梁工作,有效减少了工序转化交接时间,提高了箱梁架设的功效和安全性。"天一号"架梁吊具能够适应 5 种类型的箱梁,能够满足深中通道海上箱梁种类多、吊高达 64 米的需求。项目通过设计制造出重达 550 吨的吊具,既节省了材料,又加快了施工进度。在施工过程中,应用了物联网＋、BIM 及信息化等技术,实现了模板自动化、钢筋部品化及混凝土生产智能化。在深中通道工程项目中,"天一号"完成了共计293 片箱梁的架设任务,其中包括重达 3 180 吨、架设高度 64 米的箱梁,这打破了其历史作业纪录(如图 5-35)。此外,"天一号"还以高效、精准的箱梁架设能

图 5-35　钢箱梁智慧架设施工

力,确保了深中通道海上段非通航孔桥的施工进度和质量。"天一号"在深中通道项目中的成功应用,不仅展示了中国桥梁建设技术的先进性和实力,也为未来类似跨海通道的建设提供了宝贵的经验和借鉴。

5.2.3 智慧工地具体实践

深中通道工程面对重大工程中多任务、多资源协调的复杂管理挑战,引入了智慧工地系统,集成了物联网、可视化技术和智能算法,实现了对施工现场信息的实时采集、传输、分析和预判。本书在第 7 章有详细介绍,此处不赘述。为实现工地安全的可控化可视化,采取了以下一些措施:

(1) 闭环管理流程:实行"实名制"登记,使用智能工卡,实行一人一卡制度,确保每张卡与劳务人员一一对应,并将劳务人员的详细信息(包括姓名、工种、岗位、持证情况等)导入业主 BIM 平台的"安全管理模块"后台,生成个人二维码信息;岗前教育、安全教育等均实时记录并上传系统存档,同时建立劳务人员安全生产信用评价体系,实现闭环管理。如若现场工人出现违章情况,记录并上传平台进行扣分,超过 12 分会推送至其班组长并无法进入门禁闸机,必须进入培训基地再培训,考核合格后方可再次上岗作业。闭环管理流程如图 5-36。

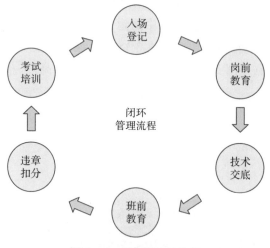

图 5-36 闭环管理流程图

(2) 设备信息化管理:"一机一码,一船一码",实名制登记,设备实时定位,轨迹跟踪。在各种设备加装 GPS 定位设备,通过智能称重、自动读取车牌、视频监控等技术实现快速计量,数据无缝传递,自动形成材料入场记录;对原材料实行二维码管理模式,通过扫描二维码对材料进场后的收货、检验申请、试验、入库及出库等流程实现追踪溯源。

（3）特种设备的安全监控：为了确保特种作业设备的安全运行，在特种作业设备（塔吊、架桥台车等）上布置各种传感器，实时采集特种作业设备的运行监控信息。常用的设备传感器包括风速传感器、位移传感器、倾角传感器、压力传感器、千斤顶行程传感器、应变传感器，用以判断受力情况和进行防碰撞预警。通过数据采集设备采集特种作业设备的监控数据，并将数据通过无线网络接入智慧工地系统，实现对特种作业设备的安全监控和管理。通过 GPS 定位系统和LBS 系统，实时查看其运动轨迹，监控开关机时间和操作人员情况。此外，深中通道工程结合 BIM 技术，将施工监测数据与设备状态信息进行集成，处理后的数据将通过无线网络接入智慧工地系统，实现数据的实时传输和共享，智慧工地系统可以对接收到的数据进行存储、展示和分析。通过 BIM 模型的动态展示和关键参数的实时监测，直观地了解设备在运行过程中的状态变化，并对数据变化进行实时监控。一旦数据超出预设的阈值范围，系统将自动触发预警机制，管理人员可以及时发现设备可能存在的安全隐患，并采取相应措施进行预警和干预（如图 5-37）。

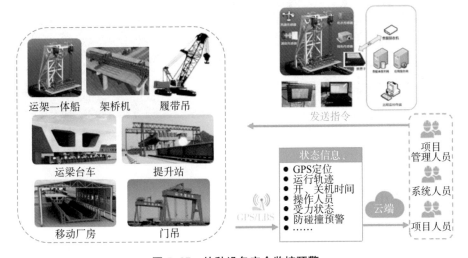

图 5-37　特种设备安全监控预警

（4）特殊结构实时监测：深中通道应用互联网＋、物联网及 BIM 技术等，实现锚碇、深基坑等危大工程（特殊工程）实时监控和管理，采用智能化手段提升水下监测技术和施工工艺水平，使水下隐蔽工程作业可视、可控，提高施工精度和质量，保障工程结构安全和施工环境安全。例如，设立锚碇深基坑结构安全监测平台,先完成监测数据自动录入、数据筛选、失真数据自动剔除等前处理工作,显示筛选后的监测数据,并绘制监测数据分布图,设置预警阈值;然后对比分析监测结果与理论结果/模型计算结果,监测数据相关性分析,数据超限预警;最后自动生成各监测内容的日报表、周报表、月报表等。

(5)应急指挥中心:深中通道通过融合物联网(IoT)、地理信息系统(GIS)、全球定位系统(GPS)等先进技术,建立了施工动态管控暨联合应急指挥中心(SDMCC),形成了一个高效、智能的监管体系。通过智能工卡、监控视频、工地物联网等,实现对人机船的实时管控,例如深中通道智慧工地安全风险动态管控系统(图5-38),在台风等恶劣气候下,保障人、船的安全状态。

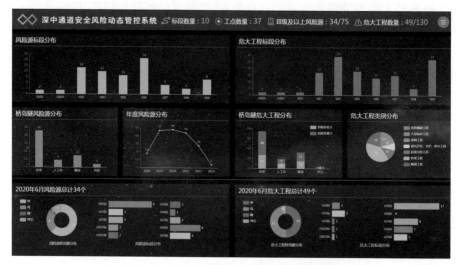

图5-38　深中通道智慧工地安全风险动态管控系统

5.3　本章小结

深中通道项目建设受到多重技术条件和环境条件的制约与挑战,为贯彻国家"科技强国、质量强国、交通强国"战略,实现深中通道高质量建设,迫切需要结合当前信息技术、互联网技术的发展进行跨海交通集群工程建设技术的产业升级。建设深中通道制造体系的要点体现在点—线—面—体一体化地将目标、主体、资源、装备、技术以及成员等集成为一体,同时也体现在产业链供应链的管理方面上,实现重大型装备的自主可控,确立产业基础建设能力,最后在建设中破解卡脖子难题,实现合作创新,填补国内技术空白。

本章从深中通道钢壳沉管隧道智能制造、桥梁工程智能制造、智慧工地三个方面的具体实践来阐述深中通道智能制造体系,介绍了三个具体实践中突破性、创新性的技术方法,数字化、信息化的管理模式和建造系统以及重大型创新建设装备的使用,从中我们能看出深中通道建设智能化的建设体系,利用数字化的设计、管理和生产模式,减少人工并且提高人员和装备物料的安全保障,设计符合当下现有情况的结构工程,迅速地输送和反馈信息,采取创新性的技术方法,结合智慧系统,在短工期内实现高质量的桥梁基石建设,最后研发新型重大工程安装设备,完成毫米级的对接工作。在第 7 章中将对智慧工地进行详细的分析与介绍,本章仅对智慧工地中的智能制造亮点进行介绍。

综上所述,深中通道作为粤港澳大湾区发展核心战略通道,结合国家战略需求和深中通道工程建设难点、技术挑战,积极推行智能建造,打造"平安百年品质工程",建设智能制造体系,为交通强国建设发挥好"排头兵、领头羊"的示范引领作用。

参考文献

[1] 王海云,郭峰,郭洪,等. 钢结构工程深化设计中建筑信息模型的应用研究[C]//《施工技术》杂志社,亚太建设科技信息研究院有限公司. 2023 年全国土木工程施工技术交流会论文集(上册). 北京城建建设工程有限公司,2023:5.

[2] 金文良,李宏钧,彭英俊,等. 深中通道岛隧工程绿色建造技术探索[J]. 公路,2023,68 (10):256-263.

[3] 吴旭东,席俊杰,刘辉,等. 深中通道钢壳沉管管节自密实混凝土智能化浇筑工艺[J]. 隧道建设(中英文),2022,42(02):328-335.

[4] 彭英俊,吴旭东,刘辉,等. 深中通道钢壳混凝土沉管智能化浇筑质量控制[J]. 工程质量,2021,39(11):27-30.

[5] 芮伟国,贾骁,冯胜坤,等. 深中通道沉管隧道钢壳智能制造体系构建与应用[J]. 广东公路交通,2021,47(05):46-51.

[6] 刘健,邓斌,黄清飞. 深中通道沉管隧道钢壳设计及制造关键技术[J]. 隧道建设(中英文),2021,41(08):1367-1374.

[7] 刘健,罗林杰,卜庆晗,等. 一座世界级跨海集群工程的 BIM 探索与实践[J]. 中国公路,2021(14):47-49.

[8] 王康臣,董家琛,侯星,等. BIM 技术在船厂钢壳智能制造中的应用实施[J]. 造船技术,2020(06):63-67.

[9] 核心装备悉数亮相 "金刚钻"揽下"瓷器活"[J]. 建设机械技术与管理,2020,33(03):38-39.

[10] 陈伟乐,宋神友,金文良,等. 深中通道钢壳混凝土沉管隧道智能建造体系策划与实践[J]. 隧道建设(中英文),2020,40(04):465-474.

[11] 贺明玄,沈峰. BIM 技术在建筑钢结构制作中的应用[C]//中国建筑金属结构协会,湖北省住房和城乡建设厅,武汉市人民政府. 钢结构技术与工程应用最新进展:2014 中国建筑金属结构协会钢结构分会年会和建筑钢结构专家委员会学术年会论文集. 宝钢钢构有限公司,2014:28.

[12] 刘佩斯. 深中通道智慧梁场建设及运营研究[J]. 世界桥梁,2023,51 (S1):26-33.

[13] 宋神友,陈伟乐. 深中通道桥梁工程方案及主要创新技术[J]. 桥梁建设,2021,51 (05):1-7.

[14] 张迎松,梁海文,陶建山,等. 深中通道 BIM 技术在预制梁场的成套解决方案研究与实践[J]. 土木建筑工程信息技术,2020,12 (02):55-61.

[15] 邹威,宋神友,陈焕勇. 深中通道伶仃洋大桥超高混凝土桥塔施工关键技术[J]. 桥梁建设,2020,50 (06):97-103.

第6章

数智赋能深中通道
协同管理

　　深中通道工程建设需要众多参与主体协同有序完成,同时在建设过程中面临时间、成本、质量、安全、数据档案管理等多维度业务协调的挑战。面对如此复杂的管理场景,深中通道打造了协同管理平台,实现了项目各方的有效协同,使工程本身的建设过程更加高效、科学和智能。本章将详细介绍深中通道如何研发部署基于 BIM 的协同管理一体化平台,全面促进"质量—安全—进度—成本—档案"协同管理,打通各环节数据断链,实现各业务模块数据的自动流转,大大提高管理效率,为深中通道项目的精细化、集约化管理提供保障。

6.1　数智赋能深中通道协同管理概述

6.1.1　数智赋能深中通道协同管理背景

深中通道工程规模大、建设周期长、建设成本高,需要多主体协同完成工程,参与主体除了政府之外,一般还包括业主、设计、监理、科研、咨询单位、承包商、供应商以及其他职能部门等众多专业领域和参建单位。此外,深中通道工程管理包括时间、成本、质量、安全等多个维度。因此,在工程的长建设周期中会产生来自多主体、多业务、多环节的动态海量数据。上述客观情况不可避免地形成了深中通道多主体利益、多目标、多业务、多元数据并存以及亟需兼顾的需要,而这也正是重大工程管理复杂性的重要原因之一。因此,深中通道工程管理十分需要增强多维度的协同能力。

BIM 技术为重大工程协同管理提供了全新的解决方案,通过数字化手段将重大工程的各种信息集成到一个三维模型中,在信息流通、数据共享、协同工作方面存在显著优势,通过扁平化管理、互联互通、集成决策,实现工程信息的全面共享和高效利用,进而促进设计、施工、运维的信息共建共享和工作高度协同。可见,采用基于 BIM 的协同管理技术开发和运用对于促进重大工程高效管理显得尤为重要。

为此,深中通道开发了基于 BIM 的多维度协同管理平台。具体而言,通过整合工程本体的物理参数以及材料信息、进度、成本、质量数据信息,实现信息的实时共享与更新,加强建设全过程中各个环节的联系,有效降低沟通成本和失误操作概率,帮助工程优化资源配置、降低成本,同时协助各参与主体进行合理的任务分配、资源调度和风险管理等等,从而实现项目各方的有效协同,实现项目价值最大化。

6.1.2　数智赋能深中通道协同管理的新挑战

虽然在重大工程建设管理过程中亟需基于 BIM 进行协同管理,但同时也需要看到进行协同管理的挑战与难点问题。

在工程的建设中,成本、进度、安全、质量等各个部分都是决定工程最终交付品质的重要因素,各个部分所涉及的信息和构成都十分复杂,尤其在重大工程中,各个部分之间联系的耦合程度更高,而并非孤立存在。例如,质量管理中的数据把控是进度管理需要考量的重要因素,同时也是计算成本的关键一环,因此在使用 BIM 进行协同管理时也面临着巨大挑战。

一是，技术标准不统一造成多方信息集成和共享难。在工程的建造过程中，存在大量的成本信息、进度信息、工程本体物理参数信息等，需要在协同管理中进行集成和共享，从而保证各个参建方都具有相同的数据基础。而在实际情况中往往会出现不同参建方或负责不同模块的管理者所采用的软件、数据格式和标准不同，从而加大了数据集成和共享的难度。

二是，在协同管理中对于数据质量和准确性的把控也十分困难，如何保证建模人员的技能水平、数据采集的精度、信息更新的及时性等等，也都成为协同管理的挑战。

三是，人员的专业程度也亟需进行提升。技术的发展对于建造过程中各方人员 BIM 技术的管理应用能力、学习能力和专业水平都提出了更高的要求，即使是在有全面且高效的工具的基础上，建造管理人员也必须及时提升自己的使用能力，否则再全面且高效的工具也无济于事。

深中通道工程的技术更加复杂、建设周期长且营运要求高，在品质工程高要求的背景下，面临协同、质量、安全、进度、成本等多方面的管理难题。首先，各项工作从设计到施工，手续多，环节多，单位多且分布于全国各地甚至国外，协同难度非常高。其次，质量、安全、进度等，在高技术难度和恶劣的施工条件的背景下也是挑战重重。此外，在深中通道建设过程中，传统业务形成的纸质档案已经无法满足海量有价值的业务数据和电子文件归档对档案管理的需求，电子文件归档和电子档案管理面临巨大挑战。上述各个管理模块之间的联系又非常紧密，且相互影响、相互作用。总的来说，深中通道工程具有工作界面多、管理线条多、参建单位多等特点，质量、进度、安全等多管理模块协同要求高，工程涉及系统众多，各系统数据之间相对独立，极易形成"数据孤岛"，因此利用 BIM 技术进行协同管理也面临着巨大挑战。

深中通道管理中心克服了上述挑战，基于当前蓬勃发展的 BIM 技术，充分分析了协同管理所面临的痛点、难点，并针对深中通道工程本身的特点以及协同管理要求，打造出了一个全员参与、数据共享、信息互通互联的项目协同管理系统，有效地提升了工程的信息化和智能化水平，实现了高效精准的协同管理。

6.2 数智赋能深中通道协同管理的总体思路

为了实现工程管理"提质、增效、降本、溯源"的目标，深中通道项目结合工程建设领域数智化技术与深中通道项目的特点，对以 BIM 技术为代表的一系列信息技术的应用从总体上做了全盘规划，并结合工程实际情况稳步推进、逐项落实，研发部署了"BIM协同管理一体化平台"，实现数据共享、多维协同。

该平台融合了"云计算"和BIM技术，侧重于为工程各参与方提供基于BIM的问题解决方案。在协同管理平台上，各类工程信息能准确、安全、快速地发布和交互，工程各方人员能方便安全地及时查阅工程信息，掌握工程实施进度和质量安全问题处理情况等。

协同管理平台的设计主要为实现三个目标。①发挥BIM模型信息集成优势，利用互联网先进技术，集成设计施工管理的数据，实现业务信息集中存储、管理和利用，为质量、安全、进度、造价的协同管理提供支撑。②发挥BIM模型数据传递的优势，将设计、施工中的信息交付给运营阶段，为实现工程全寿命周期的协同管理提供信息支撑。③总结和梳理协同管理平台的技术准则，为形成BIM工程应用智能提供支撑。

该协同管理平台为解决前文所述的数据标准的问题，更好地实现信息数据共享，搭建了一个"平台＋模型＋数据库"的系统架构，将设计阶段BIM模型输出的文件格式进行破译，实现模型与属性数据分离储存，对模型赋予全寿命周期唯一性识别码，将唯一性识别码与属性数据进行唯一映射。遵从设计、施工和运维各个阶段的数据编码习惯，将施工和运维阶段采集的数据与相应阶段编码进行关联，然后只需将各阶段的数据编码体系与上述的全寿命周期唯一性识别码进行映射关系处理，便可实现BIM数据在全寿命周期的无损传递和可视化溯源，主要设计框架如图6-1所示。

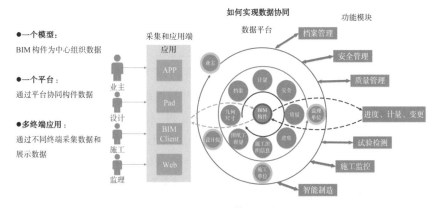

图6-1　BIM项目协同管理平台设计框架

深中通道建立该平台进行协同管理的重点目标是实现建设阶段项目协同管理功能，如进度管理、安全管理、质量管理、计量支付管理等从数据到业务的协同。从业务视图看,BIM 协同管理平台规划的管理功能最终形成的业务框架如图 6-2 所示。

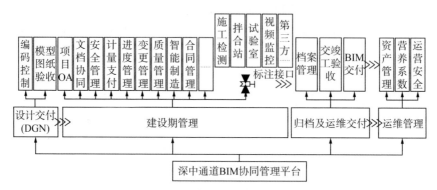

图 6-2 深中通道 BIM 协同管理平台业务框架

平台整体功能规划架构分为横向和竖向 2 个流向,具体如下:

(1)竖向分为底层、中间层、顶层 3 个层次。底层为平台层,既要通过 BIM 技术实现不同业务数据的有机集成和唯一数据源管理,又要保证系统持续的可升级、可维护、开放性等要求。中间层分为设计交付模块、建设期管理模块、归档及运维交付模块和运维管理模块,通过中间层的设置实现系统底层平台与顶层业务模块的分离和弱耦合性。每个中间层又对应多个顶层业务功能模块,例如建设期管理模块中间层对应项目 OA、文档协同、安全管理、计量支付、进度管理、变更管理、质量管理、智能制造和合同管理等。

(2)横向按工程的进度分为左、中、右 3 个分区。左侧为设计交付区,主要是指 BIM 模型和图纸的编码与交付,只做中间层的数据集成,不做顶层的业务集成;中间为本章节的重点研究范围,即施工期基于 BIM 的协同管理,协同主要指数据协同、业务协同和多用户角色协同;右侧区域为归档及运维交付和运维管理模块,为了更好地实现建养一体化,运维交付与运维管理在中间层和顶层都要做集成。BIM 施工协同管理,两侧通过"设计交付"和"归档及运维交付"实现业务层面的动态协同,整体实现系统功能模块分层树形结构划分。

聚焦施工期的研究重点,其协同管理平台的总体设计思路如图 6-3 所示。以施工 BIM 模型为基础,将模型单体化,与单位分部分项工程编码关联。从手机移动端发起工序报验,实时反馈实际工程进度,与计划进行对比分析,实现工程进度管理。现场的质量检验与工序报验同步进行,在质量管理系统生成工程质保文件。支持计量支付系统,由进度和质量模块自动生成当期工程量计量清单,辅助计量支付。各大业务模块的数据通过分部分项编码与 BIM 模型相关联,对建设期施工现场实际开展中的5大基本要素人、机、料、文档、工程主体予以全面考量,建立一套完整并且具有唯一识别效率的编码体系进行关联。

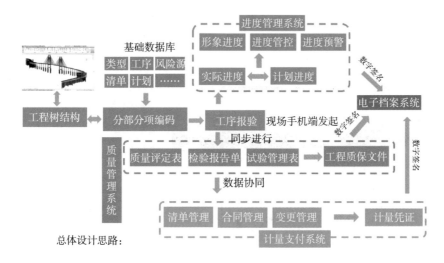

图6-3 BIM项目协同管理设计思路

在解决了数据共享的流畅性和透明性的基础上,需要考虑的是平台的使用者和建造过程的各方人员,倘若人员不会操作、不便于操作,即使平台设计得再好,也无法应用到实际中,反而会增加使用者的工作量。因此,为尊重用户使用体验,减轻一线工作人员的内业工作量,深中通道协同管理平台以多重终端形式与用户进行数据交互,开发了网页端(B/S架构)、PC端(C/S架构)和手机端(APP)。网页端实现数据处理、数据协同和文件流转;PC端实现BIM模型加载和可视化管控;手机端可实现移动办公功能。页面形式如图6-4所示。

从工程管理最小单元工序报验发起,手机APP实时反馈实际工程进度,与计划进行对比分析,实现工程进度管理。现场的质量检验与工序报验同步进行,在质量管理系统生成工程质保文件。支持计量支付系统,由进度和质量模块自动生成当期工程量计量清单,辅助计量支付。各大业务模块产生的数据通过分部分项编码与BIM模型相关联。集成广东省已有的计量支付、质量监督管理以及施工监测等系统,将深中通道BIM平台真正打造为数字工程承载平台。

为了彻底解决以往工程信息化管理"两张皮"的问题根源,项目全面推广数字签名技术,通过1 000个数字证书、3 000张标准化流转表格和10万条WBS编码,实现基建程序审批表格、质量检验表格、计量凭证等的无纸化填报、线上审批流转和自动归档。

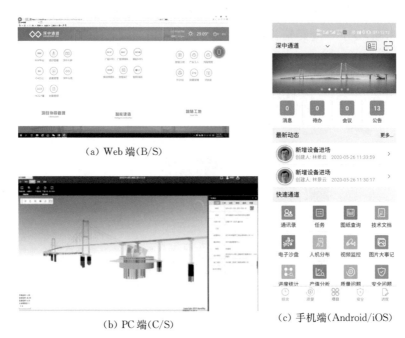

（a）Web端（B/S）

（b）PC端（C/S）

（c）手机端（Android/iOS）

图6-4　BIM项目协同管理平台应用终端

　　总的来说，深中通道项目为彻底解决"数据孤岛"、管理效率低下等问题，构建的协同管理框架如图6-5所示。建立的BIM协同管理平台以工程交付物分

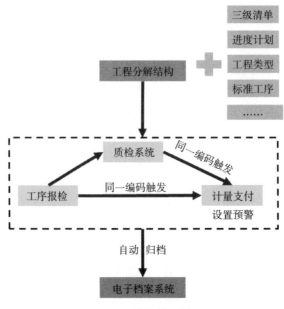

图6-5　协同管理框架

解(WBS)为载体,实现了现场—进度—成本—安全—质量—档案多维度协同管理,不仅解决了传统工程管理中的信息不畅、数据不一致等问题,提高工程管理的效率和精度;更能够促进工程各方的紧密合作和协同创新,推动深中通道的工程管理向智能化、精细化方向发展。

6.3　数智赋能深中通道的多维度管理现实场景

6.3.1　深中通道进度管理

进度管理也可以称为时间管理,在工程项目中主要体现为工期。进度管理是确保项目按时交付、资源有效利用以及成本控制的关键环节,涉及从项目启动到完工的整个过程,以时间为主线贯穿于整个建造任务当中,包括对各个阶段的时间规划、进度监控与调整的一系列活动。

在工程建造中,进度管理需要制订详细的进度计划,包括分析项目需求、明确工作范围、评估资源需求等,从而设定合理的里程碑和时间节点。在实际建造过程中,需要实时监控实际进度与计划进度的对比,及时识别和发现偏差,一旦发现进度问题及时进行必要的纠偏措施,从而保证项目的成功实施。

对于重大工程来说,其具有复杂的项目结构和多变的外部环境,相互之间的依赖性和影响性很高,随时都可能会对进度管理造成不可预见的影响,并且重大工程的规模较大,需要大量的人力、物力、财力和技术资源,如何有效地管理和协调这些资源,确保资源的及时供应和合理利用也是进度管理的一大难点。除此之外,重大工程会面临更高的技术难题和不可预见的风险,具有高度的动态不确定性,如涉及变更、材料短缺、技术应用滞后等问题,都会给进度管理带来挑战。同时由于涉及了多个利益主体,各方之间是否能够进行有效沟通和协作,避免矛盾和冲突,也是进度管理面临的重要问题。

为此,深中通道将进度管理进行细化,建立平台中的进度管理模块,包括施工计划编制、施工计划报审、形象进度统计、进度分析管控和进度预警等,如图6-6所示。

1. 施工计划编制与报审

施工计划按计划周期分总体、年、季、月度计划。年度计划按本项目全线的总体工期要求,结合各个合同段总工期的实施情况进行综合平衡后制定;季度计划结合本年度的整体计划情况、各标段施工单位已实现的进度情况及本季度的项目实际情况进行编制;月度计划根据季度的计划要求和本月的项目实际情况

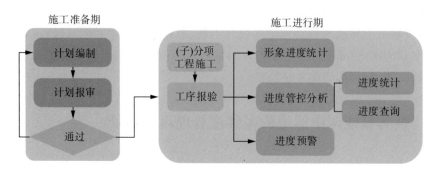

图 6-6　进度管理的主要内容

编制。

施工计划的编制须满足以下原则：

（1）满足合同规定的总工期要求；

（2）施工计划应清楚地表明施工中的全部活动及关系，各项工程、各道工序的施工顺序正确，无错排、漏排；

（3）应充分考虑季节性气候变化、环保要求、节假日及相关单位要求对施工的影响和限制，一些受限制的工程和工序应避开敏感时间区段；

（4）必须具有符合现场实际情况、切实可行的施工方案；

（5）合理配置工、料、机、资金等各种资源，尽量使资源得到连续、均衡使用，避免资源需求出现巨大波动；

（6）施工计划要符合实际，具有一定的柔性；

（7）施工计划应同步在深中通道协同管理平台上申报。

施工计划在协同管理平台上的编制与报审的主要流程如下：

（1）编制施工计划时应严格遵循施工标段的 WBS 分解和编码规则协同管理平台下载。

（2）完成施工计划 Project 文件填写后，上传协同管理平台。协同管理平台提供了对施工计划的查询、编辑和调整功能。

（3）在协同管理平台上对施工计划检查无误后，进行施工计划的报审。

（4）施工计划报审后，由监理单位进行审核，由深中通道管理中心进行审批。审核和审批均在协同管理平台上完成。

2. 形象进度统计

协同管理平台可实现对工程形象进度、计量和质量数据的实时、准确统计。

实时进度统计数据来源于现场的工序报验环节。工序报验完成后，协同管理平台实时更新已完成分部分项工程的数据,进而统计实时进度数据。

进度统计模块的功能包括:

(1)在BIM模型中直观地展示三维形象进度,例如采用不同颜色比例来区分未开工、本月计划、正在施工、已完工等不同状态的构件;

(2)按照标段、单位、分部、分项工程统计已完成工程量、资源用量和工程成本,以甘特图、柱状图、饼图等形式直观显示工程完成进度,并提供统计报表生产功能;

(3)提供进度计划执行情况的跟踪功能,实现实际进度与计划进度的对比分析,例如产值对比、延误分析等;

(4)与质量、计量和安全模块实现数据协同,将施工痕迹、质检资料、安全隐患、计量支付信息与BIM模型相互关联,实现对工程对象信息的实时查询。

总的来说,重大工程在建造过程中,进度管理面临着巨大的挑战,合理的进度管理是确保项目按时交付、提高资源利用率、降低项目风险、提高项目质量、增强项目可控性和提升项目效益的关键。因此在重大工程建造中,必须加强对于进度管理的重视,确保项目的顺利进行。对于深中通道项目来说,由于项目所涉及的分部分项过程量级很大,以及参建单位众多,因此需要保证各方进度数据的准确性和及时性,保证现场的可视化连接,从而实现进度的有效管控和可视化溯源,保证进度管理的每一步都有迹可循。

6.3.2 深中通道质量管理

工程质量管理指的是在工程项目实施过程中,对工程项目的质量进行规划、控制、保证和改进的一系列活动,贯穿于工程项目的各个阶段,涉及从决策到施工验收全过程。工程质量管理的目的是确保工程项目按照预定的质量标准和质量要求进行施工,从而保证工程项目的安全、可靠、耐久和经济性。

工程质量管理作为一个系统工程,要求项目管理团队在工程项目建造全过程中,以质量管理为核心,通过制定和执行质量计划、进行质量控制和质量保证等活动来不断提高工程项目的质量水平。同时还强调质量预防和质量改进的重要性,通过持续改进工程项目的质量管理体系来提高工程项目的质量和效率。

对于重大工程来说,质量管理面临的问题和挑战更大一些。就深中通道项目而言,由于其结构的复杂性,施工操作难度更大,质量控制也就变得更加困难。首先,质量管理涉及并且依靠的关键就是生产数据。项目建设过程中,对数据进行获取、测量、试验、检测、评定等主要依靠人工操作,处理这些数据时需要进行枯燥的计算,涉及烦琐的记录报表和频繁的数据存取,这加大了人为失误的可能性,从来源上不能保证数据的准确和全面。其次,深中通道参建单位多、协同难、时效低。本项目施工阶段现场质量直接管理参与单位有建设单位、监理单位、施工单位、检测单位等,此前各单位均按照各自的管理模式对项目进行管控,缺少统一的协同途径,管理痕迹大多体现为各类纸质报告、表格、函件等,容易导致信息的衰减与滞后,无法形成实时信息共享机制,不利于项目管理效率的提升。最后,深中通道项目涉及大量的数据,信息来源离散,对于信息化之后的数据,因为各个信息化系统各自独立,并且不同的建设项目所用系统也有所差别,出现了不同项目质量数据大量积聚,却各自孤立的现象,即信息孤岛,一旦出现质量缺陷则很难查明原因,无法及时修复和追究质量责任,对工程质量的监督管理所提供的决策支持有限。

为此,深中通道工程质量管理的内容包括首件工程管理、工序报验、质量检验、质量隐患排查等。

1. 首件工程管理

为实现深中通道工程的监督与管理,确保工程内在和外观质量,消除质量隐患,杜绝质量问题和重大质量事故,深中通道采取首件工程认可管理制度。首件工程认可立足于"预防为主,先导试点"的原则,抓住首件工程的各项质量指标进行综合评价,以指导后续工程大面积施工,及时预防和纠正批量生产中可能产生的各种质量问题。首件工程认可制作为标准化施工工艺,在后续工程中推广,后续工程施工工艺标准不得低于首件工程。

首件工程的开工申请和验收均在协同管理平台的管理审批模块线上完成,

图6-7 首件盖梁支架安装

由施工单位发起申请,监理单位审核,管理中心审批。完成"申请—审核—审批"闭环流程后,系统自动生成《首件工程开工申请表》和《首件工程验收单》电子文档,并进行归档处理。图6-7是首件工程认可管理制度下S06标段的首件盖梁支架安装。

2．工序报验

通过工序报验,可实现对施工现场的精细化管理,反映现场的实际进度情况,加强对施工部位的质量管控,并对施工方与监理方起监督作用。

工序报验是质量管理模块的最基础单元,对深中通道项目的进度、质量和计量协同管理具有重要意义。一方面,工序报验过程完成了对施工工序的质量检验,将质量信息实时反馈给协同管理平台;另一方面,当工序报验完成后,协同管理平台能够实时、自动地统计该工序对应的工程量,完成工程量计量,并更新标段的工程进度信息,从而实现进度、质量、计量的协同管理。

工序报验属于工程外业操作,采用协同管理平台的"智慧深中"APP完成,具体操作流程如下。

（1）施工人员发起工序报验流程,通知施工单位质检工程师进行工序自检;

（2）施工单位质检工程师完成工序自检后,通知监理工程师;

（3）通知监理工程师确认进行工序报验,然后进行现场工序检验;

（4）监理工程师完成工序检验,通过手机端现场签认,填写工序报验审批信息（时间、地点、分项工程WBS、部位、班组等）,并上传工序报验的相关文件、照片、视频等附件;

（5）协同管理平台根据工序报验数据,自动统计工程量和质量数据,进行形象进度统计,实现进度管理、工程量计量的数据协同。（图6-8）

除了工序报验流程以外,手机APP可以随时随地查询不同类别分项工程对应的工序的标准化工艺操作流程和质量控制要点,提供便捷式检索查询功能。

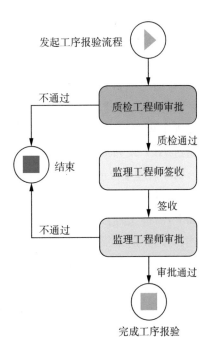

图6-8　工序报验的操作流程图

3. 质量检验

深中通道项目的质量检验环节(数据采集、填报、审批流程等)通过广东省交通工程质量安全管理系统(下简称质量检验系统)线上完成。BIM协同管理平台Web端提供质量系统的登录接口。

(1)提供从业单位、从业人员、试验检测机构等管理功能模块,对各类从业单位、人员进行统一管理。

(2)为项目准备阶段提供单位分部分项划分、桩基础管理、测量控制点埋设、原材料进场、配合比设计等统一的管理模块,使数据可以重复引用。

(3)为施工实施阶段提供试验检测、测量控制、施工记录、质量检验、质量评定等一千多种质检表格,各类表格依照现行规范要求进行自动计算、分析、评定、下结论,并自动绘制各类曲线图。

(4)提供材料使用数量控制及质量问题快速追溯的分析功能,对材料使用量及使用情况进行管理。

(5)提供施工单位自检、监理抽检及外检频率统计功能,并自动汇总各类试验数据,形成各类试验台账。

4. 质量隐患排查

为加强工程监督和管理,消除质量隐患,杜绝质量问题和重大质量事故发生,深中通道项目采用质量隐患排查和处理制度。监理单位和建设单位在工程巡视过程中若发现工程存在质量隐患问题,可及时在手机端通过APP发布质量问题,具体流程如下:

(1)监理单位或建设单位发现工程质量隐患,在手机端发布质量问题。发布质量问题的界面上,需提交标段信息、分部分项工程、位置描述、问题类别、问题描述、整改要求、现场照片和视频、整改人和整改期限、问题等级等信息。

(2)整改人收到质量问题信息后,着手解决质量问题。解决成功后发布验收申请。

(3)验收人收到通知后,进行质量问题验收,若质量隐患得到解决,则在手机端进行验收确认,否则予以驳回。

(4)验收完成后,协同管理平台进行归档处理,生成电子文档。(图6-9)

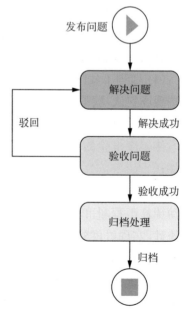

图6-9　质量隐患排查的操作流程图

进一步结合物联网技术开展更精细、准确的质量跟踪监督管理,确保工程质量,以拌合站生产质量管理活动为例开展说明。

（1）原材料进场管理

通过摄像头或 RIFD 进行车牌识别和车辆地磅称重后进行数据采集,从第三方地磅数据系统中获取材料类型、规格、重量、批次号、供应商、时间等信息后,进行材料确认入库。

（2）试验检测管理

工地试验室承担着进料之前的原材料检验、施工配合比试验、施工过程检验、已完工工程检测评定等多项任务,因此对工地试验室的数据监控,对工程质量的把控有着重要意义。对工地试验室试验数据的监控通过控制器/物联网网关,把试验数据上传到远程服务器,避免数据在本地储存被篡改。深中通道质量综合监控中心通过互联网实时访问远程服务器数据。通过物联网协议 MQTT 和移动/互联网,建立互联互通的网络关系。

工地试验室的数据监控有两方面:一方面,实时读取并存储上传各工地试验室的养护箱(室)的温湿度值、设定值、状态;另外一方面,对各类型试验机软件系统进行改造,保证每台试验机在试验过程中的设置参数、试验过程数据、试验结果数据均及时上传到质量管理系统中,保证试验数据的完整性和不被篡改性,进而杜绝用料不合格、检测不合格而通过验收的情况出现。

（3）拌合站生产监控

项目中不论是桥梁工程还是隧道工程都需要用到大量的混凝土,不同工程部位对混凝土的强度要求不同,因此需要对拌合站的生产数据进行监控,保证其生产数据可知可控。为保证拌合站数据的准确可靠性,项目团队对各标段拌合楼加装了监测系统。拌合站监测系统与原控制系统为独立并行架构,监测系统并行采集各个秤体重量传感器信号,接收控制系统及操作人员控制信号,以及拌合站运行过程信号,实时获得拌合站实际计量数据,并形成单盘数据记录计入数据库,监控系统数据、控制系统数据分别与设定值进行对比。当监控系统或控制系统中有数据超过了设定的偏差范围时,则发送告警信息通知相关人员,相关人员查看收到的告警信息后对告警内容进行检查处理,检查处理完成以后录入告警原因分析与处理结果。

与传统拌合站的管控相比,深中通道拌合站的数据监控系统保证了数据的真实性,杜绝了以往人工更改数据的可能性;保证了数据的完整性,对拌合站每一车/盘数据的实际配比情况均如实记录;保证了管理的科学性,从出现偏差告警到干预调整告警关闭,各环节有关人员的活动在系统中均如实体现。

（4）现场质量监控中心

项目质量监控中心通过对接现场物联网生产设备数据，采用可视化展示，达到质量预警与监管的目的，方便深中通道业主、施工单位、监理单位及时发现工程质量中的问题。

可以看出，基于BIM的协同管理平台以及与物联网技术的结合，对于解决深中通道质量管理中的困难具有重要意义。技术的应用，可以提高其质量管理的效率和准确性，降低质量成本，提升工程质量水平，为深中通道工程的成功实施提供有力保障，确保将深中通道建设为百年品质工程。

6.3.3 深中通道安全管理

工程安全管理是指在工程建设过程中，通过制定和实施一系列的安全措施、规章制度和管理策略，以确保施工现场人员、设备、材料和环境的安全，防止和减少事故的发生，保障工程建设的顺利进行。随着现代社会对工程质量和安全要求的不断提高，工程安全管理已经成为工程建设不可或缺的重要组成部分。工程安全管理涉及多个方面，包括但不限于安全教育培训、安全检查与监督、风险评估与预防、应急处理与救援等。它要求项目团队在施工过程中，始终将安全放在首要位置，通过科学的管理方法和手段，确保施工现场的安全稳定。

在重大工程建设中，安全管理面临的挑战和问题更加艰巨。首先，对于重大工程来说，其建设工程规模更加庞大、施工环境更加复杂。例如，在深中通道隧道工程的施工过程中，往往会存在水下作业、高空作业等高风险作业环节，加之环境的不确定性变化，每一环节的安全管理都要求更加精细化和专业化。其次，重大工程所面临的技术挑战更加复杂。随着科技的不断进步、工程技术的不断创新以及工程本身的建设要求更加艰巨，新的施工工艺、材料和设备不断涌现，也给安全管理带来了新的挑战，相关团队需要不断学习和掌握新的安全知识和技术，以应对日益复杂多变的施工环境。此外，施工人员因素也是重大工程安全管理的重要因素。一方面，施工人员的安全意识、技能水平和操作规范直接影响施工现场的安全状况；另一方面，管理人员的安全管理能力和决策水平也直接关系到工程的安全生产。因此，加强人员培训和教育，提高人员的安全意识和技能水平，也是重大工程安全管理的重要任务。

因此，为加强深中通道项目建设过程中的安全生产管理，实现对深中通道项目的信息化和精细化管理，各施工标段基于协同管理平台进行工程安全管理。安全管理的内容包括班组实名制、设备信息化、安全隐患排查处治、安全风险防范、平安工地建设等。

1. 班组实名制

班组是施工现场作业的最小组织单元,也是施工现场安全管理的关键部分。班组实名制以班组为单位,通过协同管理平台、工地一卡通(智能工卡)、智能门禁系统等信息化技术进行班组管理,并建立"入场登记—岗前教育—技术交底—班前教育—违章扣分—考试培训"闭环管理流程和劳务人员安全生产信用评价系统。

2. 设备信息化

对一般作业设备、特种作业设备及施工船舶(以下统称为施工作业设备)采用信息化技术进行实名制管理。所有施工作业设备均安装 GPS 定位器,打印粘贴二维码标签,做到"一机一码,一船一码"。依靠信息化技术对施工作业设备建立"入场信息登记—设备检定—设备检查—设备定期维养"闭环管理流程,实现深中通道施工作业设备安全生产溯源管理。施工作业设备的进场、检定、维养、退场等环节均采用协同管理平台进行管理。

3. 安全日志

监理单位和施工单位安全员进行每日安全检查时,通过智慧深中 APP 填写安全日志。安全日志的内容包括标段、日期、天气、检查状况、整改要求、现场照片等。

4. 安全隐患排查

建设单位或监理单位在安全巡视和安全检查过程中,发现存在安全隐患,及时书面通知施工单位,并督促其进行整改。

(1)建设单位或监理单位发现安全隐患,通过智慧深中 APP 新建安全问题,确定问题重要程度、整改期限、安全问题责任人和整改人,并填写问题类别、问题描述、整改要求、现场照片等信息。

(2)施工单位收到整改要求后,进行问题整改。完成问题整改后,填写整改落实情况、同类问题防治措施、整改后的现场照片等,等待监理进行验收。

(3)监理验收通过后,完成安全隐患排查流程。

(4)协同管理平台将安全隐患排查全过程信息进行归档处理,并生成整改通知单和整改情况回复单等报表。

可以看出,正因安全管理是工程建设中的重中之重,是工程建设顺利进行的基石和保障,深中通道项目进行了全面、合理、精细化的安全管理,从而最大限度地减少事故的发生,保障工程的顺利进行。

6.3.4 深中通道成本管理

工程成本造价管理,是指在工程项目实施过程中,通过科学的方法和手段,对工程项目建设所需的各种资源(包括人工、材料、设备、能源等)进行合理配置和有效使用,以达到控制工程成本、提高经济效益的目的。这一管理过程贯穿于工程项目的决策、设计、施工、验收等各个阶段,对与工程造价相关的各种资源、费用和活动进行计划、控制、核算、分析和考核等,是工程项目管理的重要组成部分。此外,还会涉及合同管理、风险管理、索赔管理等方面,但都是围绕工程项目的成本目标展开,旨在确保工程项目的经济效益和社会效益的实现。

对于重大工程项目而言,虽然重大工程建设的技术能力及装备水平不断提高,但建设项目的造价管理仍然不够理想,工程实际费用超出批复概算的情况屡有发生,在进行工程造价成本管理时也同样面临一定问题。首先,由于重大工程项目规模庞大、技术复杂、影响因素众多,成本估算的难度大大增加。项目团队需要充分考虑各种不确定因素,如市场风险、技术风险、政策风险等,以确保成本估算的准确性和可靠性。其次,在工程实际的实施过程中,由于设计变更、材料价格波动、施工条件变化等因素的影响,成本预算往往难以得到有效控制。并且由于工程量巨大,会面临大量的变更信息归档、合同相关材料等数据信息,若变更过程过于烦琐,不能快速精准计算出变更影响,那势必会影响到整个工程的建设进度。除此之外,还可能会涉及成本控制手段相对有限、成本分析不足等问题。深中通道项目在协同管理平台中采用公路建设管理系统 HCS 系统(下称 HCS 系统)进行造价和投资的信息化管理,造价和投资管理的主要内容包括清单管理、合同管理、计量管理和变更管理。

1. 清单管理

工程造价人员可采用 HCS 系统建立工程量清单,实现清单范本编制、标段清单编制、清单查询统计等功能。清单的编制和审批过程如下:

(1)造价人员在 HCS 系统中建立各标段详细的分项清单信息,录入相应的单价、数量、金额编制,完成标段工程量清单编制。

(2)清单编制完成后,由管理中心计划合同部进行审批。

(3)清单审批生效后作为后期各项业务的原始数据。HCS 系统可完成工程项目清单、工程量清单、工程量清单汇总表等报表统计和打印。

2. 合同管理

HCS 系统的合同管理模块应能自动连接合同的支付和变更信息,实现对合同执行情况的动态管理,具体包括合同签署、合同收支、合同结算、合同监控、信息查询统计等功能。

（1）合同签署

合同签署前，应通过 HCS 系统进行线上合同申请。根据《深中通道管理中心合同管理办法及编号规则》的要求，做好合同文档电子化、合同编号与内容信息管理。

（2）合同收支

对于工程预付款，承包人提交预付款申请后，经工程管理部门、计划合同部审核，并经分管领导审批后，由计划合同部办理支付审批程序。

对于中期支付，当承包人完成当期工程量计量后，由承包人提交支付申请，经监理工程师审核，由管理中心进行审批，最后按合同约定支付当期合同款。

合同收支流程全部在 HCS 系统中完成申请、审核和审批等环节的信息填报和材料上传。由 HCS 系统打印生成相关报表，逐级进行纸质版的签字、盖章和报送。

（3）合同结算

当工程竣工后，由承包人整理结算资料、按业主规定格式编制工程结算书，上报监理工程师审核，上报管理中心审核后，承包人按审核结果修改补充完善工程结算书，最后管理中心与承包人签订工程结算书。

合同结算流程在 HCS 系统中完成申请、审核和审批等环节的信息填报和材料上传。由 HCS 系统打印生成相关报表，逐级进行纸质版的签字、盖章和报送。

（4）合同监控

HCS 系统可对合同进行监控和信息跟踪，管理人员可查询合同签署信息、支付信息和结算信息。当合同支付金额大于合同总金额时，系统将该合同标记为红色进行预警。

（5）合同查询统计

HCS 系统可对工程所有标段的合同按照不同类别或签订时间等进行统计，并生成合同汇总统计表、合同执行情况统计表、合同支付情况统计表等台账报表。

3. 计量管理

工程量统计和计量审核是工程计量支付的前置模块，其中工程量统计由质量管理模块完成，并通过数据协同传递给 HCS 系统，计量审核流程在 HCS 模块线上完成。

（1）通过质量管理模块的工序报验环节实时统计当期完成的分部分项工程，根据分部分项工程下挂的工程量清单完成工程量统计，形成当期的中间计量单。

（2）质量管理模块将工程量清单数据传递给 HCS 系统后，进入计量审核模块。由承包单位发起计量申请，由监理单位审核，由管理中心工程管理部门和计划合同部进行审核和审批。计量审核的一般流程如图 6-10 所示。

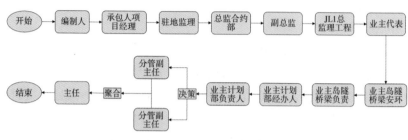

图 6-10　计量审核流程

（3）计量审核完成后，由承包单位通过 HCS 系统打印当期的中期计量支付报表、中期计量单、中期支付证书，经承包单位、监理单位和建设单位逐级签字盖章后存档。

HCS 系统完成计量支付后，将支付数据传递给协同管理平台的形象进度统计模块。通过智慧深中 APP 和协同管理平台 Web 段可实现对支付信息的实时查询。

4. 变更管理

变更管理主要针对处理建设过程中的各类变更，实现变更平台的线上申请、审核和审批。HCS 系统的变更管理模块包括变更基础设置、变更申请审批、统计查询功能。

变更基础设置模块包括变更类别设置、变更性质设置、变更分类设置。

变更申请审批模块可进行变更意向申请审批、新增单价申请审批、工程变更申请审批等操作。

变更的申请、审核和审批均在 HCS 系统线上完成，审批完成后，由 HCS 系统导出打印生成相关报表，逐级进行纸质版的签字、盖章和报送。

HCS 系统可按标段和变更类别进行工程变更报表，形成变更报告统计表、变更报告汇总表、工程变更清单台账等，实现对工程变更的统计和分析。

深中通道项目通过科学化、精细化和信息化的造价成本管理，加强管理的力度和深度，保证工程建设的质量效益，避免资金浪费和成本超支，从而提高项目的投资回报率，控制工程建设风险，为工程项目的顺利实施提供有力保障。

6.3.5 深中通道档案管理

工程档案管理是指对工程项目从规划、设计、施工到竣工验收等全过程中形成的各种文字、图表、声像等不同形式的历史记录进行收集、整理、鉴定、保管、统计和利用的过程。这些历史记录涵盖了工程项目的各个方面,如设计文件、施工图纸、施工记录、验收报告、质量检测报告等,是工程项目不可或缺的重要组成部分。工程档案管理旨在确保这些历史记录的完整性、真实性和可追溯性,为工程项目的后期维护、改建、扩建以及历史研究提供可靠的依据。

对于重大工程项目而言,其建设周期往往很长,从立项到项目竣工使用,时间会长达数十年,并且由于其规模体量巨大、工程技术复杂、参建单位多、标段所在地分散,在建造全生命周期内,往往涉及多个领域、多个专业,产生的档案数量庞大、种类繁多,给档案的收集、整理、鉴定和保管工作带来很大难度,并且传统的工程档案管理模式难以实现有效监管。在没有统一平台的条件下,大部分控制数据、报表可以被无序修改,大量数据无法及时或随时监控,监管滞后、追溯难度大,数据的准确性、原始性和真实性难以保证,同时也极大限制了档案的价值。就深中通道建设而言,大部分路段涉及海域;参建单位共 60 个,其中设计单位5 个,施工单位 33 个,监理单位 10 个,试验检测、测量控制、监控、技术咨询单位12 家;建设单位需联合 BIM 集成、项目管理、OA、计量支付、质量监督管理、电子档案管理、施工监测、拌合站管理等软件系统;工程资料预计分为八大类300 余项子类,每个类目下还包含数个文件,管理体量巨大,有序开展难度极高,已无法用传统纸质档案记录,迫切需要信息化、电子化的管理手段和方案。

如何在满足国家和行业要求的标准下,对各业务系统产生的数据进行签认、收集和归档? 如何对智能设备产生的数据进行签认? 如何在不增加工作量的前提下改变传统的档案管理模式? 这一系列问题成为深中通道电子档案试点工作重点。

为此,深中通道项目在广东省交通厅的交通工程项目电子档案系统研究成果基础上,利用 BIM 信息化管理平台,创新性引入电子签名,实现档案与工程进度、质量、安全、造价等业务的协同管理,整体技术路线如图 6-11 所示。以 BIM三维模型为载体,把项目智能建造、智慧工地和协同管理各模块统一集成,形成三维可视化的工程建设大数据平台。

为有效进行 BIM+电子档案的协同管理,深中通道通过多项措施来保证实施效果。首先,通过合同进行约束和落地。电子文件归档和电子档案管理工作需要改变以往的工作模式,将传统的纸质档案变成电子档案。而信息化的硬件

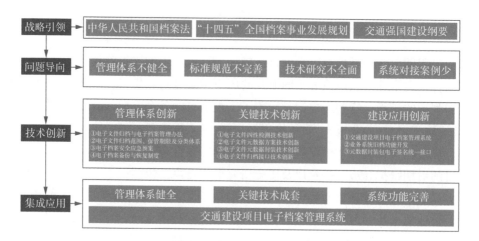

图 6-11　档案管理技术路线

和软件建设需要充足的资金支持。项目及时成立档案工作领导小组,总工程师任小组组长,将档案信息化工作纳入项目建设计划和竣工验收要求,并纳入招标要求和合同管理。

其次,以制度管理确保顺利进行。为确保电子档案与智能建造相结合,深中通道编制《深中通道建设项目档案工作规划》。该规划以智能建造为载体、以档案质量控制为核心、以电子档案管理为手段,打造了以线上指导线下的管理模式,提前部署档案分类方案,实现虚拟预组卷。为统一标准、细化操作,深中通道结合建设特点编写了《项目文件形成整理及档案管理办法》,对比传统档案管理办法,结合电子档案管理办法涉及的文件内容、格式、特点及功能,明确了深中通道项目电子档案归档范围、保管期限和电子档案分类体系,形成深中通道项目档案分类、归档范围及保管期限表。此外,为实现有效激励,以奖优罚劣的原则对参建单位进行考核,实行"惩罚到单位,奖励到个人"制度。

再次,通过 CA 认证解决电子数据签认问题。电子文件归档和电子档案管理首先要解决的就是电子签名问题。管理中心要求所有施工、监理、设计、业主单位的管理人员,办理个人数字证书和单位电子公章。为了保证电子签名的合法性,严格按照广东省交通运输厅档案信息中心《关于规范应用"双套制"档案管理模式交通建设项目数字证书申领流程的通知》要求,提交申请材料,签署数字证书使用责任承诺,由本人亲自领取并拍照存档,确保数字证书领用手续的规范。针对项目已经在使用的业务,进行数字签名流程改造。对质量管理系统、文档管理系统、计量管理系统和 BIM 系统,分别引入 CA 认证,实现电子签名。结合项目智能制造的特点,将非人工采集的数据导入质量管理系统,在质量管理系统中进行电子签名,形成原始记录。所有文件均以符合电子档案长期保存的格式保存,引入数字签名系统形成的电子文件已与电子档案系统对接,可直接推送到档案系统归档。档案系统经过鉴定归档文件,即可对单件或整卷文件进行电子签名,实现了线上组卷,使档案管理工作人员在提高工作效率的同时,避免大量的手工作业和重复劳动。

最后,通过线上审批来实现异地审批。深中通道主要是海上作业,参建单位比较分散——管理中心驻地在中山,施工单位分布在深圳、广州、珠海、武汉等地。如果按照传统纸质方式实施文件审批工作,一份需要3方签字的文件,需要多天才能签完。还有一些制造厂家分布在其他省份,如果不通过线上流程审批,那么审批手续会变得非常困难。深中通道通过BIM平台,首先对申报的管理用表进行格式统一,提前将审核流程分权限设置,然后通过系统进行线上申报;实现线上审批后,发起单位可随时跟进文件的签署进度和意见,审批单位也可以通过电子签名签署意见并加盖电子公章;审核流程全部完成后,即可将电子文件推送电子档案系统归档,大大节约了参建单位的时间和人力成本。

深中通道的档案管理在工程建造的全过程中是建设的基础和顺利进行的必要手段,加强工程档案管理工作,在保障工程项目质量、促进工程项目管理规范化、防范法律风险、传承工程技术和文化以及提高工程项目效益等方面都具有重要意义。

6.4 数智赋能深中通道多维度场景协同管理

通过前文的分析可以看出进度、质量、安全、成本以及档案管理在工程建设中的含义以及重要性,并且深中通道重大工程建设中存在一定挑战,迫切需要通过采取信息化、智能化的手段实现各方面的有效管理,深中通道也已经针对各个模块进行研究并提出方法。但需要注意的是,这几方面的管理不是相互独立的,各方面之间都存在着紧密耦合的联系,其中档案管理是其他四项管理的基础,为进度、质量、安全以及成本管理提供数据支持和历史记录,而其他四项管理之间相互紧密联系,例如,质量问题、安全问题以及成本问题会影响进度变化,安全管理的部分目标就是确保工程质量不会导致安全事故,安全事故有可能会导致进度延误或者成本增加,等等,关系图如图6-12所示。

深中通道建设中各个维度的场景相互关联,无法割裂地或单独地进行协同管理,一旦忽略了各个维度之间的关系,则会造成信息缺失、效率下降、建设受阻等问题。因此,面对深中通道工程的工作界面多、管理线条多、参建单位多等特

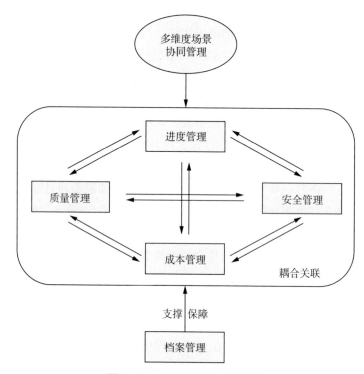

图 6-12　多维度场景协同管理

点,内业与外业协同管理的需求十分强烈。同时,工程还存在软件系统众多,各系统数据之间相对独立,极易形成"数据孤岛"等问题。深中通道团队研发部署BIM 协同管理一体化平台,实现"质量—安全—进度—成本—档案"协同管理,通过简单高效的方式将数据传输至 BIM 数据库,对这些看似杂乱无章的数据进行充分挖掘,有针对性地进行数据统计分析,得出有益的结论,为深中通道项目精细化集约化管理提供有益的建议。

　　深中通道项目所建立的数字化平台实现了系统一体化、业务协同化、办公移动化、档案电子化以及工地可视化,通过集成项目管理、OA、计量支付、质量监督管理、电子档案管理、施工监测、拌合站管理等系统,在我国交通行业首次实现业主、监理、设计、监控、检测等不同角色用户同一平台统一办公,为工程质量、进度、安全等提供了实际、有效的监管手段。

　　具体来说,在进度管理模块,实现施工工序报验—监理验收—获取现场进度—关联 BIM 模型—4D-BIM 形象进度全链路的进度管理,实现各个阶段、各个分部分项工程的线上施工计划查询、编辑、调整和审批,实时更新进度,如图 6-13 所示。充分考虑与其他模块的协同,与质量、计量和安全模块实现数据协同,将施工痕迹、质检资料、安全隐患、计量支付信息与 BIM 模型相互关联,实现对工程对象信息的实时查询。并通过工序报验来实现进度、质量和计量的数据协同,其中工序报验过程如图 6-14 所示。

图 6-13 数字化进度管理模块

图 6-14 工序报验过程

在质量管理模块,从协同管理平台出发,通过"互联网＋"思维实现质量管理信息化、规范化、标准化和多项目动态管理。深中通道项目各施工标段基于协同管理平台进行工程质量管理,将工程质量管理数字化、质量文件自动化归档,力争实现"双套制→单套(轨)制"。通过移动终端、仪器、设备等实时采集原始数据,保证数据"不落地",保证数据准确、及时、真实。除此之外,实现了参建各方业务的协同,包括施工方的原始数据采集、处理和分析,以及监理方的监理旁站、工序验收、首件工程等内容。并且通过编码数据,将质量信息数据快速传输至基础库,同步至安全管理、进度管理以及成本管理模块,实现信息互通,可以快速从其他维度发现问题、解决问题。除此之外，与物联网技术进行结合，将现场设备信息数据等进行可视化展示，从而达到质量预警与监管的目的；通过技术的应用提高其质量管理的效率和准确性，降低质量成本，提升工程质量水平，为深中通道工程的成功实施提供有力保障。

在安全管理模块，为加强深中通道项目建设过程中的安全生产管理，实现对深中通道项目的信息化和精细化管理，各施工标段基于协同管理平台进行工程安全管理，并且实时与其他模块关联，提升了安全管理的便利性，强化了安全管理的时效性。

在成本造价管理方面，为推进造价管理精细化和信息化，深中通道项目编制和完善跨海交通建设项目造价管理三级清单体系，创新性地构建了融合质检、安检、造价和 BIM 的项目管理清单系统及对应关系，实现质检、安检、HCS、BIM 平台系统的联通，并且实现了工程清单、合同、计量、支付、变更、材料调差的线上填报和审批管理。首次使用电子签名，将合同变更、奖罚金、暂定金审批以及结算等纳入 HCS 系统，提高工作效率。通过将协同管理平台与 HCS 系统相结合，有效提高了项目造价管理的精度、效率和协同性。一方面有效解决设计变更报批慢、结（决）算工作滞后等问题；另一方面通过电子化手段实现造价与质量、安全、进度等工作的协同管理和同步推进。

最后可以看出，不管在深中通道建设的哪个模块，都会产生大量的数据档案信息，高效的档案管理成为必要支撑和保障。因此，深中通道项目基于 BIM 的项目协同管理平台，首次实现了工程业务过程管理与档案管理的融合，彻底解决了以往工程信息化管理"两张皮"的问题根源，国内首次实现项目管理全业务流程线上无纸化审批流转。深中通道工程引入 CA 认证技术，完成各大业务系统升级改造，并建立以电子文件归档和电子档案管理规范化、科学化为核心，覆盖"形成、流转、归档、利用"等全流程的电子文件管理制度体系；攻克了在建工程电子文件管理及其系统开发中涉及的元数据、电子签名、电子公章、封装和备份等关键技术，建立了解决在建工程电子文件凭证效力问题的管理机制和管理模式。仅从无纸化带来的直接效益分析，项目建设周期 7 年内，涉及文档"工程管理""施工文件""监理文件""竣工文件"等八大类文件，预计 50 余万件。每份文件平均涉及 3 个单位盖章（至少 6 个人审批节点），暂不考虑会签、驳回重新发起等情况。工程管理文件在广州、中山、深圳、珠海等多个参建单位流转，每份文件按照至少 60 元成本（打印、耗材、邮递、交通油耗等）计算，50 余万件纸质文件直接节省成本将近 3 000 万元。

BIM 及数字化技术在深中通道工程中的应用，既解决了前文所述在各个维度中的管理难点与挑战,又推动了我国公路建设走向"工业化、标准化和智能化",推动了基于 BIM 的三维数字化协同设计和施工期全方位 BIM 技术应用,为项目数字化模型建养一体化传递、共享和利用打下了基础,提升了工程质量和交付品质。深中通道工程以 BIM 和数字化技术为核心,改变了工程参建各方的交互方式和工作管理模式,持续改进了工程质量、进度、安全、环保、成本等方面的管控,推进了工程从经验管理走向数据管理。

6.5　本章小结

深中通道重大工程涉及业主、设计、监理、科研、咨询单位及承包商、供应商以及其他职能部门等众多专业领域和参建单位,其施工过程中需要综合紧密关联的时间、成本、质量、安全等多维度目标和业务。面对深中通道工程协同管理的难点和挑战,深中通道管理中心基于建筑信息模型(BIM)技术,为重大工程协同管理提供了全新的解决方案,通过数字化手段将重大工程的各种信息集成到一个三维模型中,在信息流通、数据共享、协同工作方面存在显著优势,通过扁平化管理、互联互通、集成决策,实现工程信息的全面共享和高效利用,进而促进设计、施工、运维的信息共建共享和工作高度协同;通过协同管理平台来整合各方资源,实现数据的实时共享和更新,使得各参建单位能够在一个统一的平台上进行工作,从而大大提高了管理效率,最终实现深中通道全方位、多维度协同管理。

本章介绍了深中通道面向进度、成本、质量、安全以及档案的现实管理场景,围绕如何构建各项基本业务的流程和标准,为协同平台的实现提供基础性支持。进一步地,通过从整体视角介绍上述场景的多维度协同管理,介绍深中通道研发部署 BIM 协同管理一体化平台,实现"质量—安全—进度—成本—档案"协同管理,在具体实施过程中,清晰地掌握每一个工作环节情况,及时发现问题并进行解决,连接数据断链,实现了各业务模块数据的自动流转,大大提高了管理效率,为深中通道项目精细化、集约化管理提供有力保障。

总体来说,深中通道项目通过建立基于 BIM 的工程协同管理平台,实现了"质量—安全—进度—计量—档案"的全方位协同管理,保障了项目的顺利推进。这一创新性的管理模式不仅提高了管理效率,还使得工程本身的建设过程更加高效、科学和智能,同时也为行业内重大工程高效协同管理的实现树立了标杆。

参考文献

［1］林述涛.跨海集群工程 BIM 协同管理平台架构研究［J］.公路交通科技,2018,35(08):80-88.

［2］杨海贝.BIM 技术在杭海城际铁路中的实践与思考［J］.高速铁路技术,2022,13(05):53-57+63.

［3］杜江,郭毅霖.深中通道 BIM 技术应用研究［J］.公路交通科技(应用技术版),2017,13(05):170-172.

［4］刘健,罗林杰,卜庆晗,等.一座世界级跨海集群工程的 BIM 探索与实践［J］.中国公路,2021(14):47-49.

［5］郝丽,顾杰隽,李潆,等.深中通道电子档案全域管理体系与成套技术应用研究［J］.兰台世界,2023(12):69-72.

［6］李潆.广东高速公路建设项目电子档案管理实践［J］.中国档案,2019(11):62-63.

［7］燕鹏,舒忠梅.基于 BIM 技术的大型建设项目电子档案协同管理［J］.北京档案,2021(07):31-33.

［8］贾丛.黄石高速公路改造项目中互联网＋工程建设管理系统的应用［J］.中国交通信息化,2019(11):32-34.

［9］姚等恒.公路工程施工中的成本控制及经济效益分析［J］.运输经理世界,2023(19):47-49.

［10］李红锋.高速公路路面基层施工工艺［J］.山西建筑,2007(24):292-293.

第 7 章

数智赋能深中通道
智慧工地

　　深中通道工地涉及大量、异质性任务和资源以及多变复杂的外部环境,为确保施工过程有序和有效,需要充分协调工地空间内各项任务与人、机、料、法、环诸多方面,具有高度的管理复杂性。本章介绍深中通道面对工地管理的复杂性挑战,集成物联网等信息技术、可视化技术、智能算法打造的智慧工地系统,围绕施工过程中的人、机、料、法、环各方面因素中的关键点,针对性地构建现场人员、机械设备智慧管控、材料智慧生产供应、智慧海事体系等系统,为工地管理的有序和有效提供了管理决策支持。

7.1　深中通道智慧工地概述

7.1.1　深中通道智慧工地实施背景

重大工程的工地本质上是将工程设计方案的"虚体工程"落实为"实体工程"物理系统的空间载体。在这个空间中,工程要按工艺、工法等规律交替或并行执行多任务或环节,此外还需要协调任务与资源(如设备、材料与人员)、任务与任务、资源与资源之间的关系,存在着多要素横向关联,多任务界面之间的接口,以及工地人、机、料、法、环方面诸多具体管控和协调问题,具有高度的管理复杂整体性。因此,重大工程工地管理需要采取科学、高效、精细化的管理手段和方法。

深中通道工地涉及大量、异质性任务和资源以及多变复杂的外部环境,协调难度非常大,施工安全风险高。首先,深中通道施工工地的环境空间尺度大,涉及风、浪、涌等多重环境要素以及大量的资源要素,要素关联错综复杂,并且这些要素和关联都处于不断动态变化的过程中,甚至有时具有突变性,因而传统的人工监控方式难以实现对施工工地的全方位细节的全面、精细化把控;其次,工地施工过程中存在的安全隐患通常难以及时发现和处理,一旦发生安全事故,后果往往十分严重,且很难查证;最后,大量劳务人员的行为管控难度大,在工地局部空间中存在人、机、料等复杂交互过程,通常难以确保施工人员的安全操作。因此,深中通道在施工工地管理过程中存在质量监控、安全事故预防和应对、工地人员行为管理等诸多痛点与难点,亟需基于现代化数智技术,通过智慧化手段来应对,提升对工地现场的全面感知能力、智能分析能力以及决策制定能力。

深中通道打造了集成物联网等信息技术、可视化技术、智能算法等的智慧工地系统,为工地管理的有序和有效提供了精准的平台,通过智能化管理监督,围绕施工过程中的人、机、料、法、环各方面因素,建立互联互通、智能生产和科学管理的重大工程建设信息生态圈,实现了工地高效、安全作业和生产优化。智慧工地系统利用大数据技术进行数据挖掘分析,预测过程趋势的演变,实现智能化管理、可视化工程建设,全面提高了工地管理的信息化、智能化水平。

深中通道实施智慧工地的具体功能目标在于通过物联网和传感器等技术的应用,实现对施工现场信息的实时采集、传输、分析和预判。通过智能应用,可以实现对工地现场的远程监管和实时监控,有效解决施工现场管理远程监管难、监督不落地的痛点。同时,智慧工地还能够通过对施工现场数据的分析,提前发现潜在的安全隐患,为施工安全提供有力保障。

综上所述,深中通道通过实施智慧工地建设和应用,有效地提升深中通道工地管理水平和施工质量,同时,深中通道智慧工地的实施也将为我国工程建设领域的信息化、智能化发展树立新的标杆,推动行业向更高水平迈进。

7.1.2 深中通道智慧工地的核心功能

从功能视角看,智慧工地系统帮助深中通道实现了工地系统的多维度透彻感知、全面互联互通以及集成化智能决策,从而实现深中通道工地的全面科学管理。

1. 多维透彻感知

当前,工地管理信息化和智能化水平的提升面临着信息缺失与信息失真的重要挑战,这导致高层次的管理活动缺乏有效的底层数据支撑。因此,深中通道智慧工地将首要任务定为及时、准确、全面地获取各类工程信息,以实现更深入的信息感知。这里的"透彻"主要体现在扩大、强化工程信息感知的广度和深度上。具体来说,扩大感知广度意味着要从不同主体、不同阶段、不同对象中更全面地获取各类工程信息;而强化感知深度则要求更精确地捕捉不同类型、不同载体、不同活动中的各类工程信息。

2. 全面互联互通

深中通道工程建设因涉及众多参与方,工程信息相对分散,由此导致了"信息孤岛"、信息冲突等一系列问题。为应对这些挑战,深中通道智慧工地利用高速、高带宽的通信工具,将分散在不同终端、不同主体、不同阶段甚至不同活动中的信息和数据进行有效的连接和整合,从而实现了信息的交互和共享。这一举措使得工程状态和问题的全面监控与分析成为可能,使管理者能够从全局角度实施控制并实时解决问题,工作和任务可以通过多方协作远程完成,有效改变了现有的工程信息流模式。

3. 集成化智能决策

当前,大多数工程施工活动仍然高度依赖经验和知识,在信息分析、方案制定以及行为决策等方面则显得相对落后,缺乏更为科学和高效的处理模式。随着人工智能技术的迅猛发展,深中通道智慧工地开始积极探索并运用数据挖掘、云计算等先进的信息分析和处理技术。这些技术的引入,使得复杂数据的准确、快速汇总、分析和计算成为可能,进而为管理主体提供了高效、准确的决策支持。

综上所述,深中通道智慧工地综合集成了先进的信息技术,通过数智赋能,对人、机、料、法、环等多要素进行集成管理,能够全面、准确地获取工地的各类信息,包括人员分布、机械运行、材料使用、施工方法以及环境参数等,实现了工地内部各个系统、设备之间的无缝连接,确保了信息的实时共享和高效流通。基于大数据和人工智能技术对工地数据进行深度分析,对施工安全风险进行了实时监测与预警,为管理者提供科学、合理的决策支持,最终有效地提高了深中通道工地管理的效率和精度,并最大限度地保障了施工安全和质量。

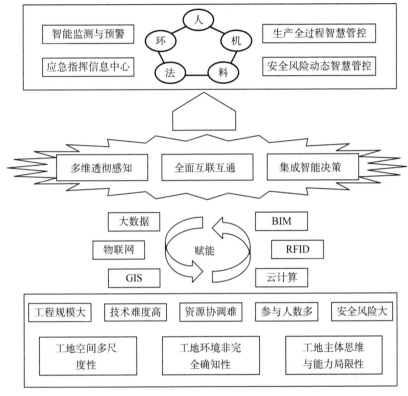

图 7-1　深中通道智慧工地的功能实现路径示意图

7.2　深中通道智慧工地的实施场景

7.2.1　深中通道智慧工地的实施框架

深中通道智慧工地管理是一项具有复杂整体性的重大工程管理活动,其工地内部各要素之间存在复杂关联,且共同作用于深中通道工地整体系统的有序、有效运转。智慧工地本身也是一个整体性概念,离不开每一个核心要素对于工程整体的重要推进作用。这一结论反映到管理过程上,便体现出对深中通道建设开展全方位的多要素、多场景智慧管理的必要性。

为此,深中通道智慧工地以 BIM 协同管理平台为载体,通过智能工卡、设备传感器、GPS 定位器、智能终端、工地物联网等技术,积极推广智慧工卡、一机一码、工艺监测、安全预警、隐蔽工程数据采集、远程视频监控等设施设备在施工管理中的集成应用,将劳务人员、施工机械、材料、船、特种设备、混凝土搅拌站、试验室、视频摄像头等要素智慧物联,实时自动采集和分析人、机、设备、材料、法、环等日常过程作业信息,实现人员动态统计、设备轨迹和安全监控预警、材料追踪、试验室监控、远程视频监控、应急调度指挥等综合应用,确保工地现场"看得见、喊得着、管得住",通过智慧动态管控手段,提升项目管理的信息化水平,进而推动现代工程管理水平及工程品质的全面提升。

深中通道智慧工地技术路线以全面提升施工安全、效率和管理水平为核心,通过实施一系列创新的信息化、智能化措施,构建了一个高效、精准、可控的施工现场管理体系。总体上看,智慧工地技术路线主要分为产业工人实名制、船舶设备信息化以及安全管控和联合应急指挥三部分,如图 7-2 所示。

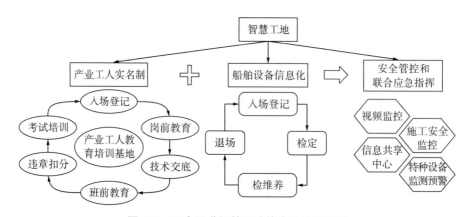

图 7-2　深中通道智慧工地技术路线框架图

首先,在产业工人实名制方面,深中通道实施了严格的实名制登记制度,基于构建的产业工人教育培训基地,对每一位劳务人员从入场登记、岗前教育、技术交底、班前教育、违章扣分、考试培训等全过程进行闭环信息化管理,对每一位入场人员进行身份确认和信息录入,确保人员信息的准确性和可追溯性。

其次,在船舶设备信息化方面,深中通道实施"一机一码,一船一码"的精细化管理,对每一个设备机械的入场登记、检定、检维养、退场进行全过程实时监控和数据分析,提高设备的使用效率和安全性。

最后,在安全管控和联合应急指挥方面,深中通道依托信息化平台建立了信息共享中心,对施工工地进行全方位、多角度的安全监控。通过实时采集和处理施工工地现场的数据信息,及时发现并预警潜在的安全隐患,确保施工过程的安全可控。

深中通道的智慧工地实施方案,是系统平台和智能终端的全面结合,如图7-3所示。方案整体架构可以分为四个层次,即前端感知层、网络层、应用层和用户层。

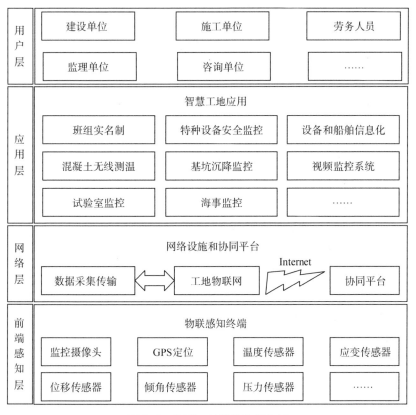

图7-3 智慧工地的整体架构图

前端感知层包括各种施工监控传感器(位移、温度、倾角、压力等)、劳务人员的智能工卡(定位)、车辆GPS、设备和船舶传感器等。网络层用于将采集到的数据通过工地物联网传输到互联网上,进而传输给协同管理平台。应用层提供了智慧工地的具体应用子系统,比如班组实名制管理系统、设备安全监控系统、试验室监控系统、视频监控系统等。用户层包括建设、施工、监理和咨询单位,各类用户通过手机端、web端和PC端登录协同管理平台,开展相应的工程管理。

7.2.2 人——现场人员的智慧管理

深中通道研发了劳务人员实名制管理模块,涵盖进退场登记、班前教育、6S管理、积分管理、违章扣分、与产业工人培训基地数据打通、与门禁数据打通等功能,实现劳务人员实名制闭环信息化管理。

1. 应用目标

本项目采用门禁系统、考勤系统与实名制系统相结合的建设思路,通过关联应用各智能卡子系统,将工人、管理人员、外来访客及其他临时人员等全部人员纳入统一管理范畴,实现人员实名制、考勤管理、门禁控制、视频监控以及信息发布等智能化综合管理功能。

2. 技术要求

(1) 实名制管理:对现场人员进行有效的登记注册,登记信息进行分类管理。

(2) 智能门禁:通过摄像头对现场人员进行人脸信息采集,对现场人员进行定位,识别进入现场人员的身份;非本工地人员或非授权人员无法通过系统识别,无法进入工地。

(3) 智能考勤:通过对进出现场考勤信息的收集,统计当天工作人员的到岗情况,系统可提供人员考勤表、劳务人员出勤记录表等统计信息,实现施工现场的精细化管理。

(4) 关键岗位人员管理:对特种专业机具司机进行身份验证,防止非授权人员操作机具,避免危险的发生,并建立本合同段范围内的劳务人员及班组作业队伍的信用评价系统。

3. 管理框架

(1) 实名制管理

传统的工地人员管理往往面临许多困难,其中,最根本的原因是工程行业往往采用层层分包的形式,且劳务人员工种复杂、流动性极高。此外,传统的工地劳务人员考勤管理往往依赖于人工记录,容易出现误差和疏漏,因此,管理层难以对如此规模的人员进行精细化管理。

为了解决这些问题,深中通道对所有劳务人员进行严格的实名制管理,发放工地一卡通,实行一人一卡制度,确保每张卡与劳务人员一一对应,并将劳务人员的详细信息(包括姓名、工种、岗位、持证情况等)导入业主 BIM 平台的"安全管理模块"后台,生成个人二维码信息。为了实现数据的共享,深中通道建立了统一的数据接口标准,与门禁设备进行了有效对接。通过这一系统,管理人员能

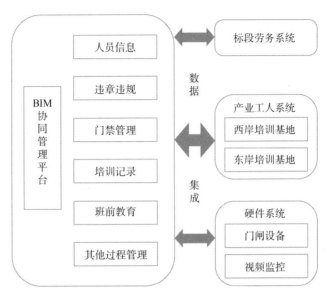

图 7-4　深中通道劳务人员实名制管理系统架构

够通过 APP 扫描等方式迅速获取劳务人员的详细信息,实时授权和查看现场人员的通行记录,确保每一位劳务人员都在规定的区域内活动。

此外,深中通道还实施工地出入口的集中管理,集成了智能工卡和中央门禁系统。通过这些智能化设备,管理人员可以实时掌握劳务人员的工作动态、轨迹和安全状况,为项目安全管理提供了有力的技术支持。

（2）定位与报警

传统的工地管理在劳务人员定位与监管方面确实存在诸多不足。由于工地环境复杂多变,人员流动性大,传统的点名、巡查等方式往往难以实现对劳务人员的实时、精准定位。这不仅增加了管理难度,也降低了工作效率。同时,由于无法实时掌握劳务人员的分布情况,管理人员在安排工作时也缺乏科学依据,容易出现人力资源浪费或工作疏漏的情况。更为严重的是,在危险发生时,传统的工地管理方式往往难以迅速发现险情并通知现场人员疏散。一方面,由于人员位置信息不明确,救援人员难以快速找到受伤或被困人员;另一方面,由于缺乏有效的通信手段,即使发现险情也难以及时通知所有人员进行疏散。这种情况不仅容易造成人员伤亡和财产损失,也给工地安全管理带来了极大的隐患。而深中通道通过对智能工卡与 GPS 技术的结合,有效地解决了这些问题,不仅提高了管理效率和工作效率,也极大地提升了工地安全管理的水平。

智能工卡作为每位劳务人员的"身份证",内置了 GPS 芯片,能够实时记录并传输人员的位置信息。与此同时,智慧深中 APP 也具备定位功能,使得劳务人员和管理人员都能够通过手机端随时查看自己的位置。这些位置信息被智慧工地系统所收集,并呈现在 GIS 平台上,使得管理人员能够一目了然地掌握标段内施工人员的分布状态。这种实时、动态的监控方式,极大地提高了管理效率,也使得对施工现场的掌控更加精准。

更为重要的是,智能工卡与智慧深中 APP 还具备一键报警功能。劳务人员在施工过程中遇到意外危险时,只需轻轻一按,即可触发报警机制。这一功能的设计,充分考虑到了施工现场可能发生的各种紧急情况,为劳务人员提供了一个快速、有效的求救途径。应急指挥平台在收到报警信号后,能够立刻确定求救人员的位置,并据此组织施救。这种及时、准确的响应机制,为施工现场的安全提供了有力保障。

可以说,智能工卡与 GPS 技术的结合,不仅解决了传统工地管理中人员定位难、监管不落地的问题,更为施工安全提供了强有力的技术支撑,为打造高品质、高安全的工程贡献力量。

(3)班组管理与安全培训

在工地班组管理和安全培训方面,传统的管理模式往往存在诸多难点和痛点,班组作业标准化管理难以得到有效实施,班前教育和班组安全巡查情况难以全面登记和查询,给工地安全生产带来了一定的隐患。同时,安全培训形式单一、效果不佳,难以让现场施工人员真正掌握安全防范知识和应急措施。

为了解决这些问题,深中通道在智慧工地的安全管理模块中加入了班组管理功能。通过使用业主 BIM 平台的"安全管理模块"APP 或自建安全管理系统,可以实现对班组作业标准化管理的全面覆盖。这些系统能够方便地对班前教育和班组安全巡查情况进行登记,确保每一项工作都有据可查。同时,班组查询功能使得管理人员能够随时了解班组的工作状态和进度,为决策提供有力支持。

此外,VR 智能安全体验馆的建设更是为工地安全培训注入了新的活力。通过采用先进成熟的 VR、AR、3D 技术,VR 体验馆能够全真模拟出工地施工的真实场景和险情,让施工人员身临其境地感受安全事故的严重性和危害性。这种新颖的培训方式不仅提高了施工人员的安全意识,还让他们在实践中掌握了相应的安全防范知识和应急措施。

结合人员管理系统和 VR 智能安全体验系统,深中通道制定了完善的安全教育培训制度,对所有一线人员进行全面而深入的安全培训。通过智能化管理系统实现培训人员的身份证识别、签到打卡考勤、电子自动建档等功能,不仅解决了项目部安全教育的实际问题,还大大提高了培训效率,增强了培训效果。

综上所述,智慧工地的安全管理模块通过其强大的功能和先进的技术手段,为工地班组管理和安全培训提供了有力支持,有效提升了工地安全管理的水平和效果。

（4）违章扣分

尽管安全管理制度不断完善,但工地违章作业现象仍然时有发生,这主要是由于工地环境复杂多变,人员流动性大,作业环节繁多,监管难度较大。因此,深中通道通过对劳务工人违章扣分制度的完善来确保工地安全生产的顺利进行。

深中通道制定了严格的施工现场巡检制度,通过定期或不定期的巡检,及时发现并纠正作业人员的违章行为。同时,使用业主 BIM 平台"安全管理模块" APP 或自建安全管理系统对现场违章情况进行登记,并对劳务工人的违章行为进行扣分,员工扣分超 12 分则无法再进入工地,若扣分低于 24 分,则必须进入培训基地,经过培训且其培训成绩将推送至 BIM 平台,只有成绩合格,BIM 协同平台才会为员工入场授权。若员工扣分超过 24 分,则必须强制退场。这一制度的实施,不仅能够对违章行为进行及时纠正,还能够对劳务工人形成有效的约束和震慑,增强劳务工人的安全意识和遵章守纪的自觉性,减少违章作业的发生。该系统还提供现场违章的查询和追溯功能,使得管理人员能够随时了解违章情况,并及时采取相应的处理措施。

此外,实施工地出入口集中管理也是关键一环。通过集成智能工卡和中央门禁系统,深中通道管理人员能够实时掌握劳务人员的工作动态、轨迹和安全状况。这不仅有助于管理人员及时了解劳务人员的分布情况,还能够对人员进出进行严格控制,防止未经授权的人员进入工地,进一步降低违章作业的风险。

（5）隐患治理

工地现场的安全隐患难以发现,一直是困扰着工程项目管理的重大问题。由于工地环境复杂多变,作业面广泛,安全隐患的排查变得异常困难。加之作业人员的安全意识参差不齐,一些潜在的安全风险往往被忽视,这无疑增加了安全事故发生的可能性。

为了解决这一难题,深中通道采取了系统性的安全隐患检查整改措施。根据不同标段的安全要求,充分利用业主 BIM 平台的"安全管理模块",在 APP 或自建的安全管理系统,对各层级人员、不同隐患分级进行细致布置。这些系统不仅提供了便捷的信息录入和查询功能,还能根据隐患的严重程度和类型进行智能分类,使得管理人员能够迅速定位隐患,采取针对性的整改措施。

现场记录违章情况　　扣分超12分推送至相关领导　员工扣分超12分不能进入闸门

BIM协同平台授权闸机　　成绩推送BIM协同平台　　进入培训基地培训

低于24分

24分

超过24分

退场

图7-5　工地人员安全管理模块示意图

各级管理人员在巡视现场时,一旦发现安全隐患,可以立即通过 APP 进行登记。系统会根据隐患的类别和等级,自动提醒相关部门进行闭环整改。这种实时互动的方式,大大提高了隐患整改的效率和准确性。同时,后台还可以对隐患的种类、人员和部门进行分类统计,为管理层提供决策支持,帮助他们更好地把握现场安全状况,优化安全管理措施。

通过采取这些措施,管理人员不仅能够及时发现并整改现场的安全隐患,还能提高作业人员的安全意识,减少安全事故的发生。同时,这也为工程项目的顺利进行提供了有力保障,为企业的可持续发展奠定了坚实基础。

7.2.3　机——机械设备的智慧管控

秉承信息全过程可追溯的管理理念,深中通道所有机械均拥有唯一的"二维码电子身份证",做到"一机一证"。所有大型生产运输(搅拌车)及施工机械设备(沉放驳、拖轮等)安装定位装置,进行车辆及机械设备定位、监控、控制。通过定位系统对车辆运行路线进行定位、运行速度进行监控,系统会自动记录并可以形成形式轨迹,供后期调阅。

1. 设备信息化

研发设备信息化管理模块对于深中通道工地管理而言,具有举足轻重的意义。这一模块不仅能够实现对设备从进场到检定维养再到退场的全闭环管理,而且能够确保设备及施工船舶的安全生产,提高管理效率,降低安全风险。

设备信息化管理模块的作用首先体现在对设备及施工船舶的实名制登记

上。通过为每个设备和船舶安装唯一的二维码,实现了"一机一码,一船一码"的精细化管理。这不仅有助于管理人员对设备和船舶的准确识别,更能在发生问题时迅速定位并追溯责任,大大提升了管理的精确性和效率。

此外,GPS定位器的安装使得设备和船舶的实时位置信息变得可查询。通过智慧工地系统,管理人员可以在GIS平台上直观地看到机械设备和船舶的分布状态,对施工现场的整体情况一目了然。这种实时定位轨迹追踪的功能,不仅有助于管理人员优化资源配置,提高施工效率,还能使管理人员在紧急情况下迅速做出反应,降低安全风险。

设备信息化管理模块还能对施工机械设备和船舶的运行轨迹进行跟踪和分析。通过收集和分析这些数据,管理人员可以更加准确地了解设备和船舶的使用情况,及时发现并解决潜在问题。同时,这些数据也能为决策提供有力支持,帮助管理人员制定更加科学合理的施工方案和管理策略。

综上所述,设备信息化管理模块在深中通道智慧工地管理中发挥着不可或缺的作用。它不仅提高了管理的精确性和效率,降低了安全风险,还为企业的可持续发展打下了坚实的基础。随着信息化技术的不断发展,设备信息化管理模块将在未来发挥更加重要的作用。

2. 特种设备安全监控

对于深中通道这一类重大工程的施工而言,各类特种作业设备如塔吊、浮吊、运架一体船等的利用极为频繁。然而,这些设备操作复杂且风险较高,一旦发生事故,后果往往不堪设想。因此,建立特种作业设备的实时在线安全监控系统显得尤为重要。

为了确保特种作业设备的安全运行,深中通道在所有特种设备上安装了一系列先进的安全监控系统并布置了各种传感器以准确感知设备的运行状态。这些传感器包括风速传感器、位移传感器、倾角传感器、压力传感器、千斤顶行程传感器以及应变传感器等,以便管理人员能够实时采集设备的位移、倾角、应变、千斤顶行程等关键状态信息,从而实现对特种作业设备的全方位监控。

此外,深中通道结合BIM技术,将施工监测数据与设备状态信息进行集成,处理后的数据将通过无线网络接入智慧工地系统,实现数据的实时传输和共享,智慧工地系统可以对接收到的数据进行存储、展示和分析。通过BIM模型的动态展示和关键参数的实时监测,直观地了解设备在运行过程中的状态变化,并对数据变化进行实时监控。一旦数据超出预设的阈值范围,系统将自动触发预警机制,管理人员可以及时发现设备可能存在的安全隐患,并采取相应措施进行预警和干预。

综上,通过搭建特种作业设备的实时在线安全监控系统,深中通道实现了对现场特种设备的实时在线监测和管理。这不仅可以提高设备的运行效率,降低事故风险,还为施工项目的顺利进行提供有力保障。

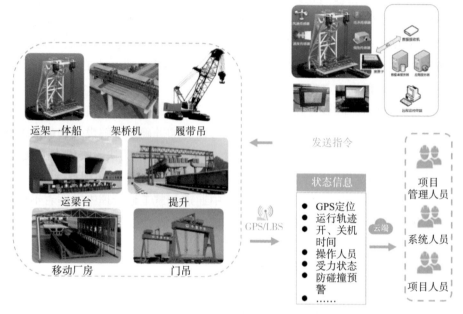

图 7-6 特种设备监控模块示意图

3. 特殊结构实时监测

深中通道应用互联网+、物联网及 BIM 技术等,实现锚碇、深基坑等危大工程(特殊工程)实时监控和管理,采用智能化手段提升水下监测技术和施工工艺水平,使水下隐蔽工程作业可视、可控,提高施工精度和质量,保障工程结构安全和施工环境安全。

例如,深中通道建设的锚碇深基坑结构安全监测平台不仅可以完成监测数据自动录入、数据筛选、失真数据自动剔除等前处理工作,还可以显示筛选后的监测数据,并绘制监测数据分布图,设警阈值,并对比分析监测结果与理论结果/模型计算结果,监测数据相关性分析,对数据超限进行预警,最后,该平台还能够自动生成各监测内容的日报表、周报表、月报表等,辅助管理人员进行决策。

7.2.4 料——材料智慧生产供应

深中通道作为一项重大基础设施工程,所需建筑材料重量大、体积庞大、数量众多,且对材料质量有着极高的要求,因此材料的生产供应对于深中通道的顺利推进具有至关重要的作用。其中,混凝土作为项目建设中最为核心的材料之一,其供应显得尤为重要。因此,本节以混凝土的供应为例,介绍深中通道智慧工地的材料智慧生产供应模块。

对深中通道建设而言,混凝土拌合站系统的高效、稳定运行至关重要。因此,深中通道建设了混凝土智能拌合站,进行精细化、智能化的监控与分析,以确保材料消耗量、生产产能以及生产配合比的精确控制。

首先,通过实时采集拌合站与试验室的过程数据,深中通道获取到第一手的生产信息。这些数据包括但不限于原材料的消耗速率、拌合机的运行时长、生产配比的实际执行情况等。这些数据经过后台系统的自动统计分析,能够为管理者提供关于生产效率、成本控制以及质量保障等方面的全面视角。

其次,在数据分析的基础上,当系统检测到异常时,如材料消耗过快、生产产能下降或生产配比偏差过大等,能够立即发布预警提示消息。这种实时预警机制确保了相关人员及时发现问题,能够对潜在问题进行快速响应和处理,从而最大限度地避免生产中断或质量问题的发生。

此外,通过安装传感器和车辆 GPS,项目管理人员可实现对混凝土配合比、混凝土湿度和温度、车辆调度信息等数据的实时监控。这些数据不仅有助于精确掌握生产过程中的每一个环节,还能为优化生产流程、提高生产效率提供有力支持。

最后,深中通道将混凝土智能搅拌站的监控数据接入智慧工地系统,实现对混凝土搅拌站的全面监控和管理。通过智慧工地系统的集成化展示,管理人员可以直观地了解到拌合站的整体运行状态,从而实现对生产过程的全方位掌控。这种智能化的管理方式不仅提高了工作效率,也降低了管理成本,为深中通道工程的顺利进行提供了有力保障。

7.2.5　法——智能工地试验室

深中通道大力推进智能工地试验室建设,推动智能化设备创新应用,提高工程质量检测工作水平和检测能力。具体措施为以下三点:

第一,对试验室等重要区域安装高清摄像头进行 24 小时监控,试验室监控将接入智慧工地系统,集成到施工管理平台,通过系统管理平台远程或本地管理现场的视频监控,实现视频回放、查询及报警等功能。通过远程与现场进行语音对话指挥等功能,实现管理者对现场的远程监管,强化总部对前端的支撑服务。

第二,通过集成试验室相关数据,在试验室设备上加装相应传感器及数据采集设备,试验过程中的相关数据可以自动采集,传输到系统管理平台,保证数据的准确性和可靠性,同时通过系统管理平台查询试验数据。

第三,在各标段试验室推广试验设备自动化和信息化技术,实现对压力机、试验仪等试验仪器的数据自动采集、自动传输、自动计算、自动出图功能,保证试验数据的真实有效和实时反馈。对接试验设备(万能机、压力机、抗弯抗折机、控温控湿设备等),接入试验室视频监控,自动统计、分析主材检验情况,并进行预警。

7.2.6 环——智慧海事体系

深中通道施工工地的环境空间尺度大,尤其工程施工面临着复杂的海上环境,为此,深中通道聚焦复杂的海上环境,构建了智慧海事体系。海上环境施工面临着诸多困难点,其中最为突出的便是施工环境的复杂性和不可预测性。海洋环境多变,海浪、海流、气象等因素都会对施工作业产生直接影响,给施工安全带来巨大挑战。此外,海上施工还需要面对船舶交通管理、现场巡航管理、航道标志管理等多重任务,这些都需要高效、准确的信息支撑和监管手段。

在这样的背景下,智慧海事系统的作用就显得尤为重要。通过与海事、航道主管部门建立稳定联络机制,充分发挥行业监管和执法作用,智慧海事系统实现了海事监管工作的专业化、信息化、智能化管理。这一系统不仅集成了智慧海事、视频监控、信息共享平台等多种功能,还建立了信息共享及联合调度指挥平台,为海上施工提供了全方位的信息支持和监管手段,如图 7-7 所示。

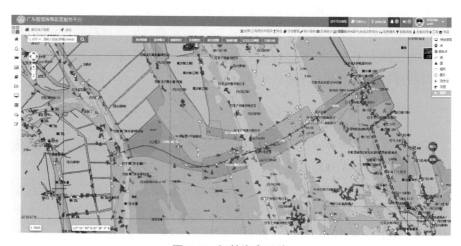

图 7-7 智慧海事系统

具体来说,智慧海事系统的作用体现在以下几个方面:

首先,通过监测海洋环境,设置浮漂、观测点和气象站,智慧海事系统能够实时监控海浪、海流、气象等数据,为沉管浮运安装等关键施工环节提供安全保障。这些数据可以实时传输到共享信息中心或联合调度指挥中心,为管理人员提供决策支持,确保施工过程中的安全可控。

其次,智慧海事系统通过联合调度指挥平台,实现了对各管理方的协调与配合。各管理方可以依据通航管理的法律法规,建立规章制度,实施船舶交通管理、现场巡航管理、航道标志管理等多项任务。在智慧海事系统的支持下,这些任务得以更加高效、准确地完成,确保了通航安全和海上作业安全。

最后,智慧海事系统还通过视频监控等手段,实现了对海上施工的全面监控。海事监控系统通过布置在运输航道上的监控摄像头和信号传输系统,实时记录并传输施工现场的画面,为管理人员提供直观的监控信息。这些摄像头具备红外摄像功能,可以实现 24 小时无间断监控,确保施工过程中的安全可控。

在实际应用中,智慧海事系统已经取得了显著的效果。以 2018 年 22 号台风"山竹"登陆期间为例,智慧海事系统的协同联动指挥机制及时发挥作用,实现了船舶的快速响应和智能调度。通过智慧海事系统的支持,施工作业得以在台风期间安全进行,避免了可能发生的安全事故。

综上所述,智慧海事系统在海上施工中发挥着至关重要的作用。它通过信息化、智能化的手段,提高了施工管理的效率和准确性,确保了施工过程中的安全可控。随着技术的不断进步和应用的不断深入,智慧海事系统将在未来发挥更加重要的作用,为海上施工的安全和高效提供有力保障。

7.3　深中通道智慧工地综合应用

7.3.1　智能监测与预警系统

深中通道工地是一个动态、变化的环境,施工进度、人员活动、设备状态等都在不断变化,给工地安全管理和施工质量保障带来巨大的挑战。因此,在进行深中通道这一庞大而复杂的工程项目的智慧工地管理时,首先需要构建敏锐的"智慧双眼"。"双眼"需要具备高清的视觉捕捉能力,能够实现全方位、无死角的实时监控,从而确保工地现场的每一个细节都尽在掌握之中。

因此,深中通道对生活区、物料堆放区、重点机械设备、重要施工过程实行全天候实时高清视频监控,使项目管理人员的视角延伸至现场一线,监督施工现

场,抓好质量安全管理等,做到对施工现场全过程的监督,防止违章作业,便于及时发现问题和排除隐患。该系统具体功能如下所示:

①权限控制:通过系统管理平台对用户权限进行集中统一设置。不同级别的用户具有不同的管理权限,根据所赋予的权限可以进行相应的系统访问和监控操作:访问、控制、录像、回放等。

②远程访问:支持远程或本地的视频监控,实现高清视频录像、录像回放查询功能。通过云端功能将工地现场的监控视频进行存储传输、接收现场报警、远程与现场进行语音对话指挥等,实现管理者对现场的远程监管,强化总部对前端的支撑服务。

③多点共享:视频监控系统借助电信运营商的网络,使得所有授权终端能够在使用权限范围内实现信息的多点共享。这一系统允许项目部、监理单位等多个部门及领导在不同地点同时共享安全监控信息、系统综合分析信息,并能够查询各类数据的历史报表。

除此之外,深中通道还在监控系统中创新性地引入了 AI 智能分析技术,极大地提升了监控系统的智能化水平。通过对监控视频进行深度学习和模式识别,系统能够准确地识别出工地上人员的行为状态。例如,系统能够智能识别出工人是否穿着反光衣,这有助于在夜间或低光照条件下确保工人的安全可见性,降低因视线不佳导致的意外风险;系统还能监测工人是否佩戴了安全帽,并在发现未佩戴的情况时及时发出预警,提醒工人和管理人员采取相应的安全措施;此外,系统能够实时监测工地上的烟火情况,一旦发现异常情况,便会立即发出预警,帮助工地人员迅速响应,防止火灾事故的发生。

这种 AI 智能分析技术的引入,不仅提升了深中通道监控系统的智能化水

图 7-8　深中通道监控系统

平,也大大提高了工地安全管理的效率和准确性。通过实时监测和预警,系统能够帮助管理人员及时发现和处理潜在的安全隐患,为工地的安全生产提供有力保障。

7.3.2　安全风险动态控制

工地管理的核心目标便是确保安全和质量。由于深中通道工地环境的复杂性和动态性,安全风险随时可能出现,且可能因各种因素而发生变化,如天气、设备状态、人员操作等,因此,对工地的安全风险进行动态管控对于保障工程质量与安全极为重要。根据项目风险管控的严格要求,深中通道致力于构建一个高效且全面的安全风险动态管控系统(以下简称"风控系统")。这一系统不仅具备强大的信息采集、传输和整合能力,更能够深入分析应用安全风险数据,为相关业务的处理提供有力支持。

风控系统是以风险预防、预控、预警为核心的一套完整的风险管理闭环体系,它能够在工程建设期间实时捕捉风险信息,对现场风险的动态变化进行精准掌控,确保参建各方能够迅速响应并采取有效的风险防控措施。通过这一系统,管理人员可以确保工程的安全始终处于受控状态,有效减少风险的发生。

在推进工程安全风险管理的标准化、精细化、信息化方面,风控系统发挥了重要作用。它使得风险管理工作更加规范、高效,提高了风险防控的精准性和有效性。同时,这一系统也为参建各方提供了一个信息共享和协作的平台,促进了各方之间的沟通与合作,进一步提升了风险管理的整体水平。

此外,为了实现对施工船舶的全面管理和高效调度,深中通道项目组与广东海事局共同建设了水上交通安全共享信息中心。这一中心整合了智慧海事系统和高频通信等先进技术,实现了对施工水域船舶分布的实时显示、施工船舶位置的精准定位及航行轨迹的查询等功能。这使得管理人员能够实时掌握施工船舶的动态信息,确保船舶的安全航行和高效调度。

通过这一系统,深中通道实现了对施工船舶的"看得见、听得着、叫得动",极大地提升了船舶管理的效率和准确性,为项目安全风险管理和施工船舶管理提供了有力支持。例如,在 2018 年 22 号台风"山竹"登陆期间,深中通道协同联动指挥机制及时发挥作用,实现船舶快速响应、智能调度,确保两次超强台风期的施工作业安全。

7.3.3　应急指挥信息中心

随着工程建设的不断推进,工地现场面临着各种复杂多变的安全挑战。应急指挥信息中心作为智慧工地管理的核心枢纽,必须实时收集、分析并处理各种紧急情况的信息,确保管理人员在第一时间做出反应,启动应急预案,有效调配资源,实现快速响应和高效处置。这不仅能够最大限度地减少事故损失,保障人员安全,还能提升整个工地的安全管理水平,确保深中通道建设的顺利进行。因此,在深中通道智慧工地管理中,设立应急指挥信息中心是至关重要的一环。

深中通道深度融合了物联网、GIS、GPS等先进技术,成立施工动态管控暨联合应急指挥中心,形成了一套高效、智能的监管体系。指挥中心通过智能工卡、监控视频、工地物联网等,实时采集现场人、机、船的工作和安全状态,进行人、机、船实时管控;接入工地视频监控和设备传感器信息,实现施工监控预警;通过智慧深中手机APP,协助劳务人员紧急救援,实现对人机船的安全监控与应急指挥调度。

在指挥中心的核心作用下,智能工卡、监控视频、工地物联网等多种手段被综合运用。智能工卡不仅记录了劳务人员的身份信息,还能实时采集他们在施工现场的工作状态和安全情况。监控视频则覆盖了工地的各个角落,通过高清摄像头和智能分析系统,能够实时监控施工现场的人、机、船的动态,确保各项作业安全有序进行。工地物联网则通过安装在设备上的传感器,实时采集设备的运行数据和安全状态,为管理人员提供决策支持。

指挥中心还接入了工地视频监控和设备传感器信息,通过这些信息的实时传输和分析,实现了对施工过程的全面监控和预警。一旦发现异常情况,系统能够立即触发预警机制,通过声光报警、短信通知等方式提醒相关人员及时处理。

此外,智慧深中手机APP的推出,为劳务人员提供了一个便捷的紧急救援平台。通过APP,劳务人员可以实时上报安全隐患、请求救援等,指挥中心则能够迅速响应,协调各方资源进行紧急处理。

施工动态管控暨联合应急指挥中心的成立,不仅提高了施工现场的安全管理水平,还提升了施工效率和质量。通过远程数字化监管,管理人员能够实时掌握施工现场的情况,及时发现和解决问题,避免了因信息不对称导致的决策失误。同时,指挥中心的高效运转也提升了应急响应速度,为应对突发事件提供了有力保障。

7.3.4 生产全过程智慧管控

深中通道涉及了众多关键构件以及它们的分布式工地现场,包括生产过程中各个子空间以及构件流转空间。深中通道关键构件的生产和供应也是共同推动着整个工程建设稳步前进的重要环节,任何关键构件生产供应出问题都可能对工程整体产生巨大的进度、质量、安全风险。因此,为了确保深中通道能够按照预定的时间表和质量标准顺利推进,必须对构件的生产全过程进行实时的、精细化的智慧管控。

以深中通道梁场为例,深中通道制梁作业规模大、任务重、要求高,传统梁场管理模式不能满足深中通道建设进度及精度需求。为此,深中通道集成钢筋自动化数控加工生产线、混凝土智能搅拌生产线、智能化喷淋养护系统、智慧梁场管理平台等,组成智慧梁场,将 BIM 模型与物联网技术、自动定位技术、视频监控技术进行综合应用,通过生产线设备智能化、工序卡控智能化、施工管理精细化,实现梁场生产过程可视化、物料追踪、生产计划与调度和质量溯源。

1. 数字化加工制造技术

通过采用数字化加工制造技术,集成钢筋自动加工生产系统与智慧梁场管理平台,实时采集钢筋进场、加工和半成品信息,实现钢筋从进场、入库、出库、加工制造到钢筋成品的生产过程自动化、智能化管理,使钢筋加工效率提高 40%,节省材料用量,大幅减少作业人员投入。采用以二维码或 RFID 作为产品唯一标识,记录产品生产过程中的人员设备以及质量信息,系统自动记录识别工人信息、工作时间、工位钢筋部品基础信息,打印 RFID 钢筋部品标签,实现对产品质量的全程追溯,有利于提高产品质量。

2. 高度集成自动化设备

通过自动布料系统、混凝土自动振捣、自动提浆整平机、自动喷淋养护系统、智能化预应力施工、智能化压浆系统、智能化移等混凝土施工系列自动化手段,解决大跨径整体式箱梁预制难问题,有效降低人力投入,大大缩短工期。

全自动液压整体式模板实现大跨径混凝土箱梁整体预制,省去拼接环节,大大提高预制效率。智能控制系统通过控制液压系统及走行电机,实现外模自动走行定位,自动调平,自动整体抬升、平移等功能,重复使用外模降低了预制成本及完工后临时施工材料的处置费用。液压系统和走行台车实现了混凝土箱梁自动脱模,节省人力,提升钢箱梁预制的精准化,提高混凝土箱梁品质。

3. 混凝土智能搅拌生产线

智能化混凝土输送中心集成搅拌生产系统、物料管理系统、车辆管理系统,实现全程智能化管理。采用全自动生产中控系统,从任务单下发到混凝土成品运输到工地进行全程严密控制,实现对原材料和配合比的监控与报警、数据自动传输和断点续传、即时通信功能、短信提醒等功能,通过 BIM 系统智能远程操控,减少人力,提高工作效率。

4. 智慧梁场管理平台

智慧梁场管理平台遵循"统一规划、统一平台、统一数据"的原则,以 4D-BIM 和 BIM-FIM 技术产品为核心,接入梁场钢筋加工系统、混凝土智能控制系统和监控监测系统等三大系统,并集中实现 BIM 模型应用、预制生产数字化管理、场地动态管理、人员管理、物料管理、设备管理、质量安全管理、档案管理、绿色工程管理等操作。建立智慧梁场管理平台,可加强各施工环节之间的交流,实现数据实时更新、共享、储存,提高施工质量,提高监管效率。

7.4 本章小结

深中通道工地涉及大量、异质性任务和资源,协调难度加大,施工安全风险高,工地现场具有多要素横向关联、多任务界面之间的接口,以及工地人、机、料、法、环管控和协调等问题,具有高度的管理复杂性,因此需要采取科学、高效、精细化的管理策略和方法,探索运用新技术变革传统施工管理方式,通过智慧化手段来应对。

本章从人、机、料、法、环多角度介绍了深中通道智慧工地具体应用场景。这些场景涵盖了从人员智慧管理、机械设备智慧管控到材料智慧生产供应等多个方面,展现了智慧工地在提高施工效率、保障施工安全等方面的巨大潜力。随后,本章介绍了智能监测与预警系统、安全风险动态智慧管控、应急指挥信息中心以及生产全过程智慧管理的深中通道智慧工地综合实际应用情况。

综上,深中通道通过实施智慧工地建设,有效地提升了工程工地的管理水平和施工质量,智慧工地的实施也将为我国工程建设领域的施工信息化、智能化发展树立新的标杆,推动行业向更高水平迈进。

参考文献

[1]韩豫,孙昊,李宇宏,等.智慧工地系统架构与实现[J].科技进步与对策,2018,35(24):107-111.

[2]陈伟乐,宋神友,金文良,等.深中通道钢壳混凝土沉管隧道智能建造体系策划与实践[J].隧道建设(中英文),2020,40(04):465-474.

[3]刘佩斯.深中通道智慧梁场建设及运营研究[J].世界桥梁,2023,51(S1):26-33.

[4]刘健,罗林杰,卜庆晗,等.一座世界级跨海集群工程的 BIM 探索与实践[J].中国公路,2021(14):47-49.

[5]徐秋红,李向阳.全智能控制液压钢模板在深中通道箱梁预制中的应用[J].世界桥梁,

2019,47(06):36-40.

[6] 姜早龙,李园,张志军,等.BIM 技术在跨越磁悬浮轨道桥梁工程施工中的应用研究[J].
施工技术,2018,47(24):58-63.

[7] 薛松,陈静妍,麦锦田.基于技术—组织—环境（TOE）与整合型科技接受模式
（UTAUT）的智慧工地发展影响因素分析[J].科技管理研究,2024,44(02):106-116.

[8] 朱峭,王静,琚秋月,等.基于 ZigBee 无线技术和 TOA 测距模型实现人员定位施工安全
管理的解决方案[J].智能建筑,2017(01):58-61.

[9] 邓小华,陈伟乐,宋神友,等.深中通道钢壳混凝土沉管隧道建设关键技术[J].现代隧道
技术,2024,61(02):203-213.

[10] 刘健,陈瑶,许晴爽,等.深中通道数字建造赋能绿色发展[J].中国公路,2024(01):
92-94.

第8章

数智赋能打造深中通道百年品质工程

　　本章是全书的最后一章,如同数智赋能驱动深中通道工程建设管理大剧最后的大结局。数年来,深中通道工程全部的造物活动,工程建设管理者的全部智慧、汗水与心血最终都凝结为南中国海伶仃洋上的这座巍峨的百年品质工程。深中通道工程建设管理全部的理念、理论、技术、管理创新也都融入深中通道工程的品质之中。"打造"一词虽然其本义是制造、创造,但它表达了深中通道工程建设管理者肩负国家、行业历史重任,面对工程建设各种复杂性挑战的自信、决心与韧性。

　　本书前面各章主要论述和总结了深中通道工程建设管理各个不同阶段、不同领域、不同专题的数智赋能前序性与分系统工作,本章不仅是对所有这些工作的综合集成,更是对深中通道工程全部建设管理内涵的升华。

　　本章的核心内容是通过对打造深中通道品质工程的学理进行深刻剖析与凝练,指出打造深中通道品质工程的本质是在新质生产力确定下形成的一种新的工程系统造物的动力学机理,而这一变革性的机理就是智能集成,它能够催生和推动深中通道复杂整体性品质的实现。

为什么数智集成能够成为打造深中通道品质工程的新的动力学机理？这不仅是数字化技术与智能化技术的单元性、局部性赋能作用，更是数智技术体系在打造深中通道品质工程过程中以其自身的能量与功能集成了融合产业链供应链的支撑力量；促进了相关产业变革与企业战略调整；多维度、大幅度提升了深中通道品质工程建设管理需要的理念创新、技术创新、范式创新与全要素生产率的跃迁；推动了打造深中通道品质工程生产力的质量、能力与效率变革；成为合成多生产力要素与管理格局新变革的"黏合剂"。

由上可知，在打造深中通道品质工程的全部活动与全过程中，作为"打造"行为支承与转换的总成就是数智技术全情景、全过程赋能与驱动一体化形成的数智集成路径与实施，它是打造深中通道品质工程持续稳定的动能与保证。无论是打造深中通道品质工程的实践还是深中通道工程管理理论研究，这一学理性的认知都具有重要的创新性。

8.1　工程品质与品质工程概述

8.1.1　工程品质概述

在管理学领域内,"品质"的"品"形从三口,表示众多,引申指事物的类别有等级、类别之分;"质"指事物的性质、本性、优劣之程度:因此,"品质"既指事物的内在质地,也指事物的外在品位。

在工程建设管理领域,内在质地一般指工程的物理功能,如耐久性、可靠性、安全性;外在品位则指工程外形的社会价值、文化蕴意、生态和谐等。任何工程都有品质,狭义的"品质"可理解为工程物理性的"质量",即一组固有特性满足需求的程度,这里可理解为工程建设质量或者工程运行质量;广义的"品质"不仅包括工程内在物理性质量(如工程超长生命周期内的耐久性及可靠性等),还包括工程外在品位(如建筑设计美、与生态协调、文化的融入以及后期为人服务等)。

相对于一般工程更多地关注自身(物理)质量,重大工程则更多地关注自身品质及品质的定位,如深中通道西人工岛,位于珠江口伶仃洋海面上,岛体面积达 13.7 万平方米,相当于 19 个国际标准足球场,从空中看,它就像是一只巨型的大风筝飞跃珠江口。"海中风筝"不仅显示了工程的文化品质,也彰显了我国经济的腾飞与民族自信。

因此,可以说,工程品质是"质量＋品位"的融合,"质量"主要由技术要素的"标准"所要求的硬性"指标"来保障,而"品位"则主要由非技术要素的人文价值(资源节约、环境友好、以人为本等)的软性"目标"来评价。换句话说,工程品质是"大质量""广义质量"的概念,是工程实体质量与工程人文品位的综合,是技术要素与非技术要素的综合,是自然科学与人文社会科学的综合,"品"与"质"的融合为重大工程注入了更多的哲学与文化内涵。上述工程品质内涵如下图所示:

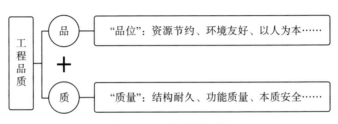

图 8-1　工程品质内涵

不同于工程质量有高低之分,工程品质作为工程属性,本身难有高低程度差异的说法。如工程质量可按照耐久性等具体量化指标分为优良、合格、不合格等不同等级,是对工程实体的物理性功能的衡量;而工程品质作为具体属性,其本身已内含了工程的"品质"等级,如我们说某个工程是安全舒适工程,"安全舒适"本身已经包含了对该工程品质的综合判断,而无需再强调说明该工程到底是"高"安全舒适还是"低"安全舒适。

一般地,重大工程品质具有以下基本特征:

(1)整体性:重大工程品质的"整体性"不能理解为就是一个"铁板一块"的"品质"整体。大多数情况下,应理解为一个可以进行适当分解、彼此有着错综复杂关联的品质体系,这里的品质体系具有层次性、时序性、顺序性、逻辑性等,还包括品质之间的冲突性、协同性、涌现性与隐没性等,所有这些构成了重大工程"品质"的整体性。

(2)复杂性:重大工程品质体系的形成基于工程全生命周期的全部建设管理活动,涉及多尺度时空环境、多元化主体行为、多类型复杂问题解决方案选择等各个方面,从而表现出品质体系的复杂性。

(3)异质性:重大工程品质体系中不同的品质各具有不同的属性,有描述工程物理属性的品质(如技术、成本、重大装备)、工程系统属性的品质(如质量、安全、适用性)以及工程管理属性品质(如主体协同、防灾减灾、组织、绿色和谐)等,这在整体上就使重大工程品质体系具有多元异质与潜在冲突等特征。

(4)综合性:"综合性"是指重大工程多元异质品质在复杂整体性意义下,综合成为一个一体化的概念,同时,可以根据不同工程场景与目的,对一体化内涵做出不同的界定与诠释。

8.1.2 品质工程概述

在产品质量管理领域,品质工程概念原指以统计学方法进行实验及生产过程管控,达到产品品质(质量)改善与成本降低双重目的。而在当今,在中国式现代化事业中,深中通道品质工程之内涵是指在交通强国战略指引下,通过践行现代工程管理发展的新要求,追求工程内在质量和外在品位的有机统一而创造、建造出的完整的人造物系统,并且进一步将对工程品质的追求与期望凝练成工程建设主旨目标的形式加以表述。例如,深中通道品质工程被凝练、提升为"安全耐久、经济绿色、传承百年、人民满意"的主旨目标,"安全舒适、优质耐久、经济环保、和谐美观"的建设目标,实际上这都是不同视角下深中通道品质工程的品质内涵。

需要强调说明的是,在现实中,打造品质工程的核心是对物质性人造物工程的创造与建造,任何工程实体都是由多种物质型资源如土地、资金、材料、装备等在自然规律与技术原理支配下相互关联、组合而成的整体。工程具有明确的物质性硬结构,并形成基本的物理功能,而这些物质资源就是工程整体的物理构成要素。因此,任何品质工程在整体层面上都表现为一个完整的实体系统形态,即任何工程都是系统。一般称工程实体系统为工程硬系统。

工程活动实践的核心是造物,是通过工程理念的确立、设计和施工把工程硬资源成功整合为工程硬系统的整体性活动过程。因此,任何打造品质工程的实践都是系统的实践。同时,任何工程实践自身也构成了以各种实践要素为基础的完整有序的整体,包括各个实践部分的品质、功能、实践之间的关联与接口以及实践最终的系统整体性形态。也就是说,任何工程实践活动自身也充分体现出系统的基本属性与形态,即任何工程实践都是实践的系统。

8.1.3 工程品质与品质工程的关系

由上可知,当今,任何重大工程都具有相应的品质,即可称为品质工程,这也意味着,任何品质工程都具有工程品质。

至于品质工程与工程品质两者之间的关系,可以理解为某一特定的工程品质一定是某一具体的品质工程的属性。一般地,属性是指某一类事物(对象)所具有的独特且不可或缺的特性。如果属性不仅为某一个事物所具有,另外的事物也具有,称此属性为共有属性;反之,如果属性仅仅为某一个事物所独有,而别的事物不具有,则称此属性为该事物的特有属性。如果该事物的一些特有属性决定了该事物所以是该事物而不是别的事物,则称这些属性为这一事物的本质属性。本质属性表征了该事物的根本品质,是事物的具有决定性意义的特有属性,也体现了该事物区别于其他事物的固有的规定性。

在哲学意义上,本质属性是该事物最基本的品质,即该事物专有的、基本和稳定的性质抽象,本质属性也称基本属性。由此可见,工程品质是品质工程的基本属性,形象地说,品质工程是客观现实载体,而工程品质则是这一现实载体的抽象属性。

任何品质工程的造物实践既是形成物理性工程实体的实践过程,相应地,它的工程品质也随着品质工程的形成而逐渐形成与完善。因此,某一个品质工程与某一特定的工程品质呈现出载体与属性的相互关系。

8.2 打造深中通道品质工程的新挑战

在工程建设语境中,"打造工程"的基本内涵就是人们根据某一意图制造、创造人造物系统。这一意图在打造过程中,一般表现为工程建设的目标,并在工程建成后就成为该人造工程物系统的功能、属性或者品质。随着重大工程的出现,工程人造物的功能、属性或者品质等越来越体系化、复杂化,拓展为多层次、多维度与多尺度的工程品质体系,因此,即使我们简称打造工程,实际上都是打造品质工程。对于深中通道工程而言:

(1)深中通道工程地处粤港澳大湾区核心区域,为大湾区战略性通道、珠江两岸"A"型骨架最重要一横、"深莞穗"与"珠中江"之间唯一的直连通道以及国高网 G2518 跨珠江口关键工程。

(2)深中通道为"桥、岛、隧、水下枢纽互通"超大型复杂跨海集群工程,全长 24 千米,双向八车道,设计时速 100 千米,概算 446.9 亿元,足见工程规模之大。

(3)深中通道工程主要构筑物包括东、西人工岛及水下互通,国内率先、世界首例双向八车道钢壳沉管隧道,世界最大跨径离岸、最大跨径三跨连续漂浮体系伶仃洋悬索大桥等,足见综合技术难度之高。

(4)深圳机场决定了伶仃航道桥塔的高度,施工装备高度要适应航空限高;工程穿越 7 条航道,跨越两条出海主航道,且处于世界较繁忙水域,海上施工通航安全问题突出,地处台风频发区,海上设施、装备及人员众多,人员、装备安全保障难度大,足见建设条件之复杂。

(5)深中通道海域建造大规模的堰筑段,堰筑段内的基坑施工难度和风险高;且在广深沿江高速桥长 1 200 米范围填筑东人工岛,岛上三个隧道下穿高架桥,高架桥变形控制要求高,施工安全风险高。

(6)世界首例双向八车道沉管隧道,钢壳—混凝土沉管隧道为国内首次应用,国内全产业链空白,缺乏经验;超宽、深埋、变宽:八车道,最宽超过 56 米,最大水头−38 米,变宽段长 615 米,结构受力问题突出;繁忙航道复杂航路超长距离浮运安全风险大;地质条件复杂:1.4 千米基槽位于挖沙坑范围、风化岩软化、液化砂土,隧道基础加固、深槽施工工艺和防控技术面临巨大挑战,足见钢壳—混凝土沉管隧道建设挑战之大。

(7)强台风频繁区海中超大跨悬索桥、超高桥面 90 米,风致灾变控制难度突出、海中超大型锚碇建设经验少,离岸深厚软基锚碇施工风险高,足见海中大跨度悬索桥建设难度之大。

（8）交通基础设施领域，工程结构耐久性保障面临海工大体积混凝土开裂、正交异性钢桥面板疲劳开裂和悬索桥主缆腐蚀三大世界性难题，足见海洋环境结构耐久性问题之突出。

（9）世界首例八车道沉管隧道＋水下枢纽互通组合，公共安全问题突出、危化品车管控难、饱和交通量、高货车比、无主线收费站、钢壳混凝土管节结构防火标准缺乏，特长超宽隧道通风排烟经验不足；海底枢纽互通式隧道以及隧道内多次分合流，行车视距受限，足见行车运营安全问题之突出。

（10）深中通道工程地处粤港澳大湾区几何中心，海陆空三维立体视点丰富，景观要求高，沿线地市及珠江口两岸人民高度期盼，足见社会关注度与品质要求高。

综上所述，深中通道集"桥、岛、隧、水下互通"于一体，是当前全球标志性的复杂巨系统工程，是我国交通基础设施建设史上的又一巨大挑战。

以上各点不仅让我们清晰地预见到深中通道工程在工程物理结构、工程技术、工程资源整合、供应层面上必将面对一系列难题，还能够感悟到由工程建设复杂性在社会、环境、文化及人的行为、价值观层面引起的一系列连锁性新问题，更使我们知道，面对这一重大态势，深中通道工程一方面要构建以其工程品质为基本要素形成的工程目标体系，并以此作为深中通道工程建设管理的方向与导向；另一方面，在技术主体传统的建设管理能力不足或者"力不从心"的情况下，必须要通过思维变革、赋能变革与建设生产力内涵变革，成功培育打造深中通道百年品质工程的新动能。所有这些表明了打造深中通道品质工程面临着新的巨大挑战。

8.3　打造深中通道品质工程需要复杂系统思维与新质生产力

8.3.1　打造深中通道品质工程需要复杂系统思维

打造深中通道品质工程需要复杂系统思维，这主要是由"打造"这一实践活动与"深中通道品质工程"的本质属性决定的。

深中通道工程这类重大工程其工程自身是一个复杂系统，因此，其功能、属性或者品质既表现为通过工程硬资源直接构成的一类最基本、最直接的物理功能，称为构成型功能，如大型桥梁工程的通车运力功能、海上通航功能等。又表现为不是直接由工程物理结构构成的，而是重大工程—环境复合系统相互作用在更高层次上自组织生成的新功能，一般称其为生成型功能。生成型功能一般不属于工程最基本和最直接的物理功能,是构成型功能辐射、衍生、拓展而生成的间接功能,如重大交通工程建成后形成的人口聚集功能与经济结构变迁功能等。还表现为以功能涌现与功能隐没的方式出现的原本不存在的新功能,我们称为涌现性功能,如深中通道工程对大湾区的社会经济大尺度促进和推动作用以及对生态环境的影响等。

既然深中通道工程这类重大工程的技术目标、自身功能与属性出现了这样复杂与深度不确定的变化,那么,深中通道工程品质体系本身必然表征为一个复杂系统,进而打造深中通道品质工程的实践活动、前期的品质体系设计、施工过程中的品质管理等也都需要在复杂系统思维或者复杂系统思维范式转移后实施和操作。

那么,如何体现打造深中通道品质工程的复杂系统思维呢?由复杂系统管理理论可知,深中通道工程品质体系的复杂系统认知属于人们的理论思维,而打造深中通道品质工程则是工程思维。理论思维需要确立思维原则,而工程思维需要确立实践原则。前者是一类明确"是什么"和"为什么"的思维,而后者则是明确"做什么"和"怎么做"的思维。这两类思维虽然有着重要的区别,但在深中通道工程建设具体的实践活动中,两者之间有着紧密的关联,相互融为一体。

本节的研究重点是"打造"这一活动,而不主要论述工程系统与复杂系统思维的关联性。只有在这个问题上把逻辑说明清楚,才能够在实践层面上对"打造"思路与行为规则有科学的理解。

前面说过,工程品质总是附着在品质工程的物理实体之上,为了保持约定的品质,就要在品质体系的复杂整体性意义上保证从最初对工程物理形态的直观感知起,经过在系统层面上的抽象与凝练,直到最终在管理可行空间中选择并提出相应的保持品质属性的实施方案的一体性与融通性。这一链式的完整架构与有序转换就构成了打造品质工程的"物理—系统—管理链式递进"基本行为范式。下面我们来详细介绍相关内容。

所谓品质的物理形态,主要是在工程建设管理活动情景、现象及问题现实形态的直觉感知基础上对品质的梳理与归纳。在现实中,重大工程造物的情景、现象及问题多由多种物质型要素构成,并在一定的自然规律、社会关系与行为准则支配下组合成一个复杂整体,这一整体的物质型硬结构、物理性功能及动力学机理构成了工程功能及品质的物理主要形态。从人的一般认识规律看,在这一阶段要充分尊重工程建设情景、现象与问题的现实性、现象性与实在性,自然也就要尊重品质的现实性、现象性与实在性。

根据复杂系统管理情景导向原则,不宜把这里的物理性仅仅理解为物质性,例如,情景构成要素不仅仅包括物质型要素,还包括非物质型甚至概念型、逻辑型要素,没有这些类型的要素,就组合不了现实工程与工程管理情景整体。一般地,这一阶段称为打造品质工程物理复杂整体性阶段。

人们的打造品质工程活动不能仅仅停留在情景与问题的物理复杂整体性阶段,需要尽可能对情景、现象与问题的物理形态、特征与独特性进行挖掘和提炼。由于任何事物的品质属性在现实中都必须附着于特定的实体而不能抽象存在,因此,这一新的凝练品质属性的阶段需要在源于并高于物理层面的系统范畴中进行。

因此,工程品质属性凝练与抽象不能概念化也不能泛化,需要充分挖掘工程现实情景与问题复杂整体性不可分或者不宜分的基本形态。如工程环境的高度开放性、工程主体的多元异质性、工程建设过程的本质不确定性,问题要素之间的强关联、多约束、多尺度,问题状态和功能涌现、工程主体行为演化和适应性等的具体形态。特别是,不能忽略复杂整体性中的独特性语境,并运用复杂系统话语体系进行表述。事实证明,如果做到了这些,不仅能够在一般普适性意义上,而且能够在个别独特性意义上"锁定"打造"这一个"品质工程复杂性问题的本质特征,称此为从物理复杂整体性向系统复杂整体性的递进。这一递进路径标志着打造品质工程活动进入了对品质属性的抽象凝练与逻辑推导阶段,也标志着打造品质工程复杂系统思维范式转移的具体化。这一阶段称为打造品质工程系统复杂整体性阶段。

打造品质工程活动的最终目标是提出完整的打造方案,这将进入实施工程建设管理的管理阶段,没有这一阶段,打造品质工程活动将仅停留在对复杂性问题的物理感知和系统分析阶段,缺失了复杂系统管理活动最终目标与功能的物质化与现实化。为了实现这一目的,这一阶段必须遵循造物过程中的"物—事—人"的协同,实现由上述物理复杂整体性向系统复杂整体性再向管理复杂整体性的进一步递进,其关键是在前面两个阶段的基础上,依据管理思维原则、基本原理等对复杂性问题进行知识综合并形成解决问题的管理方案。这一阶段称为打造品质工程管理复杂整体性阶段。

以上内容可以简要归纳如下:所谓品质物理复杂整体相当于品质的现实场景与问题的完整"故事"的表述;所谓系统复杂整体性相当于对品质"故事"基本属性与独特性的综合与抽象;所谓管理复杂整体性即以品质"故事"复杂性情景为导向,依据复杂系统思维范式,设计解决打造品质工程问题的方案,并把方案再"沉浸"到作为母体的品质情景之中进行验证、修正和完善。

综上所述,打造深中通道品质工程的以上三个阶段在整体上就构成了物理—系统—管理链式递进模式,它既是打造深中通道品质工程的复杂性分析和解决问题的基本行为范式之一,也是打造品质工程的行为准则之一。

这里,我们以打造品质工程中的决策活动为例。重大工程决策范式是指依据复杂系统思维范式,通过理论思维与工程思维的结合,在既尊重一般决策规律又体现主体独特意图,在厘清和驾驭决策问题复杂整体性属性的基础上,对工程品质、工程目标与决策方案进行设计与筹划。以下三个具体的阶段充分体现了上述物理—系统—管理链式递进原理。

第一阶段:在打造品质工程初始阶段,人们首先对工程建设的背景、任务、目标、功能、决策主体、决策支持、决策可用资源等,特别是物理层面上的决策情景的生动景象,通过多种渠道形成初步的直观感知,这是打造品质工程中决策的物理复杂整体性阶段。

第二阶段:将对品质工程决策问题的直观感知逐步抽象至复杂系统认知,并运用复杂系统思维与话语体系表述、提炼决策问题的关联逻辑与属性特征,这就是打造品质工程决策活动的物理复杂整体性向系统复杂整体性的转换,也是对品质工程决策情景核心要素与结构的抽象和提取。不难看出,这一转换主要是为了让工程决策分析能够在品质属性层面上进行,以利于揭示决策与品质的内在关联与客观规律,便于深度分析和筹划决策方案,为进一步形成决策方案做好前期准备。

第三阶段:根据被凝练出的决策问题的系统复杂整体性,依据管理学概念、原理,把决策问题的系统复杂性形态与机理认知再一次转换成管理学相应的概念、原理、逻辑与话语体系,形成充分体现工程品质属性的管理科学问题。在这一阶段,特别重要的是在多符号系统体系支持下,形成可分析或者可计算的决策问题与方案设计的核心情景,并加入决策问题的独特性语境要素,重构和预测决策问题及方案的情景与演化,在虚拟的决策情景中推演、分析决策方案的功效和鲁棒性等品质。

8.3.2 打造深中通道品质工程需要新质生产力

1. 新质生产力概述

一般意义上,生产力是指人们改造自然、利用自然的能力,是推动社会进步最活跃、最革命的因素,具有客观现实性和社会历史性;同时,生产力也是人们解决社会同自然矛盾的实际能力,是人类改造自然使其适应社会需要的物质力量。

生产力的基本要素包括劳动资料、劳动对象和劳动者,此外,科学技术也是生产力中的重要因素,它能够通过应用于生产过程或者渗透在生产力诸要素之中而转化为实际生产能力。历史表明,科学技术上的发明创造会引起劳动资料、劳动对象和劳动者素质的深刻变革和巨大进步,从而极大地提高劳动生产率,成为生产发展的决定性要素。因此,科学技术是先进生产力的集中体现和主要标志,是第一生产力。

正如马克思在《资本论》中指出的:劳动生产力是随着科学与技术的不断进步而不断发展的。因此,如果生产力中的科学技术要素出现了关键性、颠覆性的变化,并引发了诸生产要素配置的变革、产业的深度转型升级,将进一步催化原有生产力中的劳动者、劳动资料、劳动对象及其组合关系的质的变化,形成生产力全要素生产效率的提升,对此,则认为原有的生产力出现了新的质的变化,或者称为形成了新质生产力。

当今,人类的科学技术快速发展,新一代信息与计算机技术持续实现关键性突破,引发了以该技术为重要组成要素的生产力的核心要素关联关系、生产力结构以及生产力整体效率产生重大变革和出现质变,因此,在一定意义上形成了新质生产力。

新质生产力之"新",主要蕴意为创新,不仅包括技术创新与业态模式的创新,还包括思维、制度与管理的创新,其核心在于以科技突破性、颠覆性创新推动产业创新,促进产业的提效与增值,这说明新质生产力是一种推动生产力全面跃迁的生产力。

新质生产力之新"质",表明该生产力具有不同于其他生产力的本质属性,或者自身独特的规定性,具体地说,主要是其自身具有的新的形态、新的质性等。这类"新质",主要是从其生产力品质上来理解。例如,以新质生产力为主要特征的产业将是一类未来新兴产业,而传统产业则因为智改数转手段而可以转入新质生产力新赛道,释放出更高效率、更高质量等具有当今时代性特征的生产力。从目前情况看,数字化、智能化、数控化、复杂化等生产工具,均可以作为新质生产力的标志性特征。

新质生产力不仅在整体上为中国式现代化提供了强大的技术支持与新动能,而且还有力提高了技术发展的效率,打通了束缚生产力发展的堵点与卡点,也能为打造深中通道品质工程注入新的能量并提高可控性与可靠性。

2. 打造深中通道品质工程需要新质生产力

为什么打造深中通道品质工程需要新质生产力?首先,任何工程建设,包括打造深中通道品质工程都是一类以工程为产品的生产样式的活动,自然都需要一定的生产力来表征改造自然、创造财富、制造产品的能力。人类的生产活动、产品类型与制造场景不同,需要的生产力样式与水平也不相同。一般地,越是复杂的产品生产与生产过程,越需要高水平、高质量生产力。

就打造深中通道品质工程而言,品质工程的复杂性、打造过程的复杂性、品质体系的复杂性、品质实现过程的复杂性等,导致了传统的工程建设管理生产力的解决复杂性问题的本领,鲁棒性,应对复杂性的韧性、可靠性与稳健性等方面都出现了能力越来越不足、"卡脖子"困境越来越多的情况。这时,客观上自然需要更高水平与质量的新的生产力形态出现,以解决和支撑打造深中通道品质工程的实际需求。

那么,具体有哪些特别紧迫的实际需求呢?

(1)新质生产力以科技创新为驱动。和一般科技创新不同,构成新质生产力发展动力的科技创新,一般具有革命性突破与颠覆性创新的特征,这正是破解我国重大工程建设中不能回避的所谓"卡脖子"技术所必需的。以打造深中通道品质工程为例,在打造实践中出现了如下一系列"卡脖子"技术难题:亟需解决钢壳沉管受力机理、合理构造、耐久性保障、最终接头、自流平混凝土制备、施工工艺及关键装备研发等技术难题;需要填补钢壳沉管隧道设计方法、结构/抗震设计指南的技术空白点;"锁扣钢管桩+成品索围箍围堰筑岛"+"地连墙"基坑支护新型全离岸海中巨型锚碇集成建设原创性技术;亟需研发多功能静力限位—动力阻尼组合体系和纵向位移及梁端累积行程控制装置;亟需突破钢箱梁正交异形桥面板疲劳开裂的世界性难题;亟需研发双面埋弧焊全熔透U肋—高品质焊接接头,实现全熔透、可检测,最大程度消除初始缺陷,提高正交异性钢桥面板疲劳耐久性、横隔板与U肋双机器人热熔焊接等。所有这些"卡脖子"技术难题都需要新质生产力意义下的高水平技术创新提供自主性原创性创新本领,包括新原理、新材料、新标准、新装备、新工艺、新工具。

(2)新质生产力意义上的科技创新活动,不同于一般大学或科研院所按照"基础理论研究——一般技术创新—实际应用"模式开展,而更加注重工程实践的现实需求,通过构建"工程科学—工程技术—工程造物"创新活动链进行。这对打造深中通道品质工程实践来说,尤其适用。

具体地说,打造深中通道品质工程专项造物活动的根本目的是成功制造符合各种设计要求的工程实体。工程科学是实现这一目的的基础性前提,工程技术则是实现这一目的的主要抓手,而从前提到抓手需要一次重要的属性转化,即由工程造物基本原理和客观规律转化为实现成功工程造物必要的关键技术,成为工程造物的重要支点与着力点。

一般来说,重大复杂工程关键技术是指人们根据工程造物实践和自然科学原理总结积累起来的经验、知识而形成的工程造物必需的各种工艺、方法、技能、工具与装备。应把这类技术理解为一个支撑和保证实现工程实体完形的技术体系,而不仅仅是一项或几项单元技术。因此,由打造深中通道品质工程的工程科学向工程技术的转化需要完备、精准与有效的技术管理体系,将关键技术上升为打造深中通道品质工程新质生产力中的新的生产力要素。

从工程造物活动需求的完整性看,重大工程关键技术既包括构成工程物理实体所需的工程技术,还包括使工程造物活动有序和有效的管理技术。也就是说,既包括工程硬技术,如施工工艺、技能、方法及先进材料、装备等,又包括管理软技术,如管理体系、组织流程及管理方法等。

从层级上讲,重大工程技术体系大体上可以分为一般型技术、改进型技术与突破型技术。其中,突破型技术是由工程制造的跨越性或工程复杂性而导致的基本原理尚不清晰、工艺尚不健全甚至还完全不掌握的新技术。这类技术一般不能通过对已有技术作简单的整合或改进而获得,需要通过技术原理性创新实现技术阈值的突破或跨域而获得。这与新质生产力中的革命性突破与颠覆性创新的技术属性相一致。

显然,关系到打造深中通道品质工程的技术主要是上述后两类技术类型,特别是突破型技术(即"卡脖子"技术)。其中,"技术阈值"包括"技术原理阈值""材料性能阈值""装备功能阈值"等,无论哪一方面,阈值突破的难度与打造深中通道品质工程复杂性之间的关系往往是非线性的,即技术突破难度的增大会远大于工程复杂性的增大。这就使得在重大工程造物实践过程中,不可避免地会遇到关键技术需求与供给严重不足之间的矛盾。而供给不足的主要原因一般包括工程环境与施工方案的独特性、没有成熟的技术储备、国内外没有相近的替代技术、技术垄断或技术转让价格太高等,因此,所谓"卡脖子"技术一般就是这类工程亟需的突破型技术。

获得和解决这类"卡脖子"突破型技术,核心是工程科学基础上的技术阈值突破或跨域。但是,这又是一项重大复杂的知识创新系统工程,需要精心、有效的组织管理。

一般意义上,解决重大工程的"卡脖子"技术需求与技术供给不足之间的冲突包含着重要的、必不可少的技术管理活动。例如,在创新和发明重大工程专项突破性技术过程中,如何组织和构造技术创新平台、设计恰当的技术创新路线;在常规性工程技术活动中,如何进行技术选择、制定技术标准、构建技术组织体系等:这类重大工程技术管理活动都对重大工程技术创新的路线选择、整合及实施具有重要意义。

总的来说,所谓重大工程技术管理是依据重大工程技术活动规律,针对重大工程技术创新及技术应用所开展的技术决策与选择、技术配置与整合、技术资源计划与协调以及围绕重大工程技术供给与技术保障的组织管理等活动。在打造深中通道品质工程管理理论中提出重大工程技术管理的概念有着深刻的理论价值和实际意义。

重大工程专项技术选择不只是指对某两项单元技术的选择,而主要是依据工程造物整体需求的技术体系选择以及依据工程造物过程需求的技术序列供给与知识序列的推送。另外,技术选择绝不仅仅是对多项技术进行技术先进性的比对,而是把技术作为工程生产力方案的要素之一,通过对生产力方案整体意义上的评价与比对来确定技术方案。也就是说,要把技术自身的先进性、成熟度等与它对工程造物过程中的综合贡献,如技术经济性、安全性、质量保证等进行整体性的生产力效率与安全性的综合评价。

工程造物讲究"一次成功性"和造物过程的连续演化性,这意味着,一旦重大工程技术选择完成,即使在某些细微局部上可以进行改进与完善,但从总体上讲,技术选择是不可变更即不可逆的。关键技术选择必须在工程设计方案期内完成,这就决定了技术选择是一项即时、复杂但需要长期保持有效性与稳健性的管理行为,具有显明的"局部可修改、总体不可逆"特点,因此,需要有充分体现重大工程技术选择行为特点的技术管理活动作为保证与支撑。

特别需要指出的是,重大复杂工程的突破型技术都具有极强的自主创新性,因此,重大工程技术管理的核心必然是关键技术的创新管理,这是一类以组织与实现技术创新为目的的工程管理活动。

重大工程关键技术创新管理首要职能是做好关键技术创新战略选择,即做好技术创新的顶层设计与战略规划工作,包括工程需求导向、多方支撑综合、多层次创新集成、创新产业链式融合等。

在常规环境下,关键技术创新管理要做好技术创新方式选择、技术创新平台构建等。打造深中通道品质工程从立项决策、设计、研发、制造,直至最终完工和交付使用,这一纵向连贯性过程构成了工程建设管理的全生命周期。这一全生命周期在不同阶段,将分别涉及技术选型、技术评估、技术方案设计、技术控制、技术审核、技术维护管理等技术管理内容,因此,应该把深中通道工程技术管理理解为一个完整的、面向全生命周期的技术管理活动。所有这些,都与新质生产力的理论内涵相一致。

新质生产力是以创新为主导的生产力,客观上要求科技创新必须与产业发展深度融合,这意味着新质生产力是创新链与生产主体的融合、创新过程与产业发展的融合。这样,创新链与产业链相互依存、相互促进,创新链依托产业链落地生根,产业链依托创新链发展壮大。

直观地说,新质生产力融入打造深中通道品质工程,不仅表明打造过程融入了高质量科技创新作为新动能,而且上述"双链"相互依存,从而表明了产业链供应链作为一种新的生产力要素也融入打造深中通道品质工程的造物活动,这对造物活动具有极其重要的意义。

这一点,正如《"交通强国"指引下深中通道工程管理》一书第六章"深中通道工程产业链供应链管理"所指出的,打造深中通道品质工程需要管理新格局,而产业链供应链的深度融合就成为深中通道工程管理新格局的重要支撑与关键抓手。只有抓住产业链供应链一体化这个新的着力点,才能使深中通道工程管理新质生产力必需的各类生产要素配置、整合、流通畅通,源头的创新如活水之源向工程技术提供必要的科技成果,产业链能将从产品研发到产品市场化的各个环节完整化,而供应链则在生产要素中实现合理流动、高效配置。总体上就解决了深中通道工程管理新格局形成过程中可能的堵点、卡点与断点,不仅提升了工程建设管理生产力的供给质量与能力,而且能够增强生产力应对复杂环境变化的适应性,这就是产业链供应链在深中通道工程管理新格局中的新内涵、新作用与新意义。

无论从思维变革上还是从实践操作上,在新质生产力意义下,打造深中通道品质工程中的产业链供应链能够为我们提供新的工程生产力要素,以生产力结构调整提升对工程复杂性的适应性,实现以生产力新的"质性"提高深中通道工程生产力的品质。具体地讲,就是通过产业链供应链管理转化为一种形同"降维打击"思维的基于产业链供应链"双链"融合的工程生产力新动能。所谓"降维打击",虽然出现在多个不同的领域与场景中,但其基本思想是一致的,原义是指拥有高端技术的群体直接进入低端技术群体的领域,对后者形成"高端"和"居高临下"的打击。这种打击通常由于巨大的科技或认知差异,一方对另一方的打击有效而较少有风险。

这里所谓"降维打击"是指为了对付和有效解决打造深中通道品质工程中的复杂性难题,管理主体通过包括产业链供应链"双链"融合等思维与手段形成新的理念、工具与手段,从而以工程产业链供应链等新生产力要素为基础,涌现出原本工程建设能力体系中没有的创新力、集成力、融合力,补齐深中通道工程破解"卡脖子"能力短板。这就是打造深中通道品质工程中融入新质生产力的基本意义。

8.3.3 数智赋能驱动是新质生产力的新引擎

前面我们分别论述了打造深中通道品质工程需要新质生产力,而数智赋能是打造深中通道品质工程的新的、具有新质性的基本技术路线,本节在整体上理解数智赋能驱动是深中通道工程新质生产力新引擎这一重要观点。

众所周知,发展新质生产力的核心在于科技创新。作为当今科技创新的基石,数智技术以其数字化、智能化和网络化等创新工具成为科技创新的重要基础资源,这就决定了数智技术资源成为当今最重要和最现实的构成重大工程造物新质生产力中新能量的实践路径。具体地说,数智技术资源可以从以下三个途径成为培育新质生产力的新能量。

第一,当今社会,数智技术是推动科学发现和科研范式变革的战略性基础资源,包括加速重大工程建设科学技术知识的发现,促进重大工程技术创新思维和方法的形成。在数智化平台上,工程科研人员通过快速访问和分享最新研究成果,结合生成式人工智能技术,加速自身以及行业知识的更新和传播。这种工程科技者和 AI 系统共同参与工程知识的生产、验证和创新过程,形成了一种人-智交互的新型工程知识生产模式。此外,工程知识生产研究已经非常依赖于从大量数据中提取信息和知识;大数据分析和人工智能技术不仅揭示了工程数据间的潜在联系和规律,并且激发了新的科研思路和创新方法。通过对海量工程科技信息资源的深度挖掘和分析,研究人员能够识别出新的工程科技研究和技术发展趋势,进一步厘清工程科技创新的发展方向。

虽然人工智能技术在重大工程建设管理中的应用还刚刚起步,在打造深中通道品质工程过程中的应用也还较鲜见,但上述基本逻辑必将使这一技术发展趋势的实际应用会越来越普及。

第二,数字化、智能化与网络化技术不仅是推进科技创新的基础性动力,也是新质生产力发展的核心要素。首先,利用数智化工具和平台实现数据处理、分析的自动化和智能化,能够大幅提高科研工作效率。其次,利用数智化工具和平台能够优化研发流程,有效降低研发成本和风险,避免无效投资和资源浪费。再次,利用数智化工具能够加快科技成果转化,提高市场竞争力和响应速度,从而助力科技创新和产业升级,进一步加快新质生产力的发展。

第三,数智化资源在新质生产力形成与发展过程中,是促进科技创新与产业深度融合的重要桥梁。通过数智化平台的有效运用,科技成果与市场需求之间的对接变得更加高效,工程科技成果的产业化进程也将显著加快,科技与产业创新的深度融合得到进一步推动。数据共享和开放访问机制能够进一步促进跨学科和跨领域的合作,加快基础研究自身创新与工程技术创新的融合,提高技术研发的针对性和有效性,为产业创新和深度转型提供强有力的基础支持。特别是,面对打造深中通道品质工程复杂的现实问题时,数智资源的综合利用能够帮助科研、工程建设人员构建更为复杂和精细的模型,对现实和未来可能发生的情景开展深入模拟分析,这为解决复杂整体性挑战提供了重要手段。

由此可见,数智技术资源是深度融合科技创新与产业转型升级的物质基础。数据要素、数智技术、支撑载体等各自功能与定位在基于科技创新和产业变革的新质生产力发展中展现了重要价值。虽然当前数智化技术在重大工程建设管理实际应用中还刚刚起步和存在各类短板,包括数智化基础设施建设相对不足,科学数据的开放共享机制尚不健全,资源开发利用有待深化,成果转化和产业化能力有待提升,高水平专业人才培养亟待加强;但是,数智赋作为培育新质生产力新引擎这一大趋势、大方向、大路径是一个发展大趋势,以数智赋能为新引擎的工程新质生产力的发展应当成为中国式现代化意义下打造重大工程品质工程的战略目标。

基于以上论述,数智赋能在多层次、多维度上为打造深中通道品质工程提供新质生产力的新动能,例如:

(1) 数智赋能有效推进数智资源的开放共享,打破深中通道工程建设全情景中的信息孤岛,推进深中通道工程科学技术发展迫切需要的跨部门、跨层级、跨地区资源汇聚、整合和利用,构建统一的数智赋能平台;并在此基础上,实现工程技术人员开放共享数据。

(2) 数智赋能有利于深化深中通道工程建设管理科技资源的开发利用。通过数智化平台,增强科学技术数据的复用、通用和共享是提升科技信息资源价值、支撑科技创新的重要手段。这需要支持关键技术研发和前沿技术创新,利用人工智能、机器学习等技术提高打造品质工程实践的智能化和标准化。同时,数智技术和算法等成果转化速度的增速,增强了科技信息资源的场景化和情景化开发与应用。

(3) 数智赋能有力提升深中通道工程科技信息资源的产业化能力。科技创新驱动新质生产力的核心在于产业深度转型升级,如深中通道工程通过产业链供应链管理新的管理范式的创建,不仅充分释放数据要素价值,加速科学数据资源的优势转化,有力支撑新兴产业和未来产业发展;而且直接因为产业链供应链融合形成的新动能,创造了应对打造深中通道品质工程复杂性的"降维打击"优势。

(4) 数智赋能为我国实施"交通强国"战略,培养新一代工程数智分析、算力与算法及管理人才,也为培养未来综合性、战略性高端重大复杂工程建设管理专家创造生态环境。

综上所述,数智赋能不仅对于打造深中通道品质工程具有直接的新动能意义,就数智化作为重大工程新质生产力发展的重要生产力要素、资源基础和技术之源而言,它与重大工程建设管理越来越紧密的关系和越来越重要的作用,决定了重大工程建设管理实践需求将成为数智技术发展的重大推动力,并且使之成为赋能传统工程产业深度转型升级、推动工程-经济-社会复合系统高质量和可持续发展的重要抓手。

"数智赋能驱动"可分解为"数智赋能"与"赋能驱动"两个阶段以及"赋能"与"驱动"两次转换:

(1)深中通道建设管理遇到了大量的复杂问题与挑战,特别需要运用当今的数智技术来提升自己的能力与本领,此即深中通道管理数智赋能的由来。

(2)管理主体接受了数智技术的赋能的意义完全在于以新的高水平能力与本领实施对工程的建设与管理,使各项建设与管理任务完成得更好、效率更高,这就是所谓的"数智赋能驱动",简称为"数智驱动"。

概言之,数智与赋能,"赋能"是前序、是准备,而"驱动"才最终体现了打造深中通道百年品质工程和提高工程建设生产率的现实价值与意义,是实实在在的真功夫、真本领。因此,"数智赋能驱动",不仅要"赋能",更要能够"驱动","数智赋能驱动"的一体化将成为深中通道工程新质生产力的新引擎。引擎是将一种形式的能量转化为另一种形式的能力的"发动机"。对深中通道工程新质生产力而言,这样,基于在数智赋能驱动的深中通道工程新质生产力不仅具有新的更完备、更强壮的新动能,而且能够更有效地打造深中通道品质工程全情景、全过程中各项必需的、整全化的操作手段与工具。

8.4 数智赋能打造深中通道品质工程的学理逻辑

8.4.1 智改数转:打造深中通道品质工程的抓手

打造深中通道品质工程是一项复杂系统工程,而不仅仅是一项局部性、阶段性的管理变革与技术改造工作,需要坚持复杂系统理念,以品质整体性目标为导向,对"打造"这一核心造物活动进行全情景与全过程的顶层设计与现场实施。其中,除了一般意义上的组织模式设计、资源整合和配置、关键技术创新外,特别要关注建构整体性的"打造"新能力和"打造"新范式,因为这里的新能力与新范式对于打造深中通道品质工程这一复杂系统工程来说，具有重要的生产力与生产关系变革意义，也将成为打造深中通道品质工程现实抓手。

现实中，打造深中通道品质工程的总体思路是通过以下"2＋1"模式开展的，即从深中通道工程管理基本模式重构与数智赋能驱动两个维度做好前序性设计，再综合为"智改数转"这一总抓手落地。

第一个维度：深中通道工程建设管理的内涵已经远不能囿于传统项目管理范畴或仅基于项目管理添加一些系统工程成分，而要在复杂系统管理范式下从工程制造生产力高度认识、分析和建构工程建设管理模式。在这个视角下，深中通道工程首先要在"交通强国"战略指引下，确立工程建设的定位、目标与总体路径，以确保工程品质的高质量、科学性、时代性。

深中通道工程实体是一个复杂系统，要有效应对和驾驭深中通道复杂工程系统的复杂性，必须通过复杂系统管理思维范式转移，在打造品质工程过程中运用好复杂系统管理基本原理与方法论，并在此基础上以打造工程品质的驾驭复杂性、本质管理与协同管理等重要理念来构建打造的关键着力点。

打造深中通道品质工程不仅需要完成相应的管理层面上的序列性任务，还要完成更高层面的治理任务，如解决好打造品质工程的决策体系与范式，分析与设计深中通道工程品质体系，以技术创新解决打造中的难点、堵点、断点、关键点乃至"卡脖子"点问题。

打造深中通道品质工程需要有新的格局，如彰显工程建设的绿色低碳、生态文明以及以人为本和为人民办交通的价值观，这就要求在打造品质工程过程中保证工程建设防灾减灾（底线管理）与绿色建设（和谐管理）各项工作。而这一新格局不能仅在理念与文化意义上有所体现，最需要的是深中通道工程建设新质生产力能够涌现出"降维打击"新能量，取得打造新优势。

如上所述，这一维度上的各项管理思维、理念、模式与举措的实施与重构为打造深中通道品质工程，也为深中通道工程的品质属性实现提供了全情景与全过程的支撑与保证。

第二个维度：因为深中通道工程品质体系以及深中通道工程建设管理活动的复杂整体性，打造深中通道品质工程需要相应的真本领、新本领、系统性本领与整体性本领。这里的本领主要不是能够解决某个个别问题、某一方面问题的本领，而是要能够在"打造"的全局、全过程意义上的技术赋能与能量"外部化"本领。

这在学理逻辑上包含了两个阶段的转化：第一个阶段是在打造品质工程过程中，将数字化与智能化技术融合成的数智技术转移、转化为主体的数智技术本领与能力；第二个阶段是主体将自身新增的数智技术本领与能力转化为稳定、可靠、有效的打造品质工程的活动与行为本领与能力，这一阶段也是数智赋能转换为赋能驱动的阶段，对于打造深中通道品质工程而言，这一阶段更现实、更重要、更本质。没有这一阶段，打造深中通道品质工程可能成为纸上谈兵或难以成为整体性、系统性的打造活动。

将以上两个维度工作综合在一起，打造深中通道品质工程就成为实在性的智改数转实践抓手。

为什么智改数转是打造深中通道品质工程的实践抓手？在一般意义上，打造深中通道品质工程与深中通道工程建设管理两者的内涵是同一的，它们的活动本质都是在制造、创造具有一定品质属性的深中通道人造工程系统。在原来的非数智赋能驱动意义下，深中通道工程也有一定的建设管理模式、技术体系与能力，而在整体性、系统性实施数智赋能后，以一种新的驱动模式与方式使数智赋能外部化了。当然，这并不代表是对深中通道工程建设管理原来体系的全部"清零"，更不是从零到一地构建深中通道工程建设管理新体系，而是在原有的工程建设管理体系基础上进行数字化转型与智能化改造，是一种对深中通道原有打造品质工程的适应性改善和重构、提升，创造新的工程建设生产力和新的价值，这就是所谓的打造深中通道品质工程的智改数转。

这样，在打造深中通道品质工程的现实活动中，本质性的实践行为、打造现象、场景与行为主要都是一类智改数转样式。这也说明了一个重要问题，即虽然在学理逻辑上深中通道工程的数智赋能是从数智技术的功能分析出发的，但是，在打造深中通道品质工程实践意义上，智改数转更加具有引导性和可操作性，这就是智改数转关于打造深中通道品质工程实践抓手的内涵。

8.4.2 数智集成：打造深中通道品质工程的"底盘"

前面我们论述了复杂系统思维与新质生产力对于打造深中通道百年品质工程的必要性，以及数智赋能是打造深中通道百年品质工程的新引擎。特别是，根据数智驱动与智改数转的学理同一性，明确指出了智改数转是打造深中通道百年品质工程的实际抓手与着力点，必须落地和夯实。这里，我们论述数智集成是打造深中通道百年品质工程的"底盘"，即"打造"深中通道品质工程活动的支承与保障转换的总成。

这里，"底盘"是借用了汽车结构的概念，期望令读者更直观地理解"打造"的内涵。所谓汽车的底盘是指汽车上除了发动机、车架、电气设备车身之外所有的零部件的组合，汽车行驶时所有的力，不论是发动机传递给车轮的驱动力，还是地面反作用于汽车的力,最终都是由底盘系统来承接的。这样,汽车底盘就成为汽车支承与转换的总成,相当于汽车的四肢与大脑,是影响汽车行驶质感最重要的因素。那么,为什么"数智集成"在"数智赋能打造深中通道百年品质工程"中会成为"底盘"呢? 下面从生产力新动能以及动力学机理视角来论述这一问题。

根据本书前面各章与本章前面各节所述,现用以下等式来表述数智赋能打造深中通道品质工程实践活动的本质:

工程数智＋系统集成＝工程系统智能集成

这里的"工程数智"是指在工程造物领域中广泛运用的如互联网、大数据、物联网、人工智能等信息和计算机技术,特别是数字化技术与智能化技术;"系统集成"是指遵照一定的目的将相关要素汇聚综合而成一个具有某种功能的系统,如工程造物、工程管理等都属于系统集成;工程数智＋系统集成可以理解为将工程领域的数字化与智能化技术深度运用和融入工程造物建设管理活动之中;"＝"表示了这类运用与融入在实践上实现了一种转换和涌现;而"工程系统智能集成"则是指这一转换和涌现的本质是涌现出这一新的工程系统的生产力、新动能及动力学机理。具体地说,"工程系统"就是深中通道品质工程,"智能集成"就是深中通道品质工程的承接这一活动与保障其中转换的"总成"体系,而"工程系统数智集成"本质就是"打造"。

由此可见,在打造深中通道品质工程过程中,工程数智＋系统集成＝工程系统智能集成这一转换关系表明,深中通道品质工程系统被一种新的动力学机理驱动成为一种实实在在的工程实体,这一机理就是智能集成。

为什么数智集成能够成为打造深中通道品质工程的新的动力学机理? 这不仅是数字化技术与智能化技术的单元性、局部性作用,更是数智技术体系在打造深中通道品质工程过程中以其自身的能量与功能集成了融合产业链供应链的支撑力量,促进了相关产业变革与企业战略调整;多维度、大幅度提升了深中通道品质工程建设管理需要的理念创新、技术创新、范式创新与全要素生产率的跃迁;推动了打造深中通道品质工程生产力的质量、能力与效率变革;成为合成多生产力要素与管理格局新变革的"黏合剂"。从而在总体上不仅全面解决了打造深中通道品质工程一般的规范化、标准化、专业化、信息化管理问题,而且有效解决了打造深中通道品质工程中的各类复杂性问题以及工程品质的形成、固化与稳健性问题。

由上可知,在打造深中通道品质工程的全部活动与全过程中,智能集成发挥了如同汽车底盘的支承与转换的总成作用,保证了打造深中通道品质工程动能的持续稳定。

为了让我们对这一章内容特别丰富的理论诠释有一个系统性的了解,现将数智赋能打造深中通道品质工程的总体思路总结如下:

首先,深度剖析数智赋能驱动的内涵,将其剖分为"数智赋能"与"赋能驱动"两个彼此内涵不一又紧密关联的部分。其中,"数智赋能"的基本含义是以数智技术为基本范式、手段与工具实现和完成某一主体方对另一主体方的能力给予,其作用是通过数智技术提高接受主体方认知水平、提升主体能力,这实际上是对工程建设管理主体的赋能。但是,仅对主体赋能还远远不够,现实中,主体要能够将这类新的能力的提高成功用于工程建设管理的实践活动中,并且取得实在的效果,这就是在赋能之后,更重要和更有实际价值的是需要主体以新的能力驱使工程建设管理实践活动。虽然"数智赋能驱动"有时可以认为是一个完整的概念,但从实用视角看,"驱动"更为重要和有实际意义。

在工程建设管理现实层面,"数智赋能驱动"尚需进一步场景化、实践化,否则难以变成操作行为准则。从系统观点看,对一个事物或活动实现数智驱动,实际是构建一个新的系统或对原有系统进行重构。就"数智驱动深中通道工程管理"这一活动而言,数智驱动应属于对原有建设管理体系进行重构,即对原有工程建设管理体系进行智能化改造与数字化转型,简称为"智改数转"。以上所述表明,数智驱动深中通道工程建设管理在学理上与深中通道工程建设管理的智改数转具有同一性,也就是在原先的深中通道建设管理体系上,以"机器换人、数智换脑"等标志性转型活动为逻辑起点,进而提升工程设计、施工、运维等各个环节的智能化(即智改数转)水平。总体上,智改数转的基本要点就是数字化与智能化融合,结合起来就是数智赋能驱动;但是,将数智赋能驱动转换为智改数转,在工程建设管理实践层面,极大地提高了实践化与操作性。上述关于数智赋能驱动的内涵如下图所示:

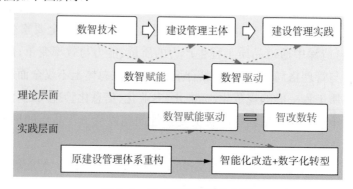

图 8-2　数智赋能驱动的内涵

在工程造物微观层面上,考虑到"打造"是一个从 0 到 1 的完整过程,其中,由于工程实体的物理性、物质性特征,工程系统自身显现出从零部件、小构件、中构件、大构件再一步步向整体拼装,或者由若干相对独立的子工程体关联整合而成,如钢结构小节段车间智能化制造、中节段场地数字化搭载、大节段坞内自动化总组。与此同步,数智赋能或者数智赋能融入点、数智驱动嵌入点就必然以点—线—面—体的几何形态同步显现,如在深中通道钢壳沉管隧道数智化建造现场,这种"点—线—面—体"数智赋能策略,通过劳动密集向自动化"少人"和智能化"无人"转型,确保了钢壳沉管隧道建造的数智化进程。这表明,无论是数智赋能还是数智驱动,打造深中通道品质工程都广泛采取了点—线—面—体数智赋能的核心路线,这不仅充分体现了数智集成的实践思维,也为我们提供了数智赋能打造深中通道品质工程的一个基本准则。

既然打造深中通道品质工程必须面对和完成各类具有智能化属性的任务与问题,那自然需要具有相应功能的平台,因为平台能够为此提供所需的基本环境与支撑条件。在学理上,深中通道工程数智赋能平台理解为数智驱动平台、智改数转平台和数智化平台更加直白,其核心是数字化与智能化的集成。

现场是打造深中通道品质工程的"主战场",其内涵远远超过了传统的"工地"的范畴。现实中,"打造"的数智集成活动,包括目标集成、主体集成、资源集成、装备集成、技术集成和人员集成都汇聚于品质工程的造物活动的现场,相应的工程品质管理,包括安全控制、质量管理、进度调度与投资控制等各个方面也都需要通过现场的协同集成起来。因此,深中通道现场智能化与智能化现场的设计与实施就成为打造深中通道品质工程智改数转的重要"点—线—面—体"空间综合体。

根据复杂系统管理理论的复杂性降解原理,打造深中通道品质工程在实践中可以而且往往必须进行场景的划分。深中通道工程基于重大工程三大场景类型,分别以物(智能制造)、事(协同管理)与人(智慧工地)进行"打造"活动的还原论破解,并在此基础上最终进行"打造"的整体性集成。

上述总体思路从以下两个方面充分反映了打造深中通道品质工程中数智集成的核心路线,如下图所示:

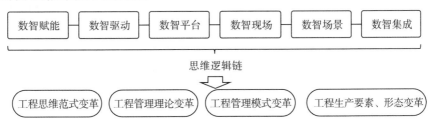

图 8-3　打造深中通道品质工程中数智集成的核心路线

一方面,它与管理逻辑不同,主要以一种新的思维逻辑将数智技术"黏合"成数智集成,再以数智集成构建深中通道品质工程。这一思维逻辑基本上展现为数智赋能—数智驱动—数智平台—数智现场(空间)—数智场景(智能制造、协同管理与智慧工地)—智能集成(打造深中通道品质工程)。

另一方面,现实中,数智赋能驱动深中通道品质工程是通过智改数转来体现的。智改数转包括机器换人与数字换脑,这充分反映了人类发展了技术,技术改变了人类,人类越来越技术化,技术越来越生命化,技术与人共生进化以及社会进步与技术进步的数智集成。在当今互联网、大数据时代,人不再是个人,可以是企业、供应链、产业链,技术不再是单项技术,可以是技术群、技术体系。因此,工程建设管理不能限于工程业主,狭义的承包商或供应商,而需要积极联合数字科技企业、产业链供应链上下游企业,多方联盟共同构建数字生态共同体。这样,打造品质工程将引发原有的工程思维范式、理论内涵的颠覆性变革,传统的工程建设管理模式、工程制造生产力要素及形态的重大变革。

这表明,当前在重大工程领域,一旦形成数智赋能驱动新的模式并表现为智改数转新的样式,重大工程建设新质生产力的萌芽将不可避免并将不断成熟、完善与升华,这对重大工程领域实践与理论的发展将发挥巨大的促进与推动作用。

上述论述充分体现出打造深中通道品质工程中的智能集成的内涵,当然,最能够体现这一内涵的是打造深中通道品质工程整体性造物活动与全过程(详见8.5节)。这里,我们以一个相对局部的深中通道工程建设板块说明这一点。

深中通道中沉管从管节—部件—构件—钢箱梁的生产与质量管理就是一类从微观—中观(中介观)—宏观的多尺度解析与整体管控的智能集成过程。深中通道隧道全长 6 845 米,其中沉管段长 5 035 米,标准管节长 165 米,曲线变宽管节长 123.8 米,最终接头设置在 E23/E24 之间。沉管共 32 个管节,总用钢量达 32 万吨,平均单个管节达 1 万吨,单个标准管节由 2 255 个隔舱组成,横纵隔板、连接件交错,钢壳管节采用"正向设计—智能制造"一体化模式。为解决钢壳管节"正向设计—智能制造"一体化的需求,深中通道工程智能制造技术路线从小节段车间智能化制造至大节段场地数字化总组,再到标准管节船台自动化搭载。在标准管节船台自动化搭载方面,通过采用三维液压顶升装备、自动化焊接设备及管理系统软件,构建标准管节船坞自动化搭载。

以上各个板块都采用了基于 BIM、智能传感和物联网技术,智能浇筑一体化装备,研发了涵盖混凝土生产、运输、浇筑、检测的信息化管理系统;实现沉管预制各环节任务智能分配、实时监控记录以及施工缺陷快速定位、自动生成报表的优质、高效、智能化、精细化管理技术,充分体现了数智集成在打造深中通道品质工程的重要和基础性的"底盘"作用。

上述打造深中通道品质工程的数智集成过程如下图所示：

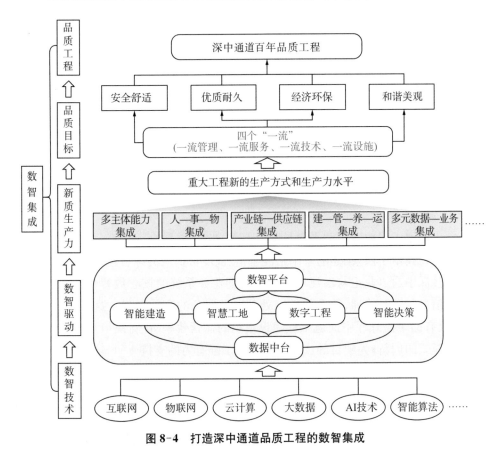

图 8-4　打造深中通道品质工程的数智集成

8.5　打造深中通道百年品质工程数智集成实践示范

由上分析可清晰地得到如下重要的结论：**打造深中通道品质工程的本质就是通过数智赋能与建构相应的新质生产力，对深中通道工程物理硬系统资源与管理软系统资源的智能集成；智改数转是打造深中通道品质工程的实践抓手，数智集成是打造深中品质工程的"底盘"，其工程品质则是作为智能集成过程的工程系统属性的涌现与整体性形态。**因此，本节作为对打造深中通道百年品质工程数智集成实践示范的介绍，不宜按照工程建设中设计—施工—运维的工程造物流程进行或事无巨细逐一罗列，而宜对数智集成打造深中通道品质工程实践场景中的重要板块与专题进行介绍,从而使智能集成这一打造深中通道品质工程的"底盘"内涵更加突出与鲜明。

8.5.1 构建数智平台,实现全域生产力要素智能集成

深中通道工程本身具有极大的复杂性挑战,包括多元化主体诉求、产业链供应链协同、多层次技术创新与集成等,同时也面临着"智能建造""高质量发展""绿色发展"等新时代国家战略部署的一系列新要求,因此也肩负着依托重大工程本身推动我国工程行业转型升级、技术变革、智改数转等更高层次的行业和国家使命。在内外双重挑战下,深中通道基于"平台化"管理思维,充分融合了新一代信息技术,构建深中通道工程数智驱动平台这一数智化基础设施,全面促进人力资源、物质资源、财务资源、数据资源、技术资源等生产要素的数智集成,大幅提升工程生产力。

深中通道工程数智驱动平台是基于 BIM 技术,并融合云计算、大数据、物联网等数智化技术手段,构建的一个功能丰富、高度可扩展的综合性平台。该平台作为连接深中通道业主与参建单位项目管理业务系统的核心数智化基础设施,实现了信息的即时传递、数据的精准处理以及服务的高效交付。这一平台的建立,不仅有助于提升深中通道工程建设组织的运营效率、优化决策过程,还推动了管理模式的创新,为项目的成功实施提供了强有力的支持。

在深中通道工程建设管理过程中,数智驱动平台的应用实现了重大工程全域化集成管理,包括:(1) 技术资源的集成。数智驱动平台整合了大数据、人工智能、云计算、互联网、物联网等新一代技术。(2) 数据资源的集成。实现了对数据、电子文件和电子档案的标准化、规范化管理,打通各环节数据,为决策支持提供了翔实的文档和数据支持。(3) 管理业务的集成。数字化平台同时作为信息系统和应用程序的集合体,能够驱动深中通道包括进度、质量、设计、创新、计量支付等在内的各业务模块全面协同管理,实现各业务的高质量管理。(4) 主体能力的集成。深中通道数智驱动平台作为基础与载体,也是促进深中通道包括业主、施工承包商、设计机构、监理单位等所有参与主体能够在"平台"的虚拟空间中,结合信息数据、智能技术等资源,更好地发挥自身的能力,并在整体组织层面集成涌现出更高的管理能力。此外,智化技术本身也包含了数据驱动及高度智能的决策模式,能够降低对人员经验和知识的依赖。其本身可以视为智能性"机主体"(相对于"人主体"),该"机主体"本身能够自主性将管理中的预测、识别、决策等需求迅速、准确地转化为生产力,并与"人主体"协同,达到"机智"与"人智"两类主体的能力集成。

典范实践：

（一）由 6.1.1 节可知,深中通道管理十分需要增强多维度的协同能力。为此,深中通道开发了基于 BIM 的多维度协同管理平台。该平台不仅是一个技术工具,更是一个集成了先进管理理念和创新思维的综合性平台。它通过将工程本体的物理参数以及材料信息、进度、成本、质量数据信息集成到一个三维模型中,以及扁平化管理、互联互通、集成决策,实现工程信息的全面共享和高效利用,进而促进设计、施工、运维的信息共建共享和工作高度协同,实现对项目全过程的数智化管理,对工程进度、质量、成本等关键指标进行实时监控和精准协调与控制,从而确保了项目的顺利进行。同时,平台还通过大数据分析,为项目提供了丰富的数据支持和决策依据,使得项目管理更加科学、高效。具体如图 8-5 所示。

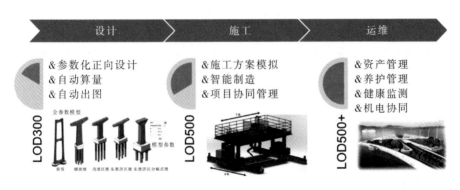

图 8-5　深中通道设计、施工、运维集成平台实现"纵向打通　横向协同"

（二）针对深中通道管理不同平台应用场景,例如面向全生命期的设计—施工—运维协同管理平台、施工过程中的进度—成本—质量—安全—档案协同管理平台以及分布式现场的各类生产管理平台等,深中通道工程面临着不同平台间的业务逻辑差异、管理粒度对齐、数据一致性问题、用户体验统一性等多方面的挑战。为此,深中通道基于中台理念构建深中通道数据中台,其核心价值在于共性能力的抽象和复用。其本质是一个统一的多应用平台,可以支持多种应用场景的业务需求,实现业务流程的标准化、服务的组件化和资源的共享化。

数据中台在深中通道数智平台内部起到"穿针引线"的作用,是业务流程中、功能模块间的必备结构。深中通道中台技术是深中平台的基础性技术组成部分,具备数据采集、清洗、整合、存储和服务的能力,确保工程数据的质量、安全、合规性和高效利用。深中通道工程数智驱动平台灵活地运用了数据中台技术,以更好地面对、管理和利用好工程中的复杂数据。通过 BIM＋GIS 一体化系统生成的工程建模数据,将在中台经过统一的数据进行标准化编码、分析与一系列加工处理,加工后的数据由数据中台连接并输送向业务流程中各个环节处。为"前台"的工程项目的设计、施工、运维等各个阶段的管理和决策等各类管理业务提供了智能化的数据服务,从而支持工程管理流程智能化、决策智能化以及管理模式创新的实现。

8.5.2　力推智能制造,实现产业链供应链全过程智能集成

物质性人造系统的形成是打造深中通道品质工程的核心内涵。在新的智能制造模式下,打造深中通道品质工程然呈现为由不同层次的零件、部件与构件等逐级集成的过程。因此,智能制造与工厂自动化生产以及生产过程中的进度、质量、安全风险管理都需要对产业链供应链全过程的数智集成。

具体地说,为了确保深中通道工程能够按照预定的时间和质量要求顺利推进,协调各生产空间内的关键构件生产全过程以及分布式多空间之间的构件流转、运输和安装的效率、质量、安全均得到有效保障,深中通道工程全力推行"工业化建造、智能制造",打造全新自动化、智能化技术路线的"一流设施",实现了各类关键构件产业链供应链全过程集成管理,对深中通道品质工程打造过程中的局部性、阶段性生产、供应与物流全过程进行实时、精细化的数智协同管控。

典范实践:

(一)深中通道工程制梁作业规模大、任务重、要求高,传统制梁作业方式存在生产效率低、质量波动大、标准化程度低以及人员行为难控制存在安全隐患等问题,因此传统的人工或半自动化生产模式难以满足深中通道建设进度及精度需求。为此,深中通道以"智能制造、智慧梁场"为建设宗旨,推行制梁工厂化、标准化、信息化建设理念,落实 BIM 信息技术及智能化设备的全方位应用,打造了国内最先进的梁场智能制造与管理模式。

深中通道研发了"六线一系统"智慧预制梁场生产线,具体包括混凝土智能搅拌生产线,钢筋自动化数控加工生产线,液压模板自动控制系统,智能布料、浇筑及振捣系统,预应力智能张拉及压浆系统,智能化喷淋养护系统以及集成控制系统。同时,在该智能制造生产线基础上构建了"1 个平台＋3 套系统"管理系统框架,其中 1 个智慧梁场管理平台遵循"统一规划、统一平台、统一数据"的原则,以 4D-BIM 和 BIM-FIM 技术产品为核心接入梁场钢筋加工系统、混凝土智能控制系统和监控监测系统 3 套系统,集成 BIM 模型应用、预制生产数字化管理、场地动态管理、人员管理、物料管理、设备管理、质量安全管理、档案管理、绿色工程管理等操作,实现梁场生产过程可视化,物料追踪、生产计划与调度和质量

溯源。

　　总体上看,深中通道通过智慧梁场将预制梁的智能化制造技术与生产管理流程深度融合,大幅提升箱梁生产流程的自动化程度,完善各工序管理流程,大幅降低施工成本和安全风险,提高成品质量和效益。例如,通过采用数字化加工制造技术,将钢筋自动加工生产系统与智慧梁场管理平台集成,实时采集钢筋进场、加工和半成品信息,实现钢筋从进场、入库、出库、加工制造到钢筋成品的生产过程自动化、智能化管理,使钢筋加工效率提高 40%,节省材料用量,大幅减少作业人员投入。采用以二维码或 RFID 作为产品唯一标识,记录产品生产过程中的人员设备以及质量信息,系统自动记录识别工人信息、工作时间、工位钢筋部品基础信息,打印 RFID 钢筋部品标签,实现对产品质量全程追溯,利于提高产品质量。再如,通过集成自动布料系统、混凝土自动振捣、自动提浆整平机、自动喷淋养护系统、智能化预应力施工、智能化压浆系统、智能化移等混凝土施工系列自动化手段,克服大跨径整体式箱梁预制难问题,有效降低人力投入,大大缩短工期。

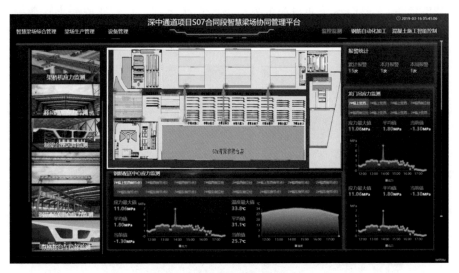

图 8-6　智慧梁场协同管理平台

　　(二)深中通道海底沉管隧道创新性地采用了钢壳混凝土新型组合结构方案,属国内首次应用、国际首次大规模应用。深中通道钢壳混凝土沉管隧道建设规模和难度远超国内外同类型隧道,并且国内全产业链技术空白,当前没有现成的相关设计规范、施工技术指南和验评标准可供借鉴,对大规模沉管钢壳制造、自密实混凝土浇筑、浇筑密实度检测等工艺技术突破提出了全面挑战。

深中通道为保障海底沉管隧道工程品质,提出了"标准化、工业化、装配化、智能化、精细化"理念,系统策划了沉管隧道智能建造体系,旨在提升我国交通基础设施智能化建造水平。特别地,深中通道以互联网+BIM技术+智能机器人为抓手,深度推动造船行业与交通行业深度融合,在重工业领域首次研制成功了钢结构智能制造生产线,实现了钢壳小节段车间智能制造→中节段数字化搭载→大节段自动化总拼生产线的制造流程的全过程智能化贯通,实现了我国钢壳智能制造零突破,不仅提升了钢壳结构制造品质及工效,还促进了我国交通行业与造船业技术水平的提升。尤其是对处于核心、源头性地位的小节段车间智能制造,深中通道自主研发了"四线一系统"智能制造生产线。其中,"四线"指的是板材/型材智能切割生产线、片体智能焊接生产线、块体智能焊接生产线、智能涂装生产线,"一系统"指的是车间制造执行过程的信息化管控系统。基于"四线一系统"智能制造生产线,深中通道实现了沉管钢壳结构的高效生产。

混凝土浇筑是在钢壳结构制造后的另一重要工序,大体量混凝土填充密实质量控制是世界性难题,尤其针对深中通道单管节 2.9 万立方米以及 2 255 个隔仓的体量。为此,深中通道在世界范围内首次研发了自密实混凝土智能浇筑设备并配套开发了智能浇筑控制系统,实现钢壳自密实混凝土高品质浇筑。其

图 8-7　深中通道沉管钢壳智能制造、智能浇筑装备及系统

中,智能化浇筑装备通过传感器自动捕捉现实信息并智能分析,实现混凝土自动布料、快速自动寻位、自动浇筑以及浇筑速度控制;接着,基于 BIM、智能传感和物联网技术,智能浇筑系统可以实现混凝土生产、运输、浇筑、检测的钢壳沉管混凝土浇筑全过程智能控制,并利用大数据辅助决策,实现沉管预制各环节任务智能分配、实时监控记录以及施工缺陷快速定位、自动生成报表的优质、高效、智能化、精细化管理,实现"管节预制全过程信息化管控",提升混凝土浇筑品质,实现"优化资源配置、降本增效"。

8.5.3　建构智慧工地,实现现场人、事、物协同数智集成

深中通道工地涉及大量、异质性任务和资源以及多变复杂的外部环境,协调难度非常大、施工安全风险高。深中通道施工工地的环境空间尺度大,涉及风、浪、涌等多重环境要素;深中通道施工工艺复杂,工程建设过程需要按工艺、工法等规律交替或并行执行多任务或环节,存在着诸多的人、事、物多要素交互关联,以及具体管控和协调问题,具有高度的管理复杂整体性。

为了合理协调工地人、事、物之间关系,保障工地施工过程有序、有效和安全,深中通道研发了智慧工地系统,基于现代化数智技术,通过智慧化手段来应对,提升对工地现场人、事、物的全面感知能力、智能分析能力以及决策制定能力。深中通道实施智慧工地的具体功能目标在于通过物联网和传感器等技术的应用,实现对施工现场人、机、料、法、环的信息的实时采集、传输、分析和预判。通过智能应用能够实现对工地现场的远程监管和实时监控,并有效解决施工现场管理远程监管难、监督不落地的痛点。同时,智慧工地还能够通过对施工现场数据的分析,提前发现潜在的安全隐患,为施工安全提供有力保障,最终实现智能监测与预警系统、安全风险动态智慧管控、应急指挥信息中心等综合实际应用,有效地提升深中通道工地管理水平和施工质量。

典范实践:

(一)如前文 7.3.2 指出的,为了实现对施工船舶的全面管理和高效调度,深中通道项目组与广东海事局共同建设了水上交通安全共享信息中心。这一中心整合了智慧海事系统、甚高频通信等先进技术,实现了对施工水域船舶分布的实时显示、施工船舶位置的精准定位及航行轨迹的查询等功能。这使得我们能够实时掌握施工船舶的动态信息,确保船舶的安全航行和高效调度。深中通道实现了对施工船舶的"看得见、听得着、叫得动",极大地提升了船舶管理的效率和准确性,为项目安全风险管理和施工船舶管理提供了有力支持。

(二)深中通道对生活区、物料堆放区、重点机械设备、重要施工过程实行全

天候实时高清视频监控,构建敏锐的"智慧双眼"。"双眼"需要具备高清的视觉捕捉能力,能够实现全方位、无死角的实时监控,从而确保工地现场的每一个细节都尽在掌握之中;使项目管理人员视角延伸至现场一线,监督施工现场抓好质量安全管理等,做到对施工现场全过程的监督,防止违章作业、便于及时发现问题和排除隐患。此外,深中通道还在监控系统中创新性地引入了 AI 智能分析技术,极大地提升了监控系统的智能化水平,也大大提高了工地安全管理的效率和准确性。通过实时监测和预警,系统能够帮助管理人员及时发现和处理潜在的安全隐患,为工地的安全生产提供有力保障。通过对监控视频进行深度学习和模式识别,系统能够准确地识别出工地上人员的行为、机械等物品的状态。例如,系统能够实时监测工地上的烟火情况,一旦发现异常情况,便会立即发出预警,帮助工地人员迅速响应,防止灾害事故的发生。

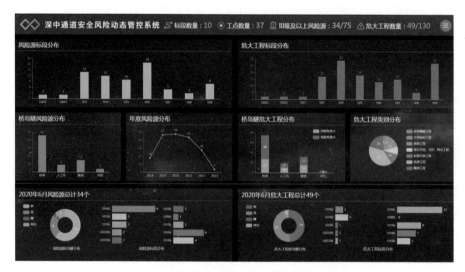

图 8-8　深中通道智慧工地安全风险管控系统

8.5.4　打通数据壁垒,实现业务—数据融合数智集成

深中通道工程具有工作界面多、管理线条多、参建单位多等特点,面临着进度、成本、质量、安全等多项业务管理和目标要求。各方面的管理也不是相互独立的,而是存在紧密耦合的联系。例如,质量问题、安全问题以及成本问题会影响到进度变化,安全管理的部分目标就是确保工程质量不会导致安全事故,安全事故有可能会导致进度延误或者成本增加等。此外,在工程的长建设周期中会动态产生来自多主体、多业务、多环节的动态海量数据,各类数据分布于不同主

体或系统中,数据之间相对独立,极易形成"数据壁垒"。多元数据信息中可以挖掘出提升各业务管理质量的巨大价值,而"数据壁垒"不利于各类数据"流"汇集成"湖",从而掩藏了业务管理价值潜能。因此,数据管理是各项业务管理的基础,为进度、成本、质量、安全管理提供数据支持和决策依据。

深中通道项目为彻底解决"数据壁垒"、业务管理效率低下等问题,建立的BIM协同管理平台以工程交付物分解(WBS)为载体,实现了业务—数据集成管理。这不仅解决了传统工程管理中的信息不畅、数据不一致等问题,提高了工程管理的效率和精度;更能够促进工程各方的紧密合作和协同创新,推动深中通道的工程管理向智能化、精细化方向发展。

典范实践:

(一)深中通道工程通过"互联网+"思维实现质量管理信息化、规范化、标准化和多项目动态管理,将工程质量管理数字化、质量文件自动化归档,力争实现"双套制→单套(轨)制"。通过移动终端、仪器、设备等实时采集原始数据,保证数据"不落地",确保数据准确、及时、真实。此外,实现了参建各方业务的协同,通过编码数据,将质量信息数据快速传输至基础库,同步至安全管理、进度管理以及成本管理模块,来实现信息互通,可以快速从其他维度发现问题、解决问题。此外,与物联网技术进行结合,将现场设备信息数据等进行可视化展示,从而达到质量预警与监管的目的。

图8-9　深中通道智能化质量控制

(二)深中通道工程基于BIM的项目协同管理平台,首次实现了工程业务过程管理与档案管理的融合,彻底解决了以往工程信息化管理"两张皮"的问题根源,在国内首次实现项目管理全业务流程线上无纸化审批流转。深中通道工程引入 CA 认证技术,完成各大业务系统升级改造,并建立以电子文件归档和电子档案管理规范化、科学化为核心,覆盖"形成、流转、归档、利用"等全流程的电子文件管理制度体系。攻克了在建工程电子文件管理及其系统开发中涉及的元数据、电子签名、电子公章、封装和备份等关键技术,解决了在建工程电子文件凭证效力问题的管理机制和管理模式。

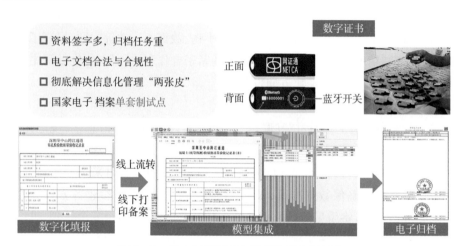

图 8-10　深中通道国家电子档案单套制试点

8.5.5　推行数字工程,实现建—管—养—运一体化数智集成

对于交通工程来说,建设是发展,管养运就是可持续发展。目前我国在桥梁建设方面"重技术轻管理、重实践轻总结、重建设轻养护"等问题在一定程度上仍然存在,未从建设初期着手考虑后期的管养运问题,导致建管养运 4 个环节相互孤立,桥梁建设的分割实施容易导致责任盲区和信息断裂,使得管养运过程中产生检测、维养不便利,养护作业对交通干扰大,交通工程病害易发、多发,建管养运数据传承性差等问题,给桥梁的稳定运行埋下了隐患。

为此,深中通道工程推行建筑与结构融合理念,采用较高服务标准,强化"建管养运"集成管理,实现一流服务。"建管养运"中的"建和养运"代表了工程建设的两大重要阶段,即建设、养护和运营两大时期,"管"则指的是贯穿在各个阶段的工程管理,而"集成"则指的是要统一规划、统一部署、统一行动,具体指的是要将建设、养护、运营统一考虑,要注重每个阶段的紧密联系,管理过程中不能分割进行。这也就要求在前期设计考虑到运营养护的成本和便利,将后期要面对的问题在前端源头进行考量及前瞻性设计,同时要以人本化、全寿命周期的理念,针对工程的安全性、耐久性、环保型的目标,对工程建设全周期的信息、数据等进行整合存储,保证交通设施建设、管理与养护团队的稳定性和连续性,实现其建设、管理和养护的无缝衔接,实现工程责任的连续和可追溯性,实现从设计、开始建设到交付使用地养护、运营的集成管理。

通过建管养运集成管理模式,深中通道可以从源头、整体上把握工程建设的重点难点,通过借助智能技术来帮助实现全过程可视化、精细化,使得工程管理可以进一步精准化、高效化,提高管理能力和效力。同时,通过此种模式可以大大提高工程建设的整体效率,减少后期工程变更、降低反复施工风险、提升维护便利性,从而可以节约大量资源、节约建设运营成本。

典范实践:

(一)深中通道工程注重源头设计,在设计阶段就已经将施工、运维所需要的各个方面因素都考虑在内,首先要保证建筑结构的安全性和稳定性,其次是保证建筑构建的合理性和舒适性,最后是要实现绿色环保的设计理念,这些都赋予了设计阶段更多的责任和目标。因此在设计阶段,一是通过三维数字化协同设计与交付,对建筑设计实行模块化设计,将设计目标分为若干个模块,委派专业人士进行相应模块的设计。深中通道深中通道采取全线三维数字化协同设计与交付,沉管钢壳和东、西人工岛实现正向设计。通过三维 BIM 正向设计大大提升设计质量,保证设计的合理性。二是利用 BIM 技术的参数化与信息完备特性,深中通道在建模过程中发现问题、纠正错误,提升设计精细化水平,根据设计模型统计工程量,校核预算清单各个分项,抑制不平衡报价,减少后期变更,实现设计阶段的参数化正向设计、自动算量及自动出图,节省了大量的资源消耗,缩短工作时间,降低成本。三是深中通道基于设计模型,开展三维漫游与 4D 进度模拟,提升设计交底效果,并建立桥、岛、隧、机电等专业各类型构件模型族库,在全生命周期模型深化及变更中重复利用,为类似工程提供建模基础元件库,大大提高后期需要进行工程变更的效率。

(二)在运营期,深中通道以运维需求驱动,建立基于 BIM 的验收竣工模型,实现可视化管养,将桥梁基础设施全要素数字化,对多源数据进行可视化、相关性和综合分析,不断更新积累检测、养护和维修数据,预测公路基础设施的服役状态,实现预防性养护决策,并制定相应的管养策略,实现高效、便捷的资产管理、养护管理、健康监测、机电协同等运维工作,实现建设期质量、进度、施工监控、安全等数据和运营期健康监测、养护、运营等全过程数据的深度融合和关联,实现运营期桥梁各类事件的"可追溯性"和"定位性",从而减少运营养护所需成本,减少人工、材料等资源消耗,实现建管养运一体化绿色管控。

此外,火灾是深中通道这类水下枢纽互通隧道组合运营安全的重要威胁,是危险系数高、造成危害程度大、应急管理难度高的灾害之一,不仅仅需要依靠技术创新,还需要在管理上实现集成化、系统化、智能化,才能保证深中通道面对火灾风险时的应急保障。

为此,深中通道综合考虑了先进性、可靠性、可扩充性的要求,构建了可实现系统集成管理的软、硬件平台,实现数据的汇总管理、设备的集成控制及各系统功能的统一整合,并支撑顶层智慧应用,从深中通道运营的数据监控、实时环境监测预警、巡检养护、信息互联到应急管理等多方面进行保证火灾灾害管理。具体来说,通过系统集成平台建设,可以实现多项功能,包括:对各系统设备的运行状态进行控制、调整;对全线道路交通状况的监测、预警与管控诱导;可针对日常运营工况与各类应急工况的不同管控需求制定控制预案,根据预案内容对各类设备、设施进行联动控制;对各系统、设备运行状态的全面监测;对影响通道运营与通行的各类环境参数的全面监测与预警,包括交通气象、隧道环境、海洋环境等;对其他监测系统信息的获取,包括两客一危车辆定位信息、结构健康监测系统信息等;对设备设施的电子化巡检养护管理;可利用情报板、扬声器、调频广播、网站、微信、APP等进行多种形式的信息发布;可实现与上级管理中心、相邻路段管理中心、外联单位等的信息互联互通与协调管控;可同时提供对桌面端、移动端的应用支持;可实现跨平台、多维度的图形化、可视化、分级互动的感知与调度信息展示,为管理决策提供支撑。

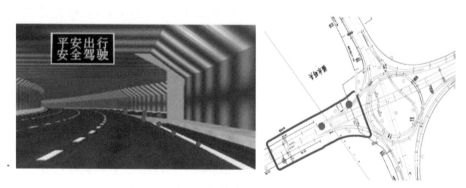

图8-11 深中通道水下互通运行智能预警

8.5.6 融合产学研用,实现破解卡脖子技术数智集成

深中通道工程具有多项世界级首创性特征,包括首例双向八车道钢壳混凝土沉管隧道、世界最大跨径的全离岸海上悬索桥、世界首例全水下枢纽互通等,

这也给深中通道建设过程带来诸多世界性技术难题和挑战。例如当前我国钢壳混凝土沉管隧道全产业链技术基本处于空白,缺少成熟的设计理论与方法,缺乏相应设计指南或规范等。面对强烈的现实需求,要实现深中百年品质目标,必须突破"卡脖子"技术难题,实现技术创新。

为此,深中通道工程以品质需求为引领,围绕自身工程设计、建设、运营全过程的核心关键技术问题,聚焦钢壳—混凝土沉管隧道、离岸海中超大跨径悬索桥、跨海集群工程耐久性及超宽特长海底隧道与水下枢纽互通隧道组合运营安全等领域原创性技术攻关。在技术创新管理过程中,深中通道力推产、学、研、用的深度融合与集成,并充分调动本项目设计、施工、装备单位的科研积极性,联合行业领军科研机构、著名高校,组建了多个产学研用相结合的课题组,实现资源的高效组织与多主体合力攻关,从而解决行业的"卡脖子"技术难题,形成一流技术。最终,用创新技术成果将深中通道建设成为世界一流的可持续跨海通道,打造成为跨海集群的品质工程、绿色工程和珠江口百年门户工程。

典范实践:

(一)深中隧道的管节安装工程面临着一系列世界级挑战,包括管节结构断面尺寸和长度大、存在异性管节、沉放深度与精度要求极高,海上施工环境严酷且窗口期难控,管节浮运线路长且通航条件复杂,等等。为此,项目针对深中通道沉管安装的现实需求与挑战,在世界范围内首次成功研制了沉管智慧运输安装一体船以及施工数字化测控技术,不仅满足了深中通道沉管隧道工程的标准和异形管节的运输与安装需求,还真正帮助深中通道实现了沉管安装的高速度和"深中精度"。

沉管智慧运输安装一体船集沉管浮运、定位、沉放和安装等功能于一体,具有航迹线控制、自航速度快、抵抗横流、减少航道通航影响、可实现应急回拖、施工风险可控、管节结构适应性强等优点,大幅提升了长距离管节浮运施工安全保障能力以及浮运安装效率。一体船内嵌的施工数字化测控系统是保障沉管长距离安全浮运和高精度对接安装施工的关键核心技术。该系统实现了沉管施工工艺参数设置、施工设计文件管理、施工过程自动控制、平高定位与显示、施工数据存储、施工状态回放还原等诸多功能,并且可以全时在线地对施工全过程的设备运行状况、通信及信号质量和船管位置安全警示等进行实时跟踪和监视。从工艺全流程上看,该数字化测控系统全方位构建了集成沉管出坞、浮运、系泊及安装全工艺流程的测控运行模式,实现集航行信息及气象信息等多源数据以及施工真实状态的数字孪生,为沉管的快速、精准及安全施工提供保障。

(二)深中通道建成之后融入国家高速公路网,两岸接线均是高接高、主线

图 8-12　世界首制深中通道沉管浮运安装一体船

无收费站,通过枢纽互通直接与周边高速公路实现快速交通转换。对于深中通道,机场互通作为水下互通,分合流均在水下,视野受限,且流量较大,容易引起拥堵。尤其是在过饱和、大交通流量下,对汇入匝道的车流进行控制是缓解深中通道隧道段拥堵、保障安全的重要手段。

为此,深中通道全方位突破技术壁垒,解决技术难题,研发了智能交通管控技术,实时动态监控交通流态,实现车道级别的精细化交通流时空调控,提升交通运行服务能力。具体而言,深中通道一方面以动态风险控制为引领,以提高交通运行"平顺性"为手段,在日常状态下保障交通流平稳运行、减少速度差、控制运行风险,并尽可能提高通行效率;另一方面以事件条件下交通态势研判为引领,合流控制技术为支撑。在事件条件下,合理控制事件上游车辆流入速率,车道部分封闭情况下合理设置合流控制策略,尽量减轻事件上游路段的交通流混乱程度,尽量减少车辆在海底隧道密闭空间中积压。为了更好地实现深中通道智能管控精细化,借鉴"智能体"的思路,提出采用"管控单元"的方式对深中通道全线进行划分,定义每个管控单元的管控需求和功能,根据功能确定所需外场设施。管控单元的划分和定义,为运行事件的定位、关联单元确定、上下游联动控制提供了便利。

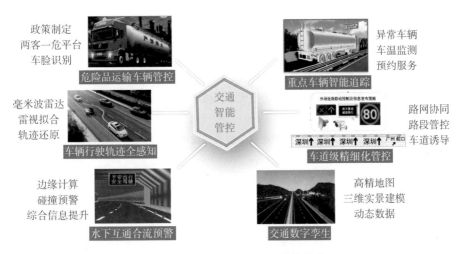

政策制定
两客一危平台
车脸识别

危险品运输车辆管控

异常车辆
车温监测
预约服务

重点车辆智能追踪

毫米波雷达
雷视拟合
轨迹还原

车辆行驶轨迹全感知

交通
智能
管控

路网协同
路段管控
车道诱导

车道级精细化管控

边缘计算
碰撞预警
综合信息提升

水下互通合流预警

高精地图
三维实景建模
动态数据

交通数字孪生

图 8-13　深中通道智能交通管控技术

8.6　本章小结

　　数智赋能打造深中通道百年品质工程在数智集成理念指导下，经过广大深中通道建设管理者的共同奋斗全面竣工通车了。这是我国当代交通行业又一工程奇迹，它向世界展示了我国"交通强国"伟大战略思想的光辉及宏大实践的物质力量，在多方面取得了一系列高水平、原创性、突破性工程建设管理成果。

　　深中通道品质工程的打造实践，已经形成了以智能建造数字化管理为核心的粤港澳大湾区大型跨海通道工程示范模式，并已先后在黄茅海跨海通道、富龙西江特大桥、南中特大桥、狮子洋通道等工程中进行了推广应用。

　　深中通道品质工程是当代粤港澳大湾区最重要枢纽性工程之一，在工程建设管理过程中，形成了首创性、突破性的具有自主知识产权和核心竞争力的中国技术标准及成套技术、装备，也形成了具有中国特色的工程管理自主知识体系。总体上，这些物质型、技术型、管理型的成果为我国交通行业技术进步，提升交通产业核心竞争力，助力交通强国、科技强国、质量强国、制造强国建设提供了宝贵的深中思维、深中经验与深中方案。

　　这是新时代南中国海伶仃洋一座世纪大桥——深中跨海通道建设者用品质工程的丰硕成果谱写的中华民族在世界桥梁工程史上的新篇章。

参考文献

［1］凤懋润.用工程哲学思维解品质内涵［N］.中国交通报.2016-06-20.

［2］盛昭瀚,梁茹.基于复杂系统管理的重大工程核心决策范式研究:以我国典型长大桥梁工程决策为例［J］.管理世界,2022,38(03):200-212.

［3］宋神友,陈伟乐,金文良,等.深中通道工程关键技术及挑战［J］.隧道建设,2020,40(01):143-152.

［4］陈伟乐,张士龙.海底沉管隧道基础处理及沉降控制技术的新进展［J］.公路,2020,65(08):395-399.

［5］陈伟乐.深中通道智能建造［J］.中国公路,2019(17):52-54.

［6］李丹丹,何淼探.深中"海上通途"看高速公路"样板"［N］.中山日报,2021-04-18.

［7］刘健,罗林杰,卜庆晗,等.一座世界级跨海集群工程的 BIM 探索与实践［J］.中国公路,2021(14):47-49.

［8］郝丽,顾杰隽,李漆,等.深中通道电子档案全域管理体系与成套技术应用研究［J］.兰台世界,2023(12):69-72.

［9］刘佩斯.深中通道智慧梁场建设及运营研究［J］.世界桥梁,2023,51(S1):26-33.

［10］成益品,刘兆权,锁旭宏,等.自航式沉管运安一体船施工数字化测控系统设计与实现［J］.中国港湾建设,2023,43(05):1-5.

后　记

　　本书系统性总结和研究了数智技术如何为深中通道建设管理增加和提升基于数字化、智能化能力,形成高水平的驱动抓手将这类能力深度融入打造深中通道品质工程的实践之中,其实践意义不仅使深中通道工程建设管理效率得以提升,而且能够在推动新质生产力层面上发挥了数智赋能驱动的重要作用。

　　本书着重指出,"数智赋能驱动"可分解为"数智赋能"与"赋能驱动"两个阶段以及"赋能"与"驱动"的两次一体化的转换。具体地说:

　　第一,因为深中通道建设管理遇到了大量的复杂性问题的挑战,管理主体即使充分发挥自身的传统知识与经验的作用,仍然会感到力不从心或能力有限,因此需要新的思维与范式,特别是运用新的科学技术来提升自己的能力与本领。在这方面,当今的数智技术具有很大的优势并能够胜任此责,此即深中通道管理"数智赋能"。

　　第二,在深中通道建设管理实践中,管理主体接受了数智技术的赋能并非最终的目的,其被赋能的意义完全在于以新的高水平能力与本领实施对工程的建设与管理,使各项建设与管理任务完成得更好、效率更高,这就是所谓的"数智驱动"。

　　将以上两点综合起来,"数智赋能驱动"之重心与核心是基于数字赋能后新的建设管理驱动行为。

　　本书着重指出,不宜把深中通道管理的数智赋能看作是一项纯粹的技术创新行为,而要从本质属性上认识到数智赋能作为培育新质生产力新引擎的重要作用,这样,"数智赋能驱动"就能够以一种新质生产力形态融入打造(驱动)深中品质工程的实践中,也意味着"数智赋能驱动"本质上是工程主体设计和建构一类新质生产力的现实路径。

　　本书在研究论证了复杂系统思维与新质生产力对于打造深中通道百年品质工程新引擎的基础上,根据数智驱动与智改数转的学理同一性,明确指出了智改数转是数智赋能驱动打造深中通道百年品质工程的实际抓手与着力点;而数智集成则是打造深中通道百年品质工程行为的支承与转换的总成。

本书的一个重要观点是：深中通道工程采用的数智赋能驱动不仅仅是一项数字化技术革新，同时更是基于数智新动能驱动的重大工程建设管理思维范式转移与管理模式的变革。这对我国当今重大工程的数智化转型范式与实施路线设计具有引导性和示范性意义。

以上内容对于更加全面、深刻理解我国新时代交通行业重大工程高质量发展的内涵、对于落实交通强国实施路线具有积极的现实意义。

在研究过程中，深中通道管理中心与南京大学等高校组成的协同研究联盟相互合作、相互学习、共同探索、取长补短，表现出卓越的专业素养、勤奋的工作态度和严谨的科学精神，汇聚和涌现了许多重大工程建设管理实践与理论的智慧，所有这些都较充分地反映在本书的内容中。

参加本书研究和写作的除了本书作者外，还有深中通道管理中心的宋神友、陈越、金文良、刘迪、许晴爽、陈焕勇等；南京财经大学邱聿旻，南京大学程书萍、陶莎、梁茹，南京航空航天大学时茜茜等也深度参与了项目的研究工作与本书的写作。

深中通道管理中心有关部门及相关工程建设单位提供了重要的资料、组织了座谈，给予了宝贵的支持与帮助，他们的宝贵经验与理论思考给了我们很多启发，对于他们的帮助和支持，我们在此表示最诚挚的感谢。

南京大学出版社领导及编辑团队对本书的高质量出版给予了极大的关心与支持，向他们表示衷心的感谢。

2024 年 6 月 30 日于深中通道通车之日